汉学主义

东方主义与后殖民主义的替代理论

顾明栋 著

张强 段国重 冯涛 等译

商务印书馆
创于1897 The Commercial Press
2015年·北京

MingDong Gu

SINOLOGISM

An Alternative to Orientalism and Postcolonialism

本书根据 Routledge 出版公司 2013 年版译出

中文版前言

从1998年国外首次出现Sinologism(汉学主义)一词,到2004年厦门大学周宁教授在国内首先使用“汉学主义”一词,屈指数来至今已有十多年了。笔者2010年初发表第一篇“汉学主义”的文章,其后在国内杂志上陆陆续续发表了一系列有关汉学主义的文章,至今也有五年了。与国内的出版速度相比,国外出版周期相对较长,笔者2009年向卢特里奇出版社提交了《汉学主义》的书稿,但直到2013年方才在伦敦和纽约得以出版。而在国内,经过不到两年时间,《汉学主义》的中文版就问世了。

时至今日,“汉学主义”作为一个理论范畴虽不能说已为学界广泛了解和接受,但至少已不是一个陌生的概念了。“汉学主义”一词自首次出现以来,经过不少学者的努力和构建,经历了一个不断演变、深化成熟的过程,其内涵与外延变得愈来愈复杂,但是,其发展的轨迹还是清晰可循的。起初,它是“东方主义”和后殖民理论在中国的应用,因而可以说是东方主义和后殖民主义的翻版。在汉学研究领域,它成了汉学中的“东方主义”变体。后来,学者们意识到东方主义和后殖民理论的不足和缺憾,为了适应中国文化自觉和学术创新的需要而重新构思这一范畴,使其逐步演变成一个受“东方主义”和后殖民主义影响、但又有别于这两种西方理论的独立理论体系。在国内,汉学主义作为一个新的理论范畴和批评话语被接受有两个标志性事件,一是2010年10月19－21日南京大学人文社科高级研究院和美国达拉斯德州大学人文艺术学院共同举办的“汉学主义:理论探索”国际研讨会；二是《跨文化对话》2011年第28辑刊登了一个探讨汉学主义的专题讨论。在此之后，国内一些主流学刊陆续发表了一系列专门探讨汉学主义的文章，汉学主义作为一个新的理论范畴和批评话语逐渐变得清晰和成熟起来。经过十多年时间的积淀，是到了对汉学主义的理论进行反思的时候了。《汉学主义》中文版的问世，可以使学界较为全面地了解汉学主义的理论，认识其价值和不足，促成对"汉学主义"的反思，深化这一由中国学者提出的文化理论。

笔者一直坚信，学术问题应该进行公开、文明、理性的争论，即使有尖锐的批评意见也无妨，实际上，正如芝加哥大学治学传统的一个信念所言，对一个学者的最大尊重就是向其提出最尖锐的问题。但在中国讲究温柔敦厚的语境下，我认为，用温柔的语言提出尖锐的问题也许是解决学术问题的更佳方式。在"汉学主义：理论探索"国际研讨会上，来自国内外十多位知名学者对汉学主义的问题开展了热烈、认真、甚至是针锋相对的思想交锋，有学者对笔者的发言提出强烈的理性质疑，甚至对一些观点表示完全不赞成，但由于质疑者秉承正确的学术争鸣态度，激烈的思想交锋并未沦为意气用事的攻击或文人相轻，争论结果使笔者和与会者都获益匪浅。

国内学者对汉学主义现象其实是有深刻的反思的，比如北京外国语大学的张西平教授编过一本《汉学（中国学）研究导论》，书中收集了近十余年来国内学者关于汉学（中国学）研究的一些重要论文。虽然论文的作者们没有使用"汉学主义"的概念，但他们表达的不少观点正是汉学主义理论的思想。比如张西平教授说："我们想通过正常的批评，纠正那种仿佛只要洋人讲的就没错的'殖民地思想'，把对汉学（中国学）的引进和批评统一起来，在一种平等的对话中商讨和研究，这才是一种正确的学术态度。对国外汉学（中国学）家的成果也不可盲从，正像对待所有的学术成果都不应盲从一样。"[1]他还表示："引进

1　张西平，《汉学（中国学）研究导论》，原文载朱政惠主编《海外中国学评论》（第一辑），上海古籍出版社2006年版。本文所引的出处均见于北京外国语大学中国海外汉学研究中心网站公布的文章。网址是：http://www.sinologybeijing.net/cn/detail/12759。

域外汉学(中国学)是为了我们自身学术和文化的变革与发展,万不可在介绍西方汉学(中国学)走马灯似的各类新理论、新方法时,我们自己看花了眼,真成了西方的东方主义的一个陪衬,失去了自己的话语和反思的能力。"他还触及了我们提出汉学主义理论的初衷:

> 中国学者应努力打破"西方中心主义",使世界的汉学(中国学)论坛上有中国的声音,有中文的发言,而不总是西方的语言,西方的声音,西方的标准,"仿佛'中国'是一个缺席者,空出来的那个座位总是有异邦人在李代桃僵地对理论家们进行'中国的叙述',而中国学者却总是心有不甘却满脸无奈地看着这一空缺的座位"。

当然,我们提出汉学主义的理论,着眼点并不完全是应对西方的文化霸权,促进汉学研究和国学研究。汉学主义理论的一个中心思想是自我反思,反思的对象既有本土文化霸权与西方文化霸权的共谋,也有学界的妄自菲薄和妄自尊大,反思的目的是要恰当认识西方他者的智慧,在其基础上获得自我开放的视野和自信的心态,正确认识本土文化和学术的价值与不足,从而为发掘本土文化和学术资源,将其与外来的思想与学术资源相结合,产生全新的、具有真正世界意义的学术成果。在这一意义上,提出汉学主义理论甚至不仅仅是为了促进国内的人文社科研究,而是旨在认清近代以来中国学界以智性殖民为核心的文化无意识和学术无意识是如何扼杀了中国人的创造力,造成中国学界把西方学术的认识论和方法论奉为普世真理的偏颇倾向,为焕发中国学术的创造力和原创性而摇旗呐喊。

由于"他者殖民"和"自我殖民"的双重作用,中国学术和学术界的文化无意识根深蒂固,欲清除其造成的精神殖民这一任务无比艰巨;不以西方学术为准绳,而以其为攻玉的他山之石,建立独立而具有中国特色的学术体系则更是任重道远。中国学术(包括人文社科和自然科学)欲向更具原创性的高层次发展,需要在大力引进西方学术成果的同时克服随之而来的认识论和方法论惰性，汉学主义的批评理论和反思范式也许会有助于中国学术思想的解放，成为复旦大学葛兆光先生呼唤的“涵盖了中国，亚洲和西方的顶级世界理论”的助产士。

但愿《汉学主义》的中文版能为中国学术的振兴贡献绵薄的力量！

《汉学主义》中文版得以问世多亏了多方面的大力支持。首先，英国卢特里奇出版社慷慨地把该书的中文版版权不计报酬地归还给作者，对此，笔者表示由衷的感谢。南京大学的周宪教授一直对本书欣赏有加，承蒙他向数家出版社推荐，最后商务印书馆的编辑们独具慧眼，决定出版拙作的中文版。笔者对他们为促进学术进步而做的努力和专业精神表示崇高的敬意。笔者应该特别感谢帮助笔者把拙作翻译成中文初稿的译者们，由于在翻译过程中不同的译者（包括我自己）在不同的时候翻译了不同的章节段落，笔者已无法确切计算参与翻译者的工作量，但其中主要译者有张强、段国重、冯涛，参与翻译的还有周领顺、陈月红、陶丽君、钱春霞、缪海涛、薛武、帅慧芳、吴娟等。笔者也翻译了相当数量的文字，并对译文的初稿进行了全面的校对、修订和润色，因此，译文存在的错误或缺憾都应由笔者负责。最后，笔者还想借此机会感谢达拉斯德州大学孔子学院为本书中文版的问世所提供的种种帮助。

献给 J. 希利斯 · 米勒

真正的良师益友

目　录

序

J. 希利斯·米勒

我很高兴能为顾明栋教授的杰作《汉学主义——东方主义与后殖民主义的替代理论》(*Sinologism: An Alternative to Orientalism and Postcolonialism*)写序,这令我感到十分荣幸。《汉学主义》是一本极为重要而且非常及时的书。顾教授学识渊博,才学精深,观念新颖,是华裔学者中为数不多的精通中西语言、学术和文化的翘楚,中英文都有优秀的学术论著面世。在那些致力于中西文学、文论、文化和人文学术的学者中,他走在了前沿。在他的专业领域,他已出版了两本英文专著,发表了40余篇英文文章。他令人羡慕地掌握了中国从古代到当代的材料和西方从亚里士多德到索绪尔、拉康、德里达的文艺批评理论。很少有学者能像他那样将其对汉语和自己领域的熟练掌握与在美国一所著名的大学(芝加哥大学)受过的西方批评理论的高级训练结合起来。他的研究有两个目的:一是想找到中西材料可以得到公平比较的共同理据,二是强调中国传统具有与西方传统不同的原创性和价值。

顾教授的第一本书《中国诠释学与开放诗学》(*Chinese Theories of Reading and Writing: A Route to Hermeneutics and Open Poetics*)对此主题进行了非常深刻的研究。他的观点是,近代西方思潮中所谓文艺作品是开放的、可以有多种阐释(例如翁贝托·艾柯[Umberto Eco]的著述）的看法，与中国诗学从古至今一以贯之地信奉类似西方“开放文本”的传统有着异曲同工之妙。他从古代《诗经》、《周易》的阐释和现代的文本入手，对这一“开放性阐释传统”进行了渊博而又具体的描述。他还推论道：“中国的阐释传统经历了一个与西方传统相似的从封闭性诠释到开放性诠释的发展过程。”但他又说：“中国传统到达这一目的地走过的是与西方不同的道路。”

顾教授的第二本书《中国小说理论——一个非西方的叙事系统》（*Chinese Theories of Fiction: A Non-western Narrative System*）同样是学识渊博而且富有原创性的。我觉得或许最有趣的一点是，他认为《红楼
xv 梦》这本18世纪的中国“小说”（如果你觉得可以用西方这一术语称谓的话）已采用了西方后现代主义的叙事策略。另外很有价值的是他对中国古典小说中人名寓意性与小说诗学关系的探讨。顾教授对他所研究的文本之细节有着独特的看法，而这些看法则取决于他对汉语语言和文学的精通。

这是两本杰出而又富有创新的专著，我从中获益匪浅。顾教授的学术论文也同样精湛。在此我只想提及其中两篇，以说明他的深厚学养以及为了撰写新著《汉学主义》而做的准备工作。他的一篇文章“重新概念化语言的鸿沟——中西文字符号理论比较”（Reconceptualizing the Linguistic Divide: Chinese and Western Theories of the Written Sign）是我读过的有关西方拼音文字与中国略带表形文字之间令人费猜的差异问题最好的一篇。他在旁征博引皮尔斯、索绪尔和拉康等人的理论以及中国人对中国文字符号的论述之后，令人信服地阐明，中国的文字混合了象形和拼音的因素，这与西方以语音为中心的文字是截然不同的；这个观点同时也支持了诸如雅克·德里达等人较早时候所持的反西方语音中心主义的理论立场。这个例子说明在学术领域有争议的议题上顾教授是愿意谨慎地采取立场的。

另一篇文章是“中国的比兴与西方比喻”（Chinese Bixing and Western Metaphor）。该文梳理了西方从亚里士多德到当代的比喻论，并将其与微妙的中国比兴论做了一个比较。在他不厌其烦的、详实的

诠释中，我开始理解什么是"比"什么是"兴"，它们之间有何区别，它们与比喻看似相似，又到底有什么不同。这篇文章特别有价值的一点是作者对《诗经》中"比兴"用法做了详尽的探讨。以上两篇论文都给人以深刻的启迪。它们以详尽的中西实例证明了顾教授对中西材料几乎少见的掌握程度，从而使他有资格在这部新书中从事富有挑战性的学术研究工作。

《汉学主义》是非常及时且在观念上富有原创性的著作，也是至今为止顾教授最杰出的著作。它是顾教授多年研究和思考的结果。在全球化的今天，中西关系日益紧密的当下，全面研究西方世界怎样建立起对中国的认识，探讨这些认识是否恰当有着非常重要的意义。在美国，电视新闻、发行量很大的报纸像《纽约时报》几乎每天都会有关于中国的报导和文章。美国总统和国会也一直在针对中美关系方面做一些重要的政治决策和通过一些法律章程。这就有必要知道我们是否"正确地理解了中国"。

顾教授用充分的论据证明，从 13 世纪马可波罗的游记出现，16 世纪西方人开始了解中国以降，我们在不同的方面都误识了中国。写过中国的西方人甚众，较早的有莱布尼茨、孟德斯鸠、伏尔泰、黑格尔、马 xvi
克思、卢梭、费诺罗萨、庞德，现当代的学者有费正清、列文森和宇文所安等。

顾教授并不是要去纠正几个世纪以来西方人对中国的误识，这个任务未免太过巨大。他想要做的是回答这样的问题：为什么会出现误识的情况？为什么我们无法客观地理解中国的文化？西方人所犯的错误主要有两个方面：有时倾向于把中国描绘成蒙昧野蛮的"东方专制"的国度，有时又将中国理想化地描绘成一个由明君统治的尽善尽美的文明国度。这两个极端的观点直到现在依然经常出现，尽管这些误识有时表现的方式当然会有所不同，比如伏尔泰对中国的误解。从正面来说，我们当代西方人认为中国在经济、生产和科技方面发展极为迅猛。我们的媒体每天都告诉我们中国也许在不久的将来会成为世界经济强国。从负面来说，我们的媒体告诉我们中国是一个压迫人，新闻管制，违反人权的国度（好像我们自己在这些方面从来都问心无愧一样）。

《汉学主义》的基本观点敏锐而又复杂。我前面说过，它是作者多年研究的成果，在其立论构思方面精细入微。你得自己去读一读这本书才能明白作者到底想要说什么。但是，一个简单的介绍也许会有助于你的阅读。"汉学主义"（Sinologism）是整本书的关键词，它和"汉学"（Sinology）不同。两者的差异颇有点儿像"解构"与"解构主义"之间的不同。"解构"是一种灵活的阅读策略，"解构主义"则常常盲目地遵从一套既定的模式，就像人们几乎普遍地错误理解德里达那句名言那样："文本之外一无所有"（*Il n'y a pas de hors-texte*）。

"汉学"是西方学术界从事中国学术研究的通常称谓。它就像英语中大量带有"logos"后缀的词汇一样。"logos"源自希腊语，意为思想、知识、词语、节律、比率和依据等。在基督教里，"基督"在圣约翰·福音那儿就是逻各斯，在英语中就是言语的意思，但在基督教神学里，"基督"也是创世万物无所不在的基础。以"logy"作后缀的词一般都有"某种知识"或"某种学问"的意思，英语中有"神学"（theology）、"地质学"（geology）、"意识形态"（ideology）等等，甚至肯尼思·伯克（Kenneth Burke）创造了一个新词"logology"，即"逻各斯"之学。

"汉学主义"（Sinologism）是顾教授新创的一个概念，它指的是常常未被意识到的认识论和方法论的种种假定，构成了操控西方学者对中国研究的隐性逻辑。这个逻辑是"无意识的"，因为它被人们如此自然而然地接受为常理，以至于受此影响的人们对此视而不见。顾教授在"结论"中写道："很少有做汉学研究的学者意识到这一事实，即他们受到一种无意识的动机的影响，这种力量控制着他们做学问的认识论和方法论。"

xvii　顾教授的"文化无意识"接近于但并不完全等同于马克思和阿尔都塞的"意识形态"，也接近于但并不完全等同于弗洛伊德和荣格的"无意识"。其不同之处是，顾教授并没像马克思和阿尔都塞那样去强调汉学主义意识形态对生产、分配、消费这一无所不包的物质过程的依赖。其与弗洛伊德和荣格的“无意识”概念的不同之处是,顾教授的“文化无意识”既与性压抑无关,也和普遍原型无关。

尽管顾教授的这个术语源自弗洛伊德和荣格,同时也受到詹明信《政治无意识》(*The Political Unconscious*)和爱德华·萨义德(Edward Said)的《东方主义》(*Orientalism*)的启发,但顾教授所阐述的内容在一些重要方面与他们截然不同。顾教授令人信服地驳斥了当代中国学术界的一些观点,他认为萨义德的“东方主义”对中西研究并不完全合适,原因是萨义德的观点产生于西方国家想要控制、殖民近东和中东国家的语境,而在历史上西方从未征服过中国。

顾教授的“文化无意识”和詹姆逊的“政治无意识”不同之处是,它并不具备显性的政治维度,更多的是涉及被西方人所曲解的中国,而这些曲解却被认为是客观的、学术的。这些曲解之所以产生,是因为人们将西方的认识论和方法论运用到一种并不适宜这些理论的文化中去。

顾教授指出,

> 汉学主义化是一种未有明言但心照不宣的观察和研究中国的方法的体制化,这种方法以西方认识论视角观察中国,并拒绝或不愿根据中国自身情况去认识中国文化;这种方式根据西方方法论研究中国材料并生产有关中国文明的知识。西方方法论往往无视中国现实并简约包罗万象的中华文明,使之能被纳入以西方模式为蓝本的简单化发展模式。

《汉学主义》一书举出了现实生活中大量令人沮丧的“汉学主义化”的案例。

顾教授这本书最显著的一个方面是他详尽地论述了当代中国学者在多数情况下已受到“汉学主义化”的影响。他们用西方的眼光看待自己的国家,和西方学者一样曲解着中国。我们西方人或许并没有以占领和奴役的方式殖民过中国，但我们却殖民了许多中国学者和普通民众的思想。我们说服中国人相信中国比不上西方，西方认识论可完全解释中国的历史和文化。顾教授写道，

> 盲目地接受西方的思想、理论、模式造就了一种中国特色的汉学主义。我认为有意识地承认西方比中国优越，通过
> xviii 宣传、教育、大众传媒、出版物等自觉地促进和加强了这种意识，以至于这些认识已深入中国知识分子的头脑，并积淀为一种文化无意识。这种文化无意识是使得中国人对中国文化做出了一系列错误的再现，并对中国文化成就做出了一系列错误评估的内在逻辑。

《汉学主义》一书在结尾部分发出意味深长而又高尚的呼吁，作者吁请大家逃离汉学主义的迷宫，回归公平客观的学术，尽管这一点是比较难以实现的。我因长期从事西方文艺批评的工作，更明白这有多么难。甚至当你问关于一个作品“它的叙事前提是什么”时，也受到先入为主的成见的影响，比如此处，你就假定了这个叙述习惯一定有助于产生意义。我相信情况的确如此，尽管我沮丧地怀疑这种想法是否就是我的文化无意识。顾教授写道：

> 虽然在学术研究中彻底撇开政治并不完全可能，我们仍需努力实现纯粹客观的学术生产，并将为知识而生产知识作为理想，而不是生产顺应意识形态要求的异化知识。同样，我们虽不能彻底清除学术研究中的政治影响，但我们应尽可能地使学术去政治化，并倡导为学术而学术的理念。接近这一理想的一条可行途径就是知识生产和学术研究的阐释学方法，这一方法基于这样一种认识：中国是一部大书，需要反复研读并不断予以全新的阐释。

顾教授撰写的这本书正是他所提倡的“为学术而阐释学术”的一个典范。

顾教授的《汉学主义》一书非常有力而且令人感动。阅读它使我大开眼界。它使我更加不愿意仅仅凭借自己十多次去中国参加学术会议和讲学就草率地对当今中国做大而化之的概括。我曾多次访问中国,亲眼见到中国这几十年突飞猛进的变化,这些巨变令我非常震撼,同时也使我意识到中国的问题是多么复杂且具有挑战性,而我对中国又是多么无知。如果说众多知识渊博的学者都误读了中国,那么我怎么可以认为我理解的中国就一定是对的呢?《汉学主义》使我意识到自己是如何不知不觉地受到“汉学主义化”的影响。当我把自己对中国的看法付诸实地检验的时候,我发现那些基于西方媒体或是西方中国专家告诉我的看法几乎都是错的。比如我怀疑在中国教授文学的方式是由专制的官僚机构所强行指定的。一位可靠的中国信息提供者,她自己就是一位女教师,以详尽的资料使我相信,中国的教师在课堂上可以自由选择自己喜欢的方式去教授文学作品,他们也可以 xix
选择教什么样的文学作品。心照不宣的限制当然存在,美国的文学课堂也有类似的限制。前几天,我从在中国认识、后来一直保持电邮联系的一位学生那里获知,在中国有许多网站,上面载有原创小说,它们拥有大量的读者。这样看来,中国在用网络保护文学创造力方面似乎比美国做得更好。这是另一个让我对中国文化感到惊讶之处。

我诚请看过这篇序的读者们赶紧读一读这本书的正文,它是一部令人激动的学术和分析的杰作。《汉学主义》为中西比较研究和跨文化研究作出了贡献,它学术深厚,涵盖面广,其高度原创性的理论范式使全书极具说服力。“汉学主义”作为东方主义和后殖民主义的替代理论具有建设性的价值。

2012 年 1 月 26 日

于缅因州塞奇维克镇

致谢

在此书写作过程中，有幸得到来自多方人士的宝贵建议、帮助和支持。首先，本书的完成要归功于作者在过去十多年工作过的两所高校。一是我先前就职的田纳西州罗慈学院。我在该学院荣获了几次教师发展基金奖励，其中一部分资金使我得以在美国和中国搜集资料并开展最初的研究。二是我目前任教的达拉斯德州大学。在此期间，我荣获了教师发展特别研究资金，这使我能够获得一学期的时间不必教书而专心研究此书的课题，并将以前写的一些章节加以整合以适合出版。此外，我也非常感谢南京大学人文社会科学高级研究院，2010年夏我在该院访问期间修改了本书的全稿。在构思和创作的过程中，我获得了一些来自世界知名学者的灵感、洞见、专业意见和发人深省的建议，他们是：加州大学厄湾分校 J. 希利斯·米勒教授，芝加哥大学 W. J. T. 米切尔教授，杜克大学周蕾教授和中国社会科学院荣休教授李泽厚先生。我们通过信件、会面、电话等方式进行了广泛的交流。在厘清本书的研究视野和确定可行的研究方法时，周蕾教授非常谦和地提供了帮助和建议。她不顾自己繁忙的日程，评阅了我的研究计划，提出了许多真知灼见。本书初稿完成后，我将一些主要章节交给我所在学院和其他高等研究机构的同事和朋友们阅读，寻求他们的看法和批评。这些学者们包括 J. 希利斯·米勒教授，德州大学达拉斯分校人文艺术学院院长丹尼斯·克拉兹教授，德州大学达拉斯分校弗雷德里克·特纳教授，南京大学人文社会科学高级研究院院长周宪教授。他们批判性地阅读了这些章节,提出了很有洞察力的评论和建设性的看法。这些建议都有助于我阐明观点并使书稿更臻完善。对于他们我感激不尽。

我尤其要感谢的是周宪教授。他对我的写作计划非常热情,并且几次邀请我在南京大学的名家讲坛作讲座,介绍研究成果。此外,他还鼓励我将书中的一些内容翻译和改写成汉语,在中国的优秀学术期刊发表。在他的鼓励和支持下,我将书中部分内容改写成数篇文章,发表于以下核心期刊:《南京大学学报》(2010 年第 1 期,2011 年第 3 期),《文学评论》(2010 年第 3 期),《学术月刊》(2010 年第 12 期),《跨文化对话》(2011 年第 48 卷),《清华大学学报》(2011 年第 2 期)和《中山大学学报》(2012 年第 2 期)。我衷心感谢为了文章的发表付出辛苦劳动的期刊编辑们。除了鼓励,周宪教授的帮助对书稿的修改完善也是不可或缺的。他睿智的洞察力使我的见解更加敏锐,他坦率的批评帮我发现概念构思中的盲点。为了进一步帮我锤炼这本书,他提议召开一次题为"汉学主义:理论探索"的研讨会,该研讨会由南京大学人文社会科学高级研究院和德州大学达拉斯分校人文艺术学院联合举办。研讨会于 2010 年 10 月 20 日至 21 日在南京召开,有十几位著名学者参加:香港大学雷金庆教授,中国社会科学院赵稀方研究员、叶隽研究员,清华大学王宁教授,四川大学赵毅衡教授、曹顺庆教授,中国人民大学耿幼壮教授,南京大学程爱民教授、张伯伟教授、程章灿教授、钱林森教授、何成洲教授以及《学术月刊》杂志田卫平总编。他们都与会并讨论了我陈述的问题,坦率地就我的观点发表评论。我向他们致以诚挚的感谢。

过去几年我曾在国内的数所高校举行讲座,介绍汉学主义的思想,这些学校包括:南京大学、东南大学、扬州大学、清华大学和华中科技大学。我也想利用这个机会感谢这些学校的师生对我的评论和批评意见。在 2010 年召开的"文学与形式"国际学术研讨会暨中国文艺理论学会年会上,主办单位南京大学文学院慷慨地邀请我在全体会议上汇报本人汉学主义的部分研究成果。我非常感谢会议主办单位给我提供的机会，同时也很感谢华中师范大学的胡亚敏教授对我的演讲所作的点评。此外我还就书中涉及的概念和观点与一些教授学者进行了讨论，他们有：美国圣母大学葛良砚教授，厦门大学周宁教授，南京大学王守仁教授，东南大学王廷信教授、刘须明教授、季欣副教授，江苏教育学院周韵教授，扬州大学陈军教授、俞洪亮教授、秦旭教授，江苏大学万雪梅副教授以及阿肯色中央大学庄国欧教授等。同时我也与自己的研究生讨论过书中观点并从他们那里获得了反馈。我的博士生陈月红花费很多时间帮我准备文献目录，另一博士生唐乐则不辞辛苦地编排索引。我要向他们每个人表达深深的谢意。

此书得以付梓还要感谢卢特里奇出版社的两位匿名评审的推荐，他们详尽的建议提升了此书的质量。我尤其感激其中一位。我把手稿交由卢特里奇出版社接受审查时，自己对书的结构并不满意，但对如何重新组织整体结构没有清晰的看法，一时无法找到满意的解决方案。这位审稿人向我施以援手，帮我厘清了先前模糊的想法，最终修改出了令人满意的组织结构。最后，同样值得一提的是，我非常感谢卢特里奇的两位编辑，斯蒂芬妮·罗杰斯女士和汉娜·麦克女士，她们与我合作，将手稿成功地出版；我也非常感谢妻子芦平在感情上支持我，在生活上关心我，使我能够在繁忙的教学任务和日常生活之中挤出宝贵的时间完成手稿；我还要感谢儿子顾伟宁在电脑技术方面的帮助。J. 希利斯·米勒教授多年来一直是我的良师益友。他在阅读过书稿后，提出了见解深刻的评论和修改意见。最让我感动的是，在书稿被出版社接受后，我请他为拙著写一篇序言，他欣然接受了请求，并慷慨付出宝贵的时间，赶在最终修改稿付印之前完成了序言。我因此决定将此书献给他，以表达我的不尽感激。

导论

超越东方主义

“实事求是。”

——班固,《汉书》

“意识到自己的无知是迈向知识的一大步。”

——(英)本杰明·迪斯雷利

“歪曲是知识的毒药,政治是学术的阻碍,偏见为偏执铺路,封闭意识导致创造力的萎缩。”

——无名氏

本书是一部跨文化研究的专著,涉及的是一个十分广泛的题目,但是,促成本书的最初目的却十分卑微,探讨的也只是中西研究的一些方面。二十多年以来,笔者一直在思考这样一些问题:西方乃至整个世界何以不断生产有悖于中国文明现实的知识?自从鸦片战争(1839—1842)把中国带入现代世界以来,中国的知识分子对自己的文化何以要么过度夸饰,要么自虐诋毁,而对西方学术和知识的理论、范式和方法何以要么顶礼膜拜,要么盲目地不屑一顾?世界上一些睿智的思想家和批评家对中国的学术思想、文学、艺术和社会所持的观点和评价何以近乎谬误,甚至黑白颠倒?通过观察中西方学者在诸多领域大量失真和歪曲的现象,笔者认为,西方人对中国的误识和中国人对自己文化的误读并非仅仅源于信息不灵、偏见歧视和政治干预等显而易见的原因,更重要的是源于一种有认识论和方法论基础的深层逻辑,而这种逻辑业已演化成了一种文化无意识。这种无意识进一步衍生为一系列的次无意识,其中居于核心地位的就是知性无意识和学术
2 无意识。无论是西方人还是中国人自己对中国形象的认识和评价相互矛盾,就是这种文化无意识的必然产物。这种文化无意识是导致误读中国的核心因素,并已构成了一种涵盖广泛的知识体系的内在逻辑,笔者称其为"汉学主义"。

自从1990年以来,笔者决心对困扰中西认识的内在逻辑进行长期探索。为了实现这一目标,笔者在各个方面,特别是批评理论方面进行了精心的准备。自然,爱德华·萨义德的东方主义理论最早进入视野并提供了极丰富的启示和洞见。自从1986年在英国坎特伯雷的肯特大学聆听萨义德的巡回演讲之后,笔者便抱有著书探讨中国研究中东方主义的问题的愿望。起初笔者企图运用萨义德的批评洞见来观察中西研究中的相关资料,如果按照那样的视角,本书的书名应该是《汉学中的东方主义》。但是,笔者渐渐认识到一个令人困惑的问题:萨义德的东方主义理论虽然十分有用,但据之对中国材料进行研究总有方枘圆凿之嫌;勉强套用东方主义也有隔靴搔痒之感。萨义德多次重申他的理论是根据当时国际国内的政治而得出的。因为萨义德的理论主要探讨的是西方人(殖民者和学者)对中东文化的认识、观念和评价中所存在的问题,所以他的东方主义著述只是一带而过地提到了被殖民者。此外,萨义德的批评理论没有深入探讨被殖民者自身对于殖民文化的态度和看法。因此,有些学者诟病萨义德在其批评研究中让被殖民者缺席的不足是不无道理的。阿里夫·德里克就是对东方主义理论这一缺陷提出质疑的代表性批评家:

> 我认为,萨义德所论述的东方主义的不足之处在于其疏忽了"东方人"参与有关东方话语阐释的地位,这一点会引起话语的地域问题,也因此意味着会引发有关权力的问题。我

> 在上文提到，虽然东方主义在其根源和历史上与欧洲中心主义有紧密的关系，但在根本上，如果想要获得合法性，东方人的参与是必不可少的。在实践方面，东方主义从其产生伊始就是以一种形象和表述的交流而出现，与知识分子和其他人的流通遥相呼应，一开始是欧洲人在亚洲的流通，逐渐地产生了一种反向趋势，亚洲人开始在欧美流通。[1]

德里克正确指出了萨义德东方主义的一大缺陷：即它极少关注被殖民者在殖民心态和自我殖民化过程中所扮演的角色；更少关注伽耶特黎·查克拉沃蒂·斯皮瓦克所描述的“知识分子在同化他者过程中的同谋角色”。[2] 这一缺陷同样受到了其他后殖民批评家的质疑，其中 3
包括霍米·巴巴、[3]罗伯特·扬、[4]齐亚乌丁·萨达尔、[5]阿贾兹·艾赫迈德[6]和其他后殖民和马克思主义的批评家。他们在自己的著述中对萨义德的理论进行了大量修订、补正和重新概念化的工作。后殖民研究也因此而超越了萨义德理论中东方和西方、殖民者和被殖民者之间尖锐的二元对立关系，同时也拓宽了萨义德理论的视野。这对于笔者的研究看似很有用处。但是，笔者又一次认识到后殖民话语同样有其局限和缺憾。很明显的一点是：中国从未被西方完全殖民过。这一历史前提肯定会影响西方人和中国人自己对中国文化、社会的认知和看法，无论是普通人还是知识分子都会受到这一影响，同时他们的学

1　Arif Dirlik, "Chinese History and the Question of Orientalism", in *History and Theory*, Vol. 35, No. 4. (1996), p. 112.

2　Gayatri C. Spivak, "Can the Subaltern Speak", in Vincent Leitch et al, eds., *Norton Anthology of Theory and Criticism*, second edition (New York: Norton, 2010), pp. 211-214.

3　Homi Bhabha, *The Location of Culture* (London: Routledge, 1994), pp. 71-75.

4　Robert Young, *White Mythologies: Writing History and the West* (London: Routledge, 1990), pp. 127-140.

5　Ziauddin Sardar, *Orientalism* (Buckingham and Philadelphia: Open University Press, 1999), pp. 54-76.

6　Aijaz Ahmad, *In Theory: Classes, Nations, Literatures* (London: Verso Books 1994), pp. 159-220.

术研究方法也会受到一定的影响。另外一点与第一点相关:东方主义的母体(东方学)和汉学主义的母体(汉学)因历史原因在本质和功能上有所不同。如今,多数学者视东方学为一种“殖民话语”,但很少有从事汉学研究和国学研究的人会把汉学视为一种殖民话语。其原因很明显:他们是两种研究动机不同的学术活动。霍米·巴巴对殖民话语有一段简明扼要的描述:“殖民话语的目的就是把被殖民者视为一种因其种族根源而落后的人群,其目的是为征服正名,为统治和教导体系的建立铺路。”[7]由此看来,汉学肯定不是一种殖民话语。因此,运用一种在完全被西方殖民的文化研究中推衍出来的理论来解决中国知识生产中的问题难免有生搬硬套之嫌。

随着时间的推移,特别是随着对文学和文化理论以及中西研究的知识的拓展,笔者又发现了把东方主义和后殖民研究模式套用到中西研究中的另一大缺陷。这一缺陷构成了笔者对东方主义和后殖民主义最大的不满。这个缺陷就是:这两种理论的研究方法都是以政治为导向、以意识形态为动机的,因而极易引发文化战争。文化战争对于解决学术问题无能为力,并总是无视知识和学术研究的本来目的。基于这种认识,笔者意识到需要一种新的不同于东方主义和后殖民主义的概念范式。笔者的研究计划也相应地发生了变化,从本想借用萨义德的理论著书的打算变成了进行批判性探索,而探索的目的就是要对如何进行中西研究和跨文化研究、如何在尽可能不受政治和意识形态干扰的情况下进行有关中国知识生产等问题进行自觉地思考。

笔者强烈地意识到,中西研究中存在着根深蒂固的知性心态和学术习惯:即不管西方目的论模式和概念框架是否适用于中国资料,也不管研究资料所产生的历史和文化语境,研究者有意识或无意识地照单全收。一些远见卓识的中国思想家与笔者持同样的看法,李泽厚和汪晖是其中具有代表性的两位,他们都已就如何处理中西知识之间的关系进行了深入的思考。李泽厚在与笔者的交谈中多次批评1919年

7　Bhabha, *The Location of Culture*, p. 70.

以后中国学界的主流趋势——很多人采用简单的拿来主义,把西方理论生搬硬套用来研究中国的资料,结果丢失了对中国文化特征的把握。他于2006年指出:

> 自从1919年五四运动之后,从胡适、冯友兰到牟宗三,这些中国思想家都用西方的概念框架来谈论中国。这种学术研究的方法也不无成果:在阐明中国如道、气、太极、性、理等难以诠释的概念中取得了一定的成绩。但这种方法同时也抹杀了中国文化的一些特性。[8]

美国汉学家胡志德(Theodore Huters)为汪晖的英文新作《想象亚洲的政治学》(*The Politics of Imagining Asia*)所写的序言中提到,他在汪晖的书中发现了同样的对于方法论的关注:"这些文章的真正主题是对西方舶来话语的深切不满,过去一个世纪大部分时间里人们就是用这种话语来评析中国的。"[9]同汪晖一样,笔者一直觉得,强行套用西方中心主义的概念框架和范式来研究中国文化历史材料和数据无异于削足适履。但笔者的书跟汪晖的著作在内容上,特别是研究方法上有着很大的不同。汪晖的著作记录了他"提出一种不同的中国历史观的不断努力,这种历史观跳出了一直统治多数西方人和近代中国人对中国历史及其遗产所做思考的西方概念框架的窠臼",同时他"不断努力发展一种不同的现代性的可能性"。[10] 而笔者的研究企图在中西研究纷纭复杂的表象之下和之后进行观察、揭示一种导致中西研究误识和误读现象发生的内在逻辑。当然,两者都对机械地挪用西方理论来阐释中国资料的做法持批判、怀疑态度。在举例说明套用西方概念模

---

8 李泽厚,《实践美学发言摘要》,引自《李泽厚近年答问录》,天津社会科学出版社,2006年,第44页。

9 Theodore Huters, "Introduction" to Wang Hui's *The Politics of Imagining Asia* (Cambridge, MA: Harvard University Press, 2011), p. 2.

10 Huters, "Introduction" to Wang Hui's *The Politics of Imagining Asia*, pp. 2-3.

式来解读古代中国的资料时，汪晖谈到：

> 很多受过现代欧洲哲学熏陶的学者，直接从本体论、现实主义和认识论的框架出发对宋代思想进行哲学分析。然而，在我看来，这种基于欧洲哲学的概念、范畴和理论框架的分析方式本身就与宋代思想相去太远。[11]

汪晖的论述含有一种认识论的信念，笔者也正是带着这种信念开始了对中西研究问题的探讨。

5 历经多年的观察、反思和研究，笔者厘清了视野，并找到了中西研究问题内在逻辑的一些洞见，这就是中西知识生产中的意识形态无意识。凭借这一洞见，笔者揭示了可称之为“汉学主义”的这一广泛知识体系的核心。汉学主义虽然也涉及东方主义、欧洲中心主义、西方中心主义或族群中心主义的方方面面，但绝非它们的翻版。汉学主义是一个全新的概念，笔者用它来指称西方的中国知识生产和中国的西方知识生产中所出现的种种问题现象。它与汉学这一集中研究中国的领域相关但并不相同，可以说它是汉学和知识生产的一种异化形式，它以一种独特的认识论和方法论涵盖了中西学术研究中的各种问题。二十年来，笔者一直在收集研究材料、思考核心问题，并陆陆续续写了一些相关的文章。多年的研究之后，笔者终于完成了起初的计划：探索中西研究、跨文化研究中隐性的知识生产范式。

什么是汉学主义？

汉学主义（Sinologism）是一个尚待定义和纳入词典的新词，其内涵和外延远未确定。该词最初在西方大约出现于 20 世纪 90 年代晚期。1998 年，澳大利亚学者鲍勃·霍奇和雷金庆在其对中国语言文化

---

11 Wang Hui, *The Politics of Imagining Asia* (Cambridge, MA: Harvard University Press, 2011), p. 67.

的研究中使用了该词。[12] 同年,德国学者夏瑞春出版了一本论著《中土》(*Chinesia* 1998),该书探讨了十七、十八世纪的欧洲思想家和作家对中国的构建。在书中作者不仅用到了“汉学主义”一词,而且谈到了萨义德的东方主义与“汉学主义”之间存在着自然的缘起关系。在解释他所用的新词 Sinism 时,夏瑞春说该词也可被称为 Sinologism,因为“Sinologism 看起来与萨义德的 Orientalism 类似……并且,在研究欧洲对中国的构建时,这个词比萨义德所描述的 Orientalism 更为精确”。[13] 在中国,厦门大学教授周宁首次使用该词并将其发展为一种批评范畴。[14] 在其他人的著作中也有一些提及。整体而言,该词尚未引起学者们太多的关注。

毫无疑问,汉学主义的问世的确受到了爱德华・萨义德“东方主义”的启示。现有中西方少数提及该词的论述都视其为东方主义在汉学研究中的一种形式。[15] 但是,在笔者的概念中,汉学主义并非东方主义的翻版,因为萨义德的东方主义是一种纯粹的西方发明,而汉学主义却绝非如此,它是一种中西方人共同参与的知识产业。在探讨汉学主义时,我们必须承认汉学主义与东方主义有一些共同的基本原理。虽然人们对东方主义的解读大相径庭,但萨义德的初衷应是揭示西方 6
为了推进殖民主义而对东方进行的单向构建。的确,与东方主义一样,汉学主义也是一种西方对中国的构建,但这仅仅是其诸多维度之一,这一点笔者将在以下的章节中详加论述。汉学主义是一种远为复杂宽泛的知识生产体系,其动机有善有恶,其特征有雅有俗,其结果有正有反。从根本上讲,东方主义论及或隐或显的为殖民铺路的观点、

12　Bob Hodge and Kam Louie, *The Politics of Chinese Language and Culture: The Art of Reading Dragons* (London and New York: Routledge, 1998), pp. 12-13.

13　Adrian Hsia, *Chinesia: The European Construction of China in the Literature of the 17th and 18th Centuries* (Tübingen: Max Niemeyer Verlag, 1998), p. 7.

14　周宁,《汉学或汉学主义》,《厦门大学学报》,2004 年第 1 期。

15　“汉学主义”作为一个新词出现在 20 世纪 90 年代末。无论是在西方还是中国,其含义完全相同,被定义为“汉学研究中的东方主义”。参见 Bob Hodge and Kam Louie, *The Politics of Chinese Language and Culture: The Art of Reading Dragons*, 12-17; 周宁,《汉学或汉学主义》,《厦门大学学报》,2004 年第 1 期。

思想、信仰、意识形态和学术行为，而汉学主义却是一种在西方中心主义的意识形态、认识论、方法论和西方视角的指导下所进行的有关中国的知识生产，并因中国人和非西方人的参与而异常错综复杂。其中不仅有西方人通过西方视角对中国文明的观察，更有中国人通过西方认识论和方法论对世界、对自己的文化，以及对于自身的观察。它几乎控制了中国知识生产的方方面面。因此，汉学主义是一种中国人和西方人共同参与的双边构建。正因为如此，在对汉学主义的材料、现象进行分析研究时，东方主义和后殖民主义的理论就不再是称职的理论范式。

在世界语境中，汉学主义并非仅仅局限于中西方人的双边构建。在一定程度上，它是一种由来自全球各地，包括第三世界在内的知识分子共同参与的知性产业。由于席卷世界的全球化，汉学主义已然成为一种以中国为内容、生产商是世界各地的知识分子，而消费者则是世界各地的人们的知性商品。对于中国大陆的人们而言，汉学主义不是由西方汉学家和华裔汉学家向世界表述的中国形象，而是以出口的中国知识资源为原材料，由西方的知性机器加工制造，之后又被进口内销的热门知识商品。[16]

迄今为止，除了笔者的研究把汉学主义视为一种明显不同于东方主义的批评范畴，[17]其他已有的关于汉学主义的论述都视其为萨义德东方主义的一个分支概念，或者仅仅视其为汉学研究中东方主义的翻版。在笔者的研究中，汉学主义是一种独立的概念范畴。其概念自然与汉学这一聚焦中国研究的学术领域相关，也与东方主义相关，但它既非东方主义的一种形式，亦非汉学研究中的东方主义，这一点会在

16 我用“热门的知识商品”一词来指一个被一些中国知识分子所观察到的奇怪的现象：当西方汉学家的研究成果被引入中国以后，它们立刻大受欢迎，甚至被奉为研究之典范；经常有一些研究成果不尽人意的西方汉学家被捧为学术明星。北京大学教授温儒敏认为这种现象源于他所批评的“汉学心态”。

17 过去几年，我发表了五篇中文文章，探讨了作为批评范畴的汉学主义，其中包括：《南京大学学报》两篇（2010 年 1 月，2011 年 5 月）、《文学评论》一篇（2010 年 7 月）、《学术月刊》一篇（2010 年 12 月）、《清华大学学报》一篇（2011 年 3 月）。

下一章进行详细讨论。笔者用“汉学主义”一词既具体描述纷繁复杂
的中西研究的现象，也整体考察西方认识、观念以及对中国文化的评
价中种种认知问题。作为一种知识形式，汉学主义缘于西方自 13 世
纪起构建世界体系的企图，这一企图就是今日世人皆知的全球化。作
为观察中国的方法和学术研究的手段，它所指的是西方人和非西方人 7
在中国知识生产中的认识论和方法论中存在的各色问题。因为该词
的内涵和外延在现有词典中尚不可得，它的内容会随着研究的展开而
确定，没有大量研究就不可能对之作出确切定义。但是为了研究方
便，笔者在此给出一个粗略的描述：

> 汉学主义大致上是西方人在与中国交往中处理各种中国事物并理解纷繁复杂的中国文明时所构思并使用的一种隐性系统，其中包含观点、概念、理论、方法、范式。由于西方一直主宰着世界的政治和知识视域，整个世界必须通过西方的眼光观察和消费中国知识。汉学主义也因非西方人对于中国文明的认知、观念和评价而更加错综复杂、丰富多彩。对中国的观察、中国知识的生产以及对中国的学术研究都受控于一种内在逻辑，它常常以我们意识不到的方式而运作，因此，汉学主义在根本上是一种中西方研究和跨文化研究中的文化无意识。

汉学主义既是一种知识系统，又是一种知识生产的实践理论，前者主要涵盖中西方研究中纷繁复杂的现象，而后者则涉及了全世界，尤其是西方在生产关于中国文明的知识时所采用的方式。从总体上看，它是一个建立在由西方中心主义的各种观点、概念、理论、方法和范式构成的总体基础之上的知识系统。其理论核心是以认识论和方法论的他者殖民和自我殖民为中心的一种隐性意识形态。它呈现出两种对立的趋势：一种是刻意美化中华文明，把玩甚或夸大中国事物的价值；另一种则往往根据来自西方研究资料中的目的论模型来批判中国文

化，摒弃和贬低中国事物的价值。尽管这两种趋势相互对立，但它们有着一个共同的基础，即必须坚持以西方标准为衡量的尺度来评价中国资料。

汉学主义还有第二个层面，这一层面在东方主义中是不存在的。它也有两个方面。一方面是非西方人（包括中国人自己）对西方认识论有意识或无意识的吸收，并在处理中国资料时自觉或不自觉地接受被强加的西方范式，自发地采用西方标准来评价中西方事物，以及或隐秘或直白地承认西方文化优于非西方文化。这个方面一个极端的例子就是某些中国知识分子对中国文化进行自虐式的诋毁和攻击。另一方面恰好相反，周蕾曾一针见血地批评其极端形式：

> 我们所遇到的是一种文化本质主义，在此就是一种中国
> 8 中心主义。这种文化本质主义在中国与外界之间画上了一道想象分界线。根据其逻辑，中国的一切都被想象为高人一筹——中国文明的历史更长、更有智慧、更为科学、更有价值，简直无与伦比。[18]

一些华裔汉学家和中国学者认为，由于中国的历史、文明源远流长，中国的语言、文学迥异于其他传统，因而很少有西方人，即便是汉学家和中国研究专家也很难洞察其深层结构，很难完全理解和欣赏其精神本质和文化内涵。因此，西方人的中国学研究要么是流于表面的印象式描述，要么是彻头彻尾的西方中心主义的偏见和歧视。比如，有些学者屡次声称唯有中国人才能真正理解欣赏中国古诗。有西方汉学家称其为“族群中心主义”[19]，也是不无道理的。其他一些中国学

---

18 Rey Chow, “Preface” to *Modern Chinese Literary and Cultural Studies in the Age of Theory: Reimagining a Field* (Durham and London: Duke University Press, 2000), p. 5.

19 参见 Edward Schafer, “What and How Is Sinology?” Inaugural lecture for the Department of Oriental Languages and Literatures, University of Colorado, Boulder, October 14, 1982。

者认为，中国文明是与其他文明截然不同的独特传统，发展了一套研究中国资料的学术方法，而西方理论和方法论在中国资料面前是无能为力的。因此，他们号召抵制或彻底拒绝在研究中国资料时使用西方理论和方法，提倡坚守传统的中国治学方法。笔者认为，这些抱残守缺的观点和做法同样歪曲了中国文化，只不过方式不同罢了。这些观点也代表了一种应加以批判的“中国中心主义”倾向，它们甚至带有一些文化原教旨主义的味道。

本书的概念性基础

本研究的概念基础既非东方主义，亦非后殖民主义，而是由另外
两个概念相结合而形成的概念性基础。其一是“文化无意识”，它包含
一系列次无意识：“知性无意识”、“学术无意识”、“认识论无意识”、
“方法论无意识”、“种族无意识”、“政治无意识”、“语言无意识”以及
“诗性无意识”等。这诸多无意识组合而成的大范畴构成了本研究的
概念性基础，它广泛涉及本研究中汉学主义的所有问题，并将笔者对
汉学主义的认知与东方主义及后殖民主义区分开来。其二是“知识的
异化”，笔者认为用“异化”这一概念足以描述汉学主义的本质和性状。
就异化的知识而言，笔者把汉学主义视为汉学和中西知识的异化形
式。“文化无意识”和“知识的异化”这两大概念的结合构成了本书概 9
念框架的理论核心。根据这一概念核心，本研究将用大量篇幅对文化
无意识进行理论化，并将重点探讨汉学主义是如何演化成为中西方研
究中的异化知识。笔者认为，文化无意识是汉学主义之源泉、动力，而
汉学和中西方研究的异化知识则是汉学主义之结果。

基于以上的概念基础，本书首先将对汉学主义的主旨内容进行理论性处理，其次探讨其逻辑根据和多元维度。借助这种组织结构，笔者拟提出一种中西方研究的新范式。这种潜在范式基于如下认识：汉学主义是一种在学术领域（人文、社科和自然科学）具有多元维度的知识产业，它受控于一种无意识的内在逻辑，这一逻辑通常生产异化的

知识。汉学主义成为一种新范式的可能性，一方面在于它能为不同领域和学科的学者们提供新的视野和方法，使他们得以探索汉学主义在他们研究中的表现形式；另一方面在于它能把学者们从中西研究知识生产中的认识论和方法论桎梏中解放出来。根据上述概念基础，本研究并非要把汉学主义当作一种批评理论提出来，并用个案研究来探讨其原理和逻辑，而是要把它构建成一种自觉反思的批评理论。

基于这种理论取向，本研究的主要目的并非是为了揭示对中国的偏见歧视，亦非为了纠正对中国文明的歪曲表述，以及驳斥对中国材料的误解误读。虽然这些方面在本研究的分析过程中随处可见，但它们相对容易，这一点在众多的类似研究中已有体现。更为艰巨的任务当属在这些问题的表象之下和之后揭示其产生的动机、精神框架、态度和原因。笔者的基本目标是寻找有关中国和西方学术研究中问题产生的内在逻辑。从概念上来讲，主要想揭示在“汉学主义”这一标题下产生的形形色色问题的认识论和方法论。其次，笔者想提高人们对文化无意识的认识，正是这种文化无意识导致了知识生产中问题的产生；笔者也想揭示在全球化的语境中文化无意识可能导致的严重后果，其中包括阻碍跨文化交流、导致认识论的惰性以及造成非西方民族原创力的萎缩等。其三，笔者想帮助厘清在汉学研究和中国研究中应用萨义德东方主义理论的一些学术问题。最后但同样重要的一点是，已有范式是建立在西方中心主义的模式和伪科学目的论的基础之上的，因此笔者希望发起涉及已有中国研究范式的可行变革，并希望能给读者以灵感而找到中国知识生产的真正科学的方法。最终的目的是鼓励和促进相对中正客观的中国知识生产，这种知识生产应远离任何形式的歧视、偏见、主观性和政治干扰。最后这一目标似乎有乌托邦之嫌，因为大家普遍认为，知识是建构的结果，而真理，即便是自
10 然科学的真理也难逃主观性的干扰。尽管如此，笔者仍然愿意坚持这样一种看法：即使真的没有绝对客观的知识，我们仍需坚守知识的相对客观公正性。否则，知识生产将退化为话语战争、文化战争，甚或意识形态战争，这将危及知识传播、恶化文化偏执、阻碍文化间的理解。

更为严重的是，这会给萨缪尔·亨廷顿在他那著名论断中警告过的文明冲突火上浇油。[20]

本书的目的和范围

虽然本书最初是受到东方主义的启发，以批评西方观察中国的方法以及西方对中国文化的歪曲为初衷，但成书后的目标却与初衷相去甚远，最后演变成探究学术和知识生产中的内在逻辑。因此，本书是知识生产的研究而非知识的研究。准确地说，本书是对中国和中国文明的知识生产、对西方和世界有关中国的知识生产的批判性研究。中国知识有广义、狭义之分。广义上的中国知识就是有关中国的一切知识；狭义上的中国知识则是汉学或中国学。本书作为一种批判性研究，首要关注的是中西研究中出现的问题，其次关注非西方世界，包括中国自身，在生产中国知识中存在的问题。通过分析中西知识生产中的问题和揭示问题之下的内在逻辑，从中获得启示和洞见，提出更科学、更客观、更可取的中西知识生产方法。笔者的研究以学术研究为导向，意在提出一种在汉学主义这一概念范畴之下的批评反思的理论，为中西研究开创新的领域。推而广之，也希望为跨文化研究开创新的领域。

具体而言，笔者的研究意在探讨汉学主义的根源、兴起、历史发展、特征、现状及其内在逻辑；同时也要观察在历史、思想、语言、文学、艺术、宗教、美学理论和文化研究等不同领域里汉学主义在中国知识生产中的表现。本研究也企图解决一系列理论问题，其中包括：东方主义和后殖民主义在中国研究中已成为一种广为接受的批评理论，在这种情况下，把汉学主义作为一种概念范畴提出来在学术上是否有理论依据？如果有理据，那么汉学主义具体是指什么？汉学主义何以有别于东方主义和后殖民主义等其他理论？如果汉学主义是一个有理

20 Samuel Huntington, *The Clash of Civilizations and the Remaking of World Order*, New York, NY: Simon and Schuster, 1996.

据的概念范畴,其涵盖的范围应有多大?有多复杂?汉学主义是不是中国知识生产中的一种意识形态?其影响是什么?我们如何抵制不同领域中的汉学主义化倾向?我们能否把汉学主义从一种解构性的批评话语转化成为一种建构性的范式?这种建构性的范式将有利于
11 产生真正科学地观察中国和进行中国学术研究的方法,并将激励、催生具有真正普世价值的知识生产。最终的核心问题是:汉学主义的理论应当探索如何产生植根于政治和意识形态的批判理论,还是应当探讨如何生产不偏不倚的知识和学术的自觉反思理论呢?

本书内容包括导论、八个章节和结论。导论涉及本书的写作动因、目的和主旨,以及为何提出汉学主义这一概念范畴之下的中国知识生产的批评理论的主要原因。前三章探讨汉学主义与其他相关理论、范畴和问题的关系,从历史和批评的视角观察中国知识生产中的问题,为全书奠定基础框架。第一章探讨提出汉学主义的理论问题,论证把汉学主义作为一种批评研究的概念范畴提出来的合理性。这一章认为,无论是东方主义还是后殖民主义都无法满足中西研究的需求,因而有必要提出一种新的理论来取代它们。取而代之的是一种文化无意识理论。具体地说,这种理论可被用作批判分析中西研究问题的指导原则,亦可广泛应用于跨文化研究之中。这一章也讨论了与汉学主义有关的概念问题及其可能的涵盖范围。第二章探究了汉学主义和汉学之间的关系,找出汉学和汉学主义,以及汉学主义和东方主义之间的主要差异,进而厘清汉学主义和欧洲中心主义、西方中心主义、族群中心主义和西方主义等其他意识形态观念之间的关系。此外,这一章还探讨汉学主义和非领土殖民之间的关系、研究汉学主义的最终形式:即汉学主义化。第三章对汉学主义进行历史批判。这一章并没有对汉学主义进行面面俱到的历史表述,而是对其从产生到成熟再到现代形式的发展过程中的关键阶段进行探讨。这一章通过批判分析西方历史上一些重要思想家和学者的思想,力图抓住汉学主义成为一种中国知识生产体系的发展过程中的一些关键点。

第四章和第五章因其在概念上关注汉学主义的认识论和方法论

而密切相关。这两章通过对一些思想家的历史批评中所获得的理论洞见进行反思，从概念上对汉学主义问题进行研究，形成能够描述和批判中国和中国文明知识生产中形形色色的问题的概念框架，同时尝试揭示导致汉学主义这一标题下林林总总现象的认识论、方法论以及工作逻辑。第四章研究了汉学主义的认识论意识形态，认为汉学主义基于一种微妙的意识形态，或可被称为“意识形态无意识”。在很大程度上，这种意识形态本质上并不是现实政治性的，而是由一种有问题的认识论衍生而来的，这种认识论使观察中国的方法转变成为一种认识论意识形态。这一章考察了汉学主义的内在逻辑，对其进行定义， 12
并探讨了其本质和内容。第五章考察了汉学主义的方法论意识形态性，这是一种基于某些惯用的研究中国文明的学术方法的逻辑依据。汉学主义虽然声称致力于客观、科学和无偏见的学术研究，但其种种方法恰恰暴露了其为学术政治、话语霸权和族群身份所左右的意识形态性和主观性。由于方法论问题通常是人们在没有意识到它们的内在偏见、歧视的情况下发生的，方法论的意识形态就成了一种方法论无意识，引起了对中国文明的误识、误解和扭曲。

第六章和第七章主要讨论与政治、族群和身份等人们普遍关注的话题相关的一些问题，并研究了这些问题如何塑造了学者学术研究的心态、如何导致学术研究的政治化、如何阻碍了不同族群和国籍的学者之间有意义的交流。第六章讨论了由族裔出身的差异所引起的学术政治。这一章借用研究中国古代和知性思想的材料，考察了对学者族裔身份的关注何以演化成了学术研究中的身份政治问题、何以对学术研究的观念和范式产生不良的影响。由于置身于身份政治之中的学者很少有人能清醒认识或愿意承认族群身份的影响，因此，这种对学术研究产生负面影响的心态可被称为“族群无意识”，由此而生的学术研究心态和习惯可以说构成了一种“知性无意识”。第七章认为，虽然中西学术研究中的政治维度要比东方主义和后殖民研究中的政治维度轻微得多，也没那么常见，但其的确存在。自从中国从一个封建帝国转变成了民族国家，特别是中华人民共和国成立之后，现实政治一直是中国知识生产中的一个重要因素。冷战期间中国被视为属于共产主义阵营的社会主义国家,这使得中西研究有了一种明显的政治取向,并逐渐演化成了一种中国知识生产的政治无意识。本章运用了包括中国文明和美国文明在内的广泛的分析材料。

最后一章是对语言研究中的汉学主义问题的个案研究。这一章意在说明西方中心主义的认识论和方法论如何使中西方学者对中国语言和书写产生误解和歪曲。本章通过再度审视长期以来围绕中国语言,特别是书写产生的争论,认为形式繁复的多种问题构成的这一现象可被称为语言汉学主义。就汉语而言,语言汉学主义来自于西方语音中心主义和逻各斯中心主义。学者们不愿就汉语本身进行研究,而是从西方语言学视角出发研究汉语,并以西方字母语言为依据来确
13 定汉语文字的本质,其后果是汉语的本来面目被扭曲和篡改。结论部分提出了一些对汉学主义的反思,将其重新定义为异化的知识,并就以下问题做出思考:我们如何在中西研究中避免汉学主义化?如何超越汉学主义?如何使汉学主义从一种解构性的批评理论转化成为建设性的知识生产理论?最后的结论是:汉学主义不是一种批判理论,而是一种自觉反思的理论。

批评的焦虑

笔者是以中西语言、文学和思想的对比研究为专业的人文科学学者。本人的专业决定了本书中所使用的分析材料主要来自这些领域,但本书的研究材料也来自其他领域众多思想家和学者们的各种学术资源和论著,其中包括汉学研究和中西研究的资料。在对这些资料进行深入分析研究时,笔者主要关心的不是如何解决争议,而是这些不同的问题如何揭示了一种人们尚未识别的导致这些问题产生的内在逻辑,以及这种认识如何帮助我们找到跨越争议的办法。那些被笔者引用作为分析材料的学者,有些已经作古,有些仍然健在,有些是笔者的老师、同事和朋友。不管笔者用以批评分析的是什么材料,不管对

他们是褒扬还是批评，是首肯还是反对，笔者都对他们抱有崇高的敬意，对他们的研究怀有最深的尊重。笔者对他们每个人都感激不尽，无以回报。

本书意在建构一种以知识生产中的问题为分析重点的批评反思理论，因此，其取向和方法难免有批判性，甚至有时在论证中看似富有争议性。当笔者想起萨义德的东方主义在东方学学者和汉学家中引起的轩然大波时，忍不住猜想本书出版时会引发什么样的反应而感到惴惴不安。笔者对以下三点特别感到不安：其一，本书批评分析中涉及笔者的老师、同事和朋友，批评或许会被误解为不敬。其二，虽然笔者呼吁在学术研究中去政治化、去意识形态化，但并未回避与政治、意识形态和族群有关的争论。其三，笔者的研究试图找到摆脱学术研究中文化战争困境的途径，因而在批判学术研究的政治化时不分左右。出于以上顾虑，笔者担心自己会像战争期间贸然踏入双方交火的无人地带，陷入四面受敌的处境。然而，经过一番思想斗争，笔者确信本研究首要关注的是学术问题，而非任何形式的个人恩怨或意识形态立场。学术就是学术；知识就是知识，两者都应是不偏不倚的，最起码从原则上来讲是如此。公正无偏的学术研究应当远离非学术的种种考量：意识形态的、个人的、社会的、学术的等等。非功利性的学术研究
特别应超越政治和意识形态的影响。自从马修·阿诺德在 19 世纪后 14
期提出将不偏不倚的学术作为一种批评原则之后，[21]非功利性这一概念就一直受到无情的拷问和强烈的批评。但我们应分清文化批评和学术、知识生产之间的差异。批评不可避免地会受到批评者政治和意识形态立场的影响，而知识和学术的相对中立性，我们不仅要接受和尊重，还应视其为一种追求的理想目标。根据笔者对汉学历史的认识，在现代之前，汉学研究很少受到政治因素的干扰。但自从中国成为一个民族国家以后，汉学和中国学研究就与国际政治、族群政治、个

21　Matthew Arnold, "The Function of Criticism at the Present Time" in *Norton Anthology of Theory and Criticism*, p. 703.

人政治及学术政治严重地纠缠在一起。笔者的研究企图超越东方主义和后殖民研究的政治取向,把中西知识生产从政治和意识形态的干扰中解放出来。因此,我想要提醒读者的是,对汉学主义族群层面和政治层面的批评分析不应被误解为是在套用东方主义和后殖民主义的政治路数。笔者真诚地希望本书能有助于学术的去政治化,促成向"过去的好时光"的回归,那时参与汉学研究的中西方学者们所追求的是为学术而学术的纯学术研究。

在本书的写作中,笔者怀有如下一些心愿:首先,笔者希望本书有助于全球化的健康发展。全球化的趋势不可阻挡,而目前的趋势是西方中心主义的,有演变成为各种形式的西方化,甚至美国化的风险。很多富有远见卓识的学者都对此表示关切。其次,笔者希望本书有助于提高学者们对汉学主义负面影响的认识,让他们警惕汉学主义化的潜在危险,并鼓励非西方民族的原创性活动。再次,笔者希望本书能帮助参与东西方研究的学者们跨越东方主义与西方主义的二元对立,并为中西文化的比较研究开辟新的路径。最后一点同样重要,笔者希望本书有助于构建一种研究范式来替代由萨义德首创、以政治为中心、充满意识形态的现有范式。该范式被当今后殖民研究进一步发展、并被跨文化研究领域的学者们所热情拥抱。笔者同样希望本书能够提供一些理论启示,既能对广泛的后殖民研究和跨文化研究有所帮助,也能对具体的中西研究有所帮助。如果本书能为跨文化研究提出一种东方主义和后殖民主义的替代理论,笔者将倍感欣慰。

第一章

知识与文化无意识

"知识就是力量",此说尽人皆知,然而由于"一知半解害人不浅",许多时候,有了偏见和失真的知识,甚至还不如一无所知。有的时候,刻意扭曲的知识会使情况更糟,可能会导致猜忌、恐惧甚至仇恨,或许会进而引发冲突和战争。在跨文化交际中,尤其在中西方交流史上,此说并非危言耸听。自 13 世纪欧洲与中国第一次直接交流以来,总有人踌躇满志,一心想创建无所不包的思想、理论、范式,借以解释相对于西方的中国历史、语言、文化、文学、艺术、宗教、思想以及人民的看法。但出于种种原因,西方的感知、理解、归纳和评价并非是中国社会和文化的真实写照。西方仿佛是用一面哈哈镜来照中国,其眼中的中国要么被放大,要么被缩小,总之从未照出中国真实的面貌。

这种几乎无法避免的失真有两种极端:一种是正面的崇拜、欣赏和理想化,另一种是负面的异化、诋毁和妖魔化。因此,几个世纪以来,西方对中国的理解总是从一个极端滑向另一个极端,却鲜见客观的描述。在一些西方人的心目中,中国是个理想的国度,君主贤明仁德,人民安定富足,而在另一些西方人的描述中,中国俨然是人间炼狱,君王暴虐无道,人民苦不堪言。更有伟大的思想家们在认真考察过中国社会和历史之后,满怀信心地预测中国未来的发展,这样的预言当然是难以实现的。就连研究中国的专家们对中国和中国未来的描绘也时常自相矛盾，令全世界为之愕然。

这一令人尴尬的现象在中国经济和未来的大辩论中真实地得到了反映，而有关争论在今天仍然是无休无止。从一个极端，我们看到的是一些研究中国的专家为中国及其未来所描摹的惨景。华裔美籍中国专家章家敦（Gordon Chang）2001 年出版的《中国即将崩溃》（*The*
16 *Coming Collapse of China*）一书曾登上了畅销书榜单。他对中国未来的政治和经济看法极其悲观，并十分自信地认为中国经济和中国政府随时都会土崩瓦解。[1] 从另一个极端，我们看到的是世界上大名鼎鼎的经济学家和研究中国的专家对章家敦的观点嗤之以鼻，明确指出他的预言只不过是痴人说梦。他们与章氏的消极观点相反，乐观地认为中国经济将继续快速增长，并将在 25 年内赶上西方发达的资本主义国家，并于 2050 年超过美国。特德·菲希曼（Ted C. Fishman）的著作《中国公司》（*China, Inc.*）便是这一派观点的代表作，该书以“新兴超级大国将如何挑战美国和世界”（*How the Rise of the Next Superpower Challenges America and the World*）为副标题，使这一观点得到了彰显。和许多中国观察家一样，该书不容辩驳地声称 21 世纪将是“中国的世纪”。[2] 最令人尴尬的莫过于同一位研究中国的专家，在前后不长的时期内就同一话题会发表截然相反的观点，比如美国地球政策研究所（Worldwatch Institute）所长莱斯特·布朗（Lester R. Brown）1995 年在美国出版的《谁来养活中国》（*Who Will Feed China*）[3] 一书。他通过精心设计的经济理论模型，将中国粮食产量和消费量与国际粮食市场的情况作了比较，而后得出一个耸人听闻的结论：中国将无力为日渐增长的人口提供口粮，从而会对世界和平和稳定造成非军事（non-military）威胁。但他不久后却改变了观点，认为中国一直有能力、而且在将来也继

1 参见 Gordon G. Chang, *The Coming Collapse of China*, New York: Random House, 2001, 2nd edition 2003。

2 参见 Ted C. Fishman, *China, Inc.: How the Rise of the Next Superpower Challenges America and the World*, New York: Scribner, 2005。

3 Lester R. Brown, *Who Will Feed China: Wake-Up Call for a Small Planet*, Washington D. C.: Worldwatch Institute, 1995.

续有能力为其人民提供足够的粮食。[4] 席卷全球的金融风暴又使“中国崩溃论”(China Will Collapse)再现抬头之势。2010年初,章家敦发表了《中国:世界的下一个经济大崩溃》(“China: The World's Next Great Economic Crash”)一文,并作出一个令人恐慌的预测:“就像迪拜去年年初那样,中国的经济泡沫膨胀到了最大化。”[5] 他的预测得到了詹姆斯·S.查诺斯(James S. Chanos)的支持。查诺斯曾准确预测美国安然(Enron)等一流企业的倒闭,而他对中国的经济更为悲观。他认为,中国经济增长的势头过猛,一旦崩溃其结局将比迪拜的情况更惨。[6]

对中国形象自相矛盾的描绘和对中国文明所持观点的前后相左,真是五花八门,不胜枚举,以至于出现了大量致力于研究这一现象的学术成果,其中包括雷蒙德·S.道森(Raymond S. Dawson)的《中国变色龙——对于欧洲中国文明观的分析》(*The Chinese Chameleon: An Analysis of European Conceptions of Chinese Civilization*, 1967)[7]、史蒂芬·莫什(Steven W. Mosher)的《误识的中国——美国臆想与中国现实》(*China Misperceived: American Illusions and Chinese Reality*, 1990)、[8] 辛建飞的《世界的中国观——近两千年世界对中国的认识史纲》(1991)、[9] 朱莉清(Julie Ching)和威拉德·奥克托比(Willard Oxtoby)合编的《发现中国——启蒙时期的欧洲观》(*Discovering China: European Interpretations in the Enlightenment*, 1992)、[10] 夏瑞春(Adrian

---

4 布朗在2008年3月接受一名中国记者的访谈时改变了看法。报道引自电视系列片《中国文字五千年》,北京:中国科学文化音像出版社,2009年,第八集。

5 参见 Gordon G. Chang, “China: The World's Next Great Economic Crash”, in *Christian Science Monitor*, January 21, 2010。

6 参见 David Barboza, “Contrarian Investor Sees Economic Crash in China”, in *New York Times*, January 7, 2010。

7 Raymond S. Dawson, *The Chinese Chameleon: An Analysis of European Conceptions of Chinese Civilization*, London & New York: Oxford University Press, 1967.

8 Steven W. Mosher, *China Misperceived: American Illusions and Chinese Reality*, New York: Basic Books, 1990.

9 辛建飞,《世界的中国观:近两千年世界对中国的认识史纲》,香港:三联书店,1991年。

10 Julie Ching and Willard Oxtoby (eds.), *Discovering China: European Interpretations in the Enlightenment*, Rochester: University of Rochester Press, 1992.

Hsia）的《中土：欧洲十七和十八世纪文学作品中构建的中国》（*Chinesia: The European Construction of China in the Literature of the 17th and 18th Centuries*，1998）、[11]史景迁（Jonathan Spence）的《大汗之国：西人看中国》（*Chan's Great Continent: China in Western Minds*，1998）、[12]马克林（Colin Mackerras）的《西方的中国形象》（*Western Images of China*，2000）、[13]鲁珀特·霍德（Rupert Hodder）的《中国形象：西方思潮中的华人自我认知》（*In China's Image: Chinese Self-Perception in Western Thought*，2000）、[14]大卫·马丁·琼斯（David Martin Jones）的《西方社会政治思想中的中国形象》（*The Image of China in Western Social and*
17 *Political Thought*，2001）、[15]周宁的《中西最初的遭遇与冲突》（2000）、《中国形象：西方的学说与传说》（2004）、《想象中国》（2004）、《世界之中国——域外中国形象研究》（2009），[16]以及最近汪晖在美国出版的英文文集《想象亚洲的政治学》（*The Politics of Imaginging Asia*，2011），等等。[17]

本研究并无意给已经异彩纷呈的"中国形象"研究中再添新解，只是试图探讨纷繁复杂的形象及其背后的逻辑动因。我认为，对中国形

11　Adrian Hsia, *Chinesia: The European Construction of China in the Literature of the 17th and 18th Centuries*, Tübingen: Max Niemeyer Verlag, 1998.

12　Jonathan Spence, *Chan's Great China: China in Western Minds*, New York: Norton, 1998.

13　Colin Mackerras, *Western Images of China*, New York: Oxford University Press, 2000.

14　Rupert Hodder, *In China's Image: Chinese Self-Perception in Western Thought*, New York: Palgrave Macmillan, 2000.

15　David Martin Jones, *The Image of China in Western Social and Political Thought*, New York: Palgrave Macmillan, 2001.

16　周宁撰写了一系列关于世界各地人们创造的中国形象的书籍，包括：《中国形象：西方的学说与传说》，北京：学苑出版社，2004 年；《想象中国》，北京：中华书局，2004 年；《世界之中国——域外中国形象研究》，南京：南京大学出版社，2009 年。除了这些长篇研究之外，周宁还在一些学术期刊上发表了许多关于中国形象的论文：《西方的中国形象史：问题与领域》，载《东南学术》，2005 年第 1 期；《乌托邦与意识形态：七百年来西方中国观的两个极端》，《学术月刊》，2005 年第 8 期。

17　Wang Hui, *The Politics of Imagining Asia*, Cambridge, MA: Harvard University Press, 2011.

象与中国文化自相矛盾的描述，暴露了西方和世界所形成的中国知识中业已存在的根深蒂固的问题。大多数西方学者和思想家探究中国文化时倾向于从西方立场出发，带着成见看中国，有关的研究材料也只是被当作佐证，借以说明这些见解的正确性。除了少数眼光深邃者，绝大多数学者和民众似乎对修正成见的必要性视若无睹，他们不愿放弃对待中国的臆想。有些时候，若中国的实际情况与臆想不符时，他们修正的竟是数据，以使之被纳入西方认知和想象的普罗克鲁斯特斯之床。我们时常遇到这样的西方人，他们评论中国，概括中国社会现象，只是停留在对中国文化少量而表面的观察上，且固执己见。这一现象不仅存在于普通大众之中，甚至也存在于一些思想家、学者和研究中国的专家群体之中，从孟德斯鸠、卢梭、黑格尔、马克思、韦伯、赫尔德、罗素，到汉学家、中国观察家、新闻记者、商人、游客和普通民众等。正如现代著名汉学家费正清很久之前便发现的那样，

> 自马可·波罗之后，西人便不习中华之文化。然历代学者，无论18世纪启蒙运动之哲学家，抑或通商口岸的思想开明之楷模，皆携其强烈主观性窥视中华之文化。[18]

由于这种主观性作祟，尽管中国于19世纪已开放门户，然而其真实面目仍为神秘、想象和异国情调的文化色彩所包裹，西方大众和世界大众仍难以透彻理解一个真实的中国。

以上所述旨在说明有关中国研究的现状是多么含混不清这一事实，而本就不算明晰的研究现状又因两大因素变得更加扑朔迷离：一是已经生产出的中国知识，二是非西方人包括中国人对中国文化价值的评价。非西方人采用西方的观点，以西方的视角透视中国，结果产生了大量对中国形象不真实的描写。从这一维度分析开来，自19世 18

18　John Fairbank, *The United States and China*, new edition, Cambridge, MA: Harvard University Press, 1958, p. 321.

纪后叶至今，中国文化人对本国文化的态度颇耐人寻味。一方面，颇具争议的保守派文人辜鸿铭将中国文化与英、法、德、美文化比较之后，断定中国文化优于这几种文化。[19] 而另一方面，五四新文化时期批判传统文化的代表人物鲁迅则将中国文明比作三千年的吃人史，把中国文化比作一场人吃人的盛宴。我们还能发现，在 19 世纪后叶至 21 世纪之交生活的众多中国知识分子，要么将中国文化捧到天上，要么将其踩在脚下。

在中国学界，不少人对历史悠久的中国学术及其在西方的对应学科——汉学，怀有十分矛盾的态度。这一现象再次因中国学者两大阵营的形成而复杂化：一派是保守的文化原教旨主义者，他们坚决维护传统学术的价值，坚持严格遵循中国学术规范；另一派是激进的西化学者，他们不断攻击中式学术及其生成方式，将其贬为一文不值的垃圾，并不加选择地拥抱西方的一切思想、概念、理论、范式和学术研究方法。两大阵营的分歧集中在对待汉学和西方的中国研究的态度上。一方盲目崇信汉学的效力和价值，热情效仿，另一方则应用萨义德的东方主义和后殖民主义理论，慷慨激昂地批评汉学是殖民主义的话语，是一门像东方学那样充满偏见、因而应予以摒弃的学科。

汉学主义及其无意识性质

西方和世界对中国的种种矛盾印象所形成的中国知识、中国人对待本国文化和文明的双重态度、学术界对于汉学和中国研究在研究方法上的不同反应，事实上构成了一套综合的知识体系，我将其命名为“汉学主义”。汉学主义曾经阻碍了对中国和中国文化的客观理解和描述，并将继续成为文化交流和全球化健康发展的绊脚石。这一现象短期内无法改变，但挖掘其逻辑、原理和存在方式将是消除这一现象的开端。有人也许会像费正清一样，将该系统的理论内核归因于政

19　参见黄兴涛著《文化怪杰辜鸿铭》，北京：中华书局，1995 年。

治、经济、历史、社会和学术因素导致的主观主义，但我认为显性的主观主义之下隐藏着的是观察和处理有关中国的材料时在认识论和方法论上显示的多重盲点。令人眼花缭乱的失真描述，实际归因于中西 19
研究核心中认识论和方法论上固有的偏颇。尽管病症能轻易查出，但病源却植根于心智之源，而心智之源构成了汉学主义的内在逻辑。

由于种种原因，汉学主义的逻辑内核隐藏得很深，并有多个复杂的维度。自从笔者对汉学主义产生兴趣以来，我发觉本人也处于其逻辑的影响之下，不知不觉地根据其原理从事学术研究，而没有意识到其问题。由于人们很少有意识地停下来思考其本质和原理，我们有充分的理由称其为“文化无意识”（cultural unconscious）。现行的批评理论和方法并不总能深挖到现象之下，深入到这种无意识的内核。经过多年的观察、思索和研究，笔者逐渐地澄清了自己的视野，并找到了深入探究这种文化无意识内在逻辑的重要见识。这些见识使我得以认识到，尽管汉学主义与东方主义、欧洲中心论、西方中心论和种族中心主义相关联，但它并不是这些理论的一种表现形式。它与专注于研究中国的汉学有关，但并不是汉学的一种形式。实际上，它是以独特的认识论和方法论研究中国的一种学术研究方法。一言以蔽之，很成问题的认识论和方法论是这种文化无意识的两个维度，位于汉学主义的核心。

为什么要提出汉学主义？

如今，在跨文化研究领域，尤其在涉及西方和非西方文化传统方面，萨义德的东方主义已经成为一种范式，产生了各种各样同属于“后殖民主义”的理论和方法。起初，笔者对其理论颇感兴趣，但随着时间的推移，逐渐发现东方主义和后殖民主义虽然令人鼓舞、发人深省，但并不完全适合探讨中西研究中呈现的种种现象。萨义德的东方主义和后殖民主义在中国文化和中西研究方面的不足表现在哪里呢？下一章将详细介绍汉学主义和东方主义的差异，以及汉学主义和后殖民主义的差异。本章仅对东方主义和后殖民主义不适合中西研究的情况以及对我提出以汉学主义的批评理论取而代之的主要原因做出解释。为了构建一个新的处理汉学主义复杂维度的概念框架,笔者拟对汉学主义的概念核心——中西研究中的文化无意识进行理论探索,并对汉学主义的概念发表初步的看法。

东方主义和后殖民主义是政治和意识形态批评理论。萨义德在书中坦率地承认东方主义批判的政治性:"我的论点是,由于东方国家
20 弱于西方,东方主义归根结底是西方将其意志强加于东方国家的政治信条。"[20]后殖民话语的政治性已被所有的后殖民主义的理论家和批评家所承认,从弗朗茨·法农(Frantz Fanon)、伽耶特黎·斯皮瓦克(Gayatri Spivak)、霍米·巴巴(Homi Bahbah),到罗伯特·杨(Robert Young)、比尔·阿什克罗夫特(Bill Ashcroft)和巴特·摩尔-吉尔伯特(Bart Moore-Gilbert)。大部分从事汉学研究、中西研究和中国知识生产研究的学者也已经接受了这一观点。但是,笔者想清楚指出的是,正是在政治和意识形态的焦点上,汉学主义的概念完全不同于东方主义和后殖民主义。笔者认为,汉学主义的发展历史表明,它较少呈现出政治和意识形态倾向,而正是这一原因构成了汉学主义和东方主义、后殖民主义之间的主要差异,它具有从解构主义的批评理论转换为建构性学术批评理论的潜在可能性。

话虽如此,但笔者必须补充的是,它当然有一个政治层面,但这一层面是在其发展后期才出现的。笔者完全同意詹明信(Fredric Jameson)在他那部影响很大的《政治无意识》书里阐述的观点。他认为,"不具社会性和历史性的事物是不存在的,事实上……一切'归根结底'都是政治性"。[21] 詹明信将此认知视为从无所不能和无处不在的"资本主义的社会生活法则"之下解救出来的前提。资本主义的社会生活法则"摧残我们作为个体的存在,也瘫痪了我们对时间和变化

---

20 Edward Said, *Orientalism*, New York: Vintage Books, 1978, p. 204.

21 Fredric Jameson, *The Political Unconscious: Narrative as a Socially Symbolic Act*, Ithaca and New York: Cornell University Press, 1981, p. 20.

的思考，正如它确确实实使我们的话语异化于我们自身一样。”[22]作为一名学者，笔者深知主观性创造知识和进行学术研究的危险，承认所有文化行为的政治性是学术免于政治和意识形态干扰的前提，而政治和意识形态会导致对知识和学术的错误认知、误解及故意歪曲。笔者将在这本书中证明，由于其突出的意识形态性和政治方向，政治批评极易陷入这样的境地，在其中研究者们采取主观的态度，从某种意识形态的角度考察分析数据，很少顾及某种文化现象的历史性和客观性，也很少尊重知识和学术的相对中立性，因此，对一种文化现象常常得出与实际情况完全不同甚至完全相反的结论。

萨义德《东方主义》一书出版时引起的强烈反响和反应就是个典型例证。[23] 东方主义曾经是一个倍受尊敬的学术领域，而“东方主义”一直是个正面的学术术语，直到 1973 年的第 29 届国际东方学者大会上才被投票废弃不用。[24] 但是几年后，萨义德的一部重要著作彻底推翻了东方主义作为一门学科的学术合法性，也颠覆了东方主义作为学术术语的政治合法性，从而引发了东方主义研究者的强烈反对。毋庸置疑的是，东方学学者对萨义德一书的反批评带有一些政治的、意识形态的甚至种族偏见的色彩，但是萨义德东方主义理论完全把东方学术捆绑在欧洲国家的帝国主义政策和殖民主义扩张的战车之上，东方 21

22　出处同上。

23　关于东方学者的反应，我们可以阅读 Bernard Lewis, *Islam and The West*, New York: Oxford University Press, 1993; John M. Mackenzie, *Orientalism: History, Theory and the Arts*, Manchester and New York: Manchester University Press, 1995. 关于汉学界的反应，参见 Simon Leys, *The Burning Forest: Essays on Chinese Culture and Politics*, New York: Holt, Rinehart, and Winston, 1985, pp. 95-99. 其他对萨义德著作持批评态度的汉学家还包括 Norman J. Girardot, *The Victorian Translation of China: James Legge's Oriental Pilgrimage*, Berkeley and London: University of California Press, 2002, p. 530; Robert A. Kapp (ed.), “Review Symposium: Edward Said's Orientalism” in *Journal of Asian Studies* 39:3, May 1980, pp. 481-517; Peter Gran, “Review of Orientalism by Edward Said” in *Journal of the American Oriental Society* 100: 3 (July-October 1980), pp. 328-31; and Jonathan D. Spence, *Chinese Roundabout: Essays in History and Culture*, New York and London: Norton & Company, 1992, p. 90。

24　关于该称谓如何被废弃，参见 Bernard Lewis, *Islam and the West*, New York: Oxford University Press, 1993, pp. 103-104。

学学者对此做法提出不满也不是毫无道理的。他们批评萨义德东方学学术准备不足，对历史材料处理的简单化和政治化，这也不是萨义德在反批评时用一句这是“典型的东方主义形式”所能打发的。相比之下，笔者提出汉学主义作为一种新的批评理论，并不是想挑战汉学主义或中国研究作为学科的合理性。相反，笔者希望，通过批评汉学研究和中国研究的问题，其中包括中国学术的政治化，以达到学术的去政治化、去意识形态化，这有助于将汉学研究和中国文化研究转变为完全的学术研究领域。在该领域中，学者们致力于生产尽可能科学、客观、公正的中国知识，并且将现存的汉学主义思想和方式从政治批评的角度转变成学术批评的范式。

同样，在一些关键领域，汉学主义也不同于后殖民主义。和东方主义理论一样，后殖民主义理论是源自对殖民文化和遗产之分析与批判的批评话语。他们的目标是清除前殖民地文化中的殖民主义影响。在历史上，尽管中国从未真正沦为西方帝国主义的殖民地，然而殖民主义文化遗留在中国是显而易见的，在社会生活和知性生活中也能被明显感受得到，或者可以说是存在于人们的心灵和精神之中的。在这方面，汉学主义和后殖民主义有一个共同的基础。但是后殖民主义强调种族、族群、肤色、性别和民族身份以及其他一些政治和意识形态上的问题，它倾向于忽视知识生产和学术研究的相对中立性和客观性，往往陷入主观性的政治批评和意识形态上的论争。这个缺点明显表现在后殖民主义的辩论中，东西方皆然。在西方学术界，即使是那些属于同一后殖民主义理论阵营的学者，也会对同一问题给出完全不同或截然相反的观点。比如，萨义德认为马克思也是一个东方主义者，与其他的殖民主义思想家只是程度不同而已。[25] 与此相反，斯皮瓦克

25　萨义德在书中写道：“马克思的确有明显的人性关怀、对人们疾苦的同情，但他的经济分析与典型的东方主义研究非常吻合。最终马克思的社会经济的理论洞见为东方主义视域所淹没，因而这种浪漫性的东方主义视域占了上风。……马克思也不例外。对他而言，用集体性的东方来印证理论要比用人类的存在身份来得容易。”见 *Orientalism*，pp. 154-155。

和其他的后殖民主义理论家则认为,马克思是一位坚定的、反殖民主义的革命思想家。

在中国大陆、香港、台湾和海外华人社区的学术界,后殖民批评的弊端也清晰可见。从20世纪80年代末至90年代,海内外中国学者在"统一与独立"、"本土化与西方化"、"传统与现代"、"民族身份与普世价值"、"中心与边缘"、"理论与现实"等问题上陷入激烈的争论。大多数情况下,双方都会陷入尴尬的境地,他们都认为自己正确,对方错误。经过观察,笔者发现一个有趣的现象:他们许多人不是忙于分析学术问题、生产学术和创造新知,而更感兴趣的是使用他们掌握的后 22
殖民理论,从各自的主观视域推出轰动性的新观点,以在当时众声喧哗的中国学术界争得一席之地。在笔者看来,他们辩论的动机不是出于对知识或真理的追求,而是出于个人意识形态需要而倡导某些理论的学术需求。在汉学或中国研究领域中,我们还可以观察到两个相反的态度:一方面,一些学者质疑西方汉学的学术合法性,警醒中国研究中出现的新殖民主义倾向;另一方面,其他一些学者强烈表达了对中国学术界"民族主义倾向"的担忧。[26]

在汉学研究和中国研究领域,关于中国大陆以外的华人是什么人,以及在非殖民化和全球化背景下何谓"中华性"曾引起一场大争论。这一争论最初是由少数几位从事中国研究的领头学者如王赓武、周蕾、杜维明发起的。[27] 杜维明专门为《戴达罗斯》编辑了一期特刊,

---

[26] 有关中国学术的学术殖民化的警醒,参见周宁:《汉学或汉学主义》,载《厦门大学学报》,2004年第1期。有关中国学术的民族主义倾向的警醒参见陶东风:《警惕中国文学研究中的民族主义倾向》,载《探索与争鸣》,2010年第1期。

[27] 参见 Wang Gungwu, *China and the Chinese Overseas*, Singapore: Times Academic Press, 1991; Rey Chow, *Women and Chinese Modernity: The Politics of Reading Between West and East*, Minneapolis: University of Minnesota Press, 1991; *Writing Diaspora: Tactics of Intervention in Contemporary Cultural Studies*, Bloomington: Indiana University Press, 1993; and Rey Chow, "On Chinese as a Theoretical Problem" in *Modern Chinese Literary and Cultural Studies in the Age of Theory: Reimagining a Field*, edited by Rey Chow, Durham and London: Duke University Press, 2000, pp. 1-25; Tu Wei-ming, "Cultural China: The Periphery as the Center" in *Daedalus*, 120:2, Spring 1991, Vol. 120, pp. 1-32。

标题是《活生生的树——在今日作为华人的意思正在改变》[28]，这很快就成了一个“热点”话题，许多学者如陈奕麟（Allen Chun）、洪美恩（Ien Ang）、沙伦·卡斯滕斯（Sharon A. Carstens）、史书美（Shu-mei Shih）等都加入了这一讨论，[29]并纷纷援以笔墨。“中华性”主题自此蔓延到了不同的领域，包括政治理论、经济、历史、文学、艺术、电影研究、妇女研究，甚至同性恋研究中。就在2010年，《立场》（*Positions*）杂志出版了一期专刊，客座编辑在导论中说道：“我们希望开展关于中华性的政治辩论，并具体探讨这场辩论对同性恋者的生活产生了什么影响，我们把这一期专刊称为对同性恋者‘中华性政治’和‘跨民族主义’的调查。”[30]毫无疑问，“中华性”的争论有着强烈的政治和意识形态内涵，深深植根于后殖民话语中。陈奕麟写了一篇标题醒目的长文《去他妈的中华性——论作为文化身份的种族划分的模糊性》。他在分析了有关中国大陆、台湾、香港华人和海外华人社区对“中华性”不同的意见看法、用途和理解后，提出了一个颇具讽刺意味的观点：“虽然后殖民性通过指出多重身份的现实好像重视区域性，制造神圣的乡土真情对抗东方主义的虚构，……但在我们理解生产当地文化话语的当地历史社会学框架方面存在着一个巨大沟壑。”换句话说，真正的当地知识的生产，正在以某种方式被省略和遗忘。此外，学者们对政治和民族身份过度关注，产生了一系列的反应，“诸如族群民族主义、泛民族原教旨主义、超民族主义、邪教的狂热和文化的克理奥尔化变化”。[31]

28　Tu Wei-ming (ed.), “The Living Tree: The Changing Meaning of Being Chinese Today” in *Daedalus*, 120:2, Spring 1991.

29　参见 Allen Chun, “Fuck Chineseness: On the Ambiguity of Ethnicity as Culture as Identity,” in Boundary 2, 23:2, 1998, pp. 111-138; Ien Ang, *On Not Speaking Chinese: Living between Asia and the* West, London and New York: Routledge, 2001; Sharon A. Carstens, *Histories, Cultures, Identities: Studies in Malaysian Chinese Worlds*, Singapore: Singapore University Press, 2005; Shu-mei Shih, *Visuality and Identity: Sinophone Articulations Across the Pacific*, Berkeley and Los Angeles: University of California Press, 2007。

30　Petrus Liu and Lisa Rofel, “Introduction” in *Positions: East Asia Cultures Critique*, 18:2 (2010), p. 281.

31　Allen Chun, “Fuck Chineseness”, p. 138.

后殖民主义的大辩论,在国际学术界引发了不同政治倾向和不同思想流派学者之间的“文化战争”。它包括两种争论:后殖民理论的拥护者和批评者之间的遭遇战,以及后殖民理论支持者内部的混战。他们立场迥异,水火不容。在萨义德的《东方主义》和《文化和帝国主义》出版后,英国学者中除了马克思主义批评家伊格尔顿(Terry 23
Eagleton)外,几乎清一色提出了批评意见和负面评价。有些人甚至不屑一顾。剑桥哲学家和社会人类学家欧内斯特·盖尔纳(Ernest Gellner)对该书写了一份措辞严厉的评论,贬之为:“相当有趣,但思想上微不足道。”[32]后来,他与萨义德两人卷入了一场尖酸刻薄的笔墨官司。英国的东方学家约翰·麦肯齐(John M. Mackenzie)对萨义德及其追随者提出了强有力的批评,认为他们有关帝国主义的知识不足,缺乏史学学术能力,意识形态偏颇,甚至直截了当指出他们不学无术,认为他们在使用历史材料时头脑简单,缺乏思考:“事实上,没有什么比这种无力处理史学材料更能代表左翼文学评论家的天真幼稚了。”[33]美国历史学家拉塞尔·雅各比(Russell Jacoby)也对萨义德和他的追随者们因其在殖民历史领域研究技能的不足提出批评,并质疑他们从文学批评转向政治批评的做法。他说:“他们从传统文学进入政治经济学、社会学、历史学、人类学。那么,这些后殖民主义者是真的很了解这些领域呢,抑或只是一知半解?他们是认真的殖民历史和文化研究者呢,抑或只是在其作品里洒上一些葛兰西的话语和霸权理论的佐料呢?”[34]

这样的批评和不满甚至会达到尖锐刺耳的程度。牛津大学文学批评家彼得·康拉德(Peter Conrad)在《新观察家》报上发表了一篇火药味十足、题为《无知的帝国》的文章,其措辞是如此尖酸刻薄,以至于

---

32 Gellner, “The Mightier Pen” in *Times Literary Supplement*, February 19, 1993, pp. 3-4,随后的通信于3月19日至4月9日之间发表于该报。

33 John M. Mackenzie, *Orientalism: History, Theory and the Arts*, Manchester and New York: Manchester University Press, 1995, p. 36.

34 Jacoby, “Marginal Returns: The Trouble with Post-colonial Theory”, in *Lingua Franca*, September-October 1995, p. 32.

连麦肯齐也称之为“一篇谩骂而无关说理的檄文”。[35] 康拉德在文章中批判萨义德的后殖民主义是发源于20世纪60年代的民族独立运动而产生的“抱怨和委屈文化”所孕育出的综合征。[36] 巴特·摩尔-吉尔伯特颇有见地地指出，“正如康拉德的口吻所揭示的那样，后殖民批评家们遭受了被新右派讥讽为‘政治正确’的广泛的反向冲击”。[37] 然而让萨义德更加怒火中烧的是一位具有重要影响的东方学专家贝纳德·刘易斯，他写了《伊斯兰与西方》一书，对萨义德展开了全面的攻势，称其不仅缺乏历史知识，（戏称其所掌握的历史为科幻历史），而且语言知识储备欠缺，逻辑思维混乱可笑，并认为他是一名反西方的学者，“对西方尤其是对自由民主的西方抱有很深的敌意”。[38] 在其新版的《东方主义》的后记中，萨义德单独挑出路易斯，抨击其言论是“典型的东方主义模式”，并对其展开猛烈的还击。[39]

除了来自新右派的攻击，萨义德也意外地遭到来自左派和后殖民研究领域内部的攻击，在政治和学术上腹背受敌。[40] 最为有趣的是，马克思主义批评家艾嘉斯·艾哈默德（Aijaz Ahmad）虽然认为萨义德的著作是“目前为止最有权威和影响力的”书，但也同样对其展开了激烈
24 的批评，他认为这本书“内部充斥着模棱两可和自相矛盾”。[41] 艾哈默德用了一整章，也是其书中最长的一章来系统批评萨义德书中的理论和实践，并对其《东方主义》、《文化和帝国主义》两书中的概念进行了无情的分析，认为这两本书是西方后殖民主义研究在政治和意识形态

35　Mackenzie, *Orientalism: History, Theory and the Arts*, p. 16, note 24.

36　Peter Conrad, "Empire of the Senseless", in *Observer*, February 7, 1993, p. 55.

37　Bart Moore-Gilbert, *Postcolonial Theory: Contexts, Practices, Politics*, London and New York: Verso, 1997, p. 13.

38　Bernard Lewis, *Islam and the West*, p. 114.

39　Edwarel Said, "Afterword" to *Orientalism*, 25th anniversary edition, London: Penguin Books, 2007, pp. 343-344.

40　这些批评家包括 Robert Young, Gayatri Chakravorty Spivak, Homi Bhabha, Ziauddin Sardar Arif Dirlik, Aijaz Ahmad 等后殖民和左翼的批评家。

41　Aijaz Ahmad, *In Theory: Classes, Nations, Literatures*, London: Verso Books 1994, p. 13.

领域双重失败的表现。[42] 他甚至暗示萨义德与其批评的东方殖民学者的唯一区别只不过是程度不同而已，因为“萨义德称那些‘他者文学’，包括亚洲的、非洲的都不值得‘敬’读，难以与欧洲文学同日而语”。[43] 更吸引人的是，艾哈默德同意路易斯对萨义德的批评，[44]认为后者的批评基本正确，同时认为萨义德的学术资格不够，不足以涉足东方研究。[45] 一个马克思主义批评家和一个右翼东方主义者居然结成批判萨义德的统一战线，这令人感慨不已。这件事本身就警示人们，后殖民主义理论存在着政治导向和意识形态领先的局限性。

后殖民主义理论争论的乱象，不必援引更多的例子。很显然，后殖民主义理论给以意识形态为中心的文化战争提供了大量弹药，[46]后殖民理论虽然在种族、政治、意识形态和文化方面等澄清了一些重要问题，但对教育、文化构建、知识生产、传播与理解也产生了不利的影响。恰恰是文化战争的这些对立立场和负面结果，使笔者强烈地意识到东方主义和后殖民主义的局限性，即：过度关注种族、民族、国籍、阶级、性别和其他政治和意识形态问题而忽视了知识、学术生产的公正性。

后殖民主义者着重强调政治和意识形态，笔者对这一现象的质疑可能听起来比较保守，或者在理论上无据可依，但以下我将证明，事情并非如此。这可以在针对萨义德的《东方主义》一书所展开的最具意识形态性的论争中看出端倪。在萨义德的一个回应中，他坦诚，对他

42　Aijaz Ahmad, *In Thory: Classes, Nations*, Litertures, London: Verso Books 1994, pp. 159-219.

43　Aijaz Ahmad, *In Theory: Classes, Nations, Literatures*, p. 218.

44　参见 Bernard Lewis, “The Question of Orientalism,” in *New York Review of Books*, June 24, 1982。

45　艾哈迈德默认了路易斯对萨义德提出的尖锐问题：“他（路易斯）的批评在很多方面不足称道，但他提出的主要观点是正确的。萨义德凭什么对阿拉伯历史和东方学领域评头论足？他有什么学位？他对中古阿拉伯语有一知半解吗？他了解十个世纪以来的整个阿拉伯词典编撰中的只言片语吗？”

46　要简要了解萨义德的东方主义和后殖民理论如何激起激烈的、甚至是猛烈的文化战争中的知性交火，读者可参阅 Mastapha Marrouchi, “Counternarratives, Recoveries, Refusals”, in *Boundary* 2, 25:2, 1998, pp. 205-257。

的论著最具杀伤力的攻击是指摘其“违背学术公正性”，[47]他进而继续强调东方知识的政治和意识形态本质，并从政治的角度予以还击。他抓住路易斯将东方主义和希腊主义相提并论不放，激烈否定后者及其同伙的观点，并竭力证明，东方学者不是公正无私的学者，东方主义也绝不是公正客观的学术。萨义德地把路易斯描绘成对反阿拉伯民族解放事业表示支持的政治和意识形态学者，并努力证明，路易斯反对他的著作的攻击是政治行为，而非其所声称的“捍卫一个学科”。[48] 最有趣的而又与笔者的论点最相关的是，路易斯和萨义德都承认有学术公正性这一回事。这里有必要引用萨义德的一段长文加以说明。

> 25 在此举一个典型的例子，路易斯将我对东方学的批评同假设的对古典研究的批评相提并论，并认为我的攻击是愚蠢的行为。如果两者没有区别，我的批评当然是愚蠢的，但是，东方学与希腊学本质上绝无可比之处。前者试图将世界上一个地区描述为那个地区的殖民征服的一个附属物，而后者绝非19世纪和20世纪对希腊的直接的殖民征服。此外，东方学表达了对伊斯兰教的反感，而希腊学则是对古希腊的同情。[49]

这里有几点需要引起注意。首先，尽管萨义德坚持否认东方学是一门“成熟的学科”，但是他承认有公正学术的存在，如希腊学。其次，虽然萨义德和路易斯的立场截然相反，但他们根本上都相信学术的相对中立。第三，如果像萨义德所言，将东方学与希腊学做比较显得很荒谬的话，比较希腊学与汉学则会相对恰当一些，因为它们都是研究古代文明的，而且汉学并非殖民征服的附属品，至少在20世纪之前未

47　Edward Said，“Afterword” to *Orientalism*，p. 343.

48　同上，第349页。

49　同上，第343页。

被帝国主义和殖民主义所染指。笔者在上文中展示了萨义德和路易斯之间的你来我往的冲突，目的并不在于揭示政治和意识形态如何影响学术和知识的生产，而是要说明笔者是如何澄清了对汉学与东方学之间不同的认识，以及我们何以需要一个新的批评理论供中西研究之用。笔者的新观点是：东方主义与后殖民主义都不能解决纯粹的学术问题，因为它们强调的是政治批判。准确地说，它们都无法产生公正的学术。

得以澄清的观点使我认识到，学术不应强调政治和意识形态，而是要强调尽可能客观、公正、科学地生产知识和学术，并将此定为终极目标。这也是为什么在东方主义和后殖民主义已经成为中西研究的主流范式之时，笔者觉得很有必要将汉学主义确定为批评理论的主要原因。基于此，笔者想再强调一下：汉学主义不同于东方主义和后殖民主义，它不是一个政治性的批判理论，而主要是针对知识生产和学术批评所引起的问题的讨论。简单地说，它不是政治和意识形态的批判。当然，笔者也不是说政治和意识形态与汉学主义无关。相反，在以下几章中笔者将揭示政治是如何影响中西研究的。但笔者关注政治和意识形态的目的，是探索我们要如何尽可能地将学术、知识的生产从政治和意识形态的干扰下解放出来。

笔者提出汉学主义主张还受到另外一点认识的启发。大量实例表明，中国文化被误解、扭曲和贬抑。我观察这一现象后，发现了一个规律：评论者们总是努力用后殖民主义研究方法去推翻中国学术上的 26
西方中心主义，他们只是满足于揭露错误的、不够准确的和片面的观点，但很少解剖表象，挖掘这些问题形成的动机和内在逻辑。如果他们进行深挖，就总是会追踪到这些问题的根源在于政治的和意识形态方面的原因，而忽视心理和文化的决定作用以及无形的无意识力量。根据这些观察，笔者得出结论：萨义德的东方主义理论和后殖民主义理论在开展跨文化研究中是有效的，但用于批判性考察汉学主义的内在逻辑却不是适当的理论工具，因为这一逻辑基本上是无意识的。

文化无意识

以上论证说明,无论是萨义德的东方主义理论,还是后殖民主义批判理论,都不完全适用于汉学研究,因此,笔者需要找到一个新的概念性基础以弥补这些理论的不足,形成一个新的具有可行性概念框架的批判理论供研究之用。笔者找到的概念性依据就是"文化无意识"的思想。"文化无意识"并不是一个崭新的概念。自从精神分析理论开始应用于文化研究,它就成了一些精神分析学家、人类学家、社会学家、文学评论家和文化研究者偶尔使用的术语,用过这一术语的学者包括雅克·拉康(Jacques Lacan)、皮埃尔·布迪厄(Pierre Bourdieu),和朱丽叶·F. 迈肯诺(Juliet F. MacCannell)等。它通常被理解为文化方面的无意识,但很少有人对此下过清晰的定义,因此,至今仍然是一个含义不清的术语。在屈指可数的定义中,它也被理解为一个心理学术语,而不是文化研究方面的术语。这从该概念为心理学家所青睐的事实即可看出。约瑟夫·L. 亨德森(Henderson)是一位荣格学派的分析心理学家,他可能是第一个对这个术语给出明确定义的人(1990),然而他的定义也是一个心理学概念。亨德森将这个术语定义为介于弗洛伊德个人无意识和荣格集体无意识之间的一个维度。[50] 迈克尔·范诺伊·亚当斯(Michael Vannoy Adams)是另一位对这个术语感兴趣的荣格学派分析心理学家,他认为亨德森的定义有不足之处,因而对其予以重新定义。他将文化无意识与荣格分析心理学进行重组,并将文化无意识描述为"集体无意识的一个维度"。[51] 在2005年的一次分析心理学国际会议上,他指出:

---

50 J. L. Henderson,"The Cultural Unconscious", in *Shadow and Self: Selected Papers in Analytical Psychology*, Wilmette, IL: Chiron Publications, 1990, pp. 103-113.

51 M. V. Adams, *The Multicultural Imagination: "Race", Color, and the Unconscious*, London and New York: Routledge, 1996, pp. 46-47; Adams, *The Mythological Unconscious*, New York and London: Karnac, 2001, pp. 106-107.

> 通过重新定义，集体无意识包括两个维度。除了包含原型和原型意象的一个维度，集体无意识还有另一个维度，包含陈规俗套和一成不变的意象，这就是我所说的文化无意识的内涵。[52]

他将文化无意识中的陈规俗套和一成不变的意象等同于塞缪尔·L.坎博斯(Samuel L. Kimbles)和托马斯·辛格(Thomas Singer)所说的“文化情结”。[53] 而文化情结则被定义为“人的情感上特别敏感的一 27
套文化价值观念”。作为一个文化情结的例子，他列举了犹太教、基督教和伊斯兰教传统的“中东文化情结”。这些文化传统的共同点就是都是以一神论为中心的一套价值观念，这个地区的人们对这种价值观念在情感上很敏感。显然，这种文化无意识的概念与笔者最初凭直觉感知的文化无意识，即学术和知识生产的无意识的逻辑相去甚远。

文化情结的一些现有的定义，无一例外都是以心理学为基础的，只是表面上好像涉及文学和文化研究。总之，现有的文化无意识概念基本上都是心理学上的概念，通常与文化情结可以交换使用，因此，尚未彻底转换成一个文化研究的概念。在《诺顿理论和批评文选》一书的“简介”中，编者顺便提及的文化无意识概念是：“[文学]传达的知识是‘文化无意识’的知识，——也就是集一个民族和时代的历史话语、象征、代码、本能、欲望和冲突等方面的特征于一体的档案。”[54]这个概念与我的观点颇为接近。令人遗憾而又是可以理解的是，文选的前言只是一带而过地提到这个概念，并没有进一步阐明。不久前，网络

52　M. V. Adams，“The Islamic Cultural Unconscious in the Dreams of a Contemporary Muslim Man”, a paper presented at the 2nd International Academic Conference of Analytical Psychology and Jungian Studies at Texas A&M University, July 8, 2005.

53　Thomas Singer and Samuel L. Kimbles (eds.), *The Cultural Complex: Contemporary Jungian Perspectives on Psyche and Society*, New York: Routledge, 2004, pp. 4-6.

54　Vincent Leitch *et al.* (eds.), *The Norton Anthology of Theory and Criticism*, New York: Norton, 2010, p. 6.

上贴出一篇题为《文化无意识》的文章，剖析了很多无意识的生活经历，有助于我们探讨形成文化无意识的思想。文章的开篇与我所认为的文化无意识的概念尤其相关：

> 那些在周围环境特征保持不变的同一种文化中长大的人会倾向于发现，只要他们留在原地不动，他们那带有基于过去经历的情感刺激机制的情感世界往往会在很大程度上绘制出他们的外部世界（即可以在公开场合轻松谈论的事物），他们产生了内在的感受器去处理发生在他们所出生的文化内发生的共同文化信息。在别的地方出生、长大的人会有不同的文化无意识——因为对他们产生影响的是另一套不同的经历，这些经历的一部分会因为当地语言以该文化独有的方式使用而变得富有特色。[55]

这样的理解尽管很有见地，但仍然不是一个真正的文化研究的概念，因为正宗的文化研究关心的是文本和文化现象的意义是如何在政治、种族、阶级、性别、性取向等意识形态问题影响下的产生、流通和消费。此外，它还存在一个缺陷，就是不能充分地说明意识和无意识之间的关系。因此，这个概念与其说是一个文化无意识的概念，还不如说是一个文化意识或文化习得的概念更为恰当。当然，我们所讨论的无意识与有意识是分不开的，因为前者与后者密切相关，但不能误将无意识等同于有意识。依笔者之见，文化无意识必须放到文化意识和文化无意识的动态关系上去考察，但在这个动态关系上，比起文化意识，应更多地注意文化无意识这个维度，尽管文化机制和操作是通过文化和意识调节的。这是因为文化无意识本身，仍然只是无意识的一个形式，它的原理和实践，比起文化和意识行为，更不易察觉。而且，

---

55 "The Cultural Unconscious", an article posted on the internet by Jennifer F. Armstrong. Available at: unsanesafe.blogspot.com/2005/cultural-unconscious.html. (Accessed January 3,2011).

文化无意识作用于文化和意识时,往往是作为人类意识行为的大背景 28
展开的,通常不会被我们意识到。尽管文化无意识与精神分析无意识有相似之处,但还是要区别对待,因为文化无意识是关于文化而且是受到文化的影响而形成的。

文化无意识虽然植根于历史和文化之中,但它的运行方式与精神分析中的无意识的运行方式是相似的。在精神分析心理学中,弗洛伊德认为无意识是一种动态的心理功能,也是欲望、情绪、思想、记忆的一个仓库,它作用于我们有意识的生活,而又在我们的意识之外。文化无意识如果只是作为心理功能,那么笔者的观点就与弗洛伊德的观点相去不远了。但我对文化无意识的定义不同于弗洛伊德的定义,差异主要表现在文化无意识的动态形成及其内容方面。在以下章节中,笔者将详细论述这些差异。这里,我只想说明形式和内容这两个基本的方面。形式上,笔者认为文化无意识的概念是一个意识结构和无意识结构的矛盾组合,带有明显的意识结构自觉性。内容上,弗洛伊德的无意识概念始终包含一些难以用言语表达的、负面的和不登大雅之堂的东西,因为它的内容具有不被社会、道德、审美所接受的本质属性。而在我看来,文化无意识始终是备受尊重的,因为它构建在所谓常识和普遍价值之上。

但是,在跨文化研究中,文化无意识受到的尊重是以殖民者和被殖民者之间的跨文化互动为基础的。心理学上,这种交互作用可以分成理想的调节作用和不良的调节作用。理想的调节作用主要涉及西方人和殖民者,受到不良调节作用影响的大部分人是被殖民者和非西方人。对于被殖民者来说,文化调节与弗洛伊德的无意识形式有相似之处,主要在于它是由压抑的记忆构成,这种记忆源于被征服、羞辱、虐待、挫败的惨痛经历。这些记忆被转换成痛苦、焦虑或自卑的心理状态。而对殖民者来说,文化调节涉及的是前往异国情调的地方旅行,征服异族的土地和人民,取得对外战争的胜利,享有物质繁荣等留下的积极记忆,这些记忆转换成外向、自信、文化优势和统治欲望等心理状态。笔者所描述的殖民者和被殖民者之间的文化互动,其积极和消极的文化调节作用可能还有些过于简单和本质主义，但它们在很大程度上决定了文化无意识的内容和形式。

从本体上来说，笔者的概念中的文化无意识源自文化和无意识在历史—精神层面的融合。虽然它不是这两个现存概念的简单叠加，但
29 是它与“文化”和“无意识”这两个基本概念的关系对于我们理解文化无意识这个整体概念是很有帮助的。首先我们来看看它与无意识的关系。“无意识”原本是精神分析心理学中的一个基本概念，如今已广为人知。最初，它是由创造性艺术家和思想家凭直觉而发现的，而后弗洛伊德在他的著作《梦的解析》中对其机制和内在逻辑进行了系统分析，后来卡尔·荣格和其他思想家又对其进行了更加深入的阐述。弗洛伊德思想包含三个因素：“(a)因受动态压制而与意识分离的过程；(b)通过一些特殊的手段——催眠疗法、精神分析疗法可恢复有意识(使有感知，记忆)的过程；(c)正如新的物理学所示，不受自愿控制的过程，…… 但不局限于生理需求的束缚。”[56]从本体上来说，弗洛伊德在他早期的理论中把无意识看作“本我”，是一口沸腾的大镬中充满了受压抑的本能欲望，在期望的对象中寻求满足，其中大多数欲望是属于不被社会和道德所认可的性本能的范畴。劳伦斯曾严厉指责弗洛伊德把无意识描述成一个深不见底的、充满了乱伦思想的地窖；他认为无意识作为最初的创造之源，是生命本身的另一个符号，并强烈要求将其重新定义。[57] 卡尔·荣格也不认同弗洛伊德对于无意识的消极理解，特别是对弗洛伊德过分强调性本能的做法不以为然。由于各种指责和重新定义，后来被人们广泛认可的无意识的定义是：一个充满欲望、情感、思想和记忆的储存库，以超出我们意识之外的方式影响着我们有意识的生活。笔者的文化无意识概念是根据后来对于无意识的重新定义而形成的。从根本上来说，笔者所构想的无意识是一种

56　Raymond Williams, *Keywords: A Vocabulary of Culture and Society*, Oxford: Oxford University Press, 1983, p. 322.

57　D. H. Lawrence, *Psychoanalysis and the Unconscious*, Harmondsworth: Penguin Books, 1974, pp. 205-206.

由不可见的力量操纵的文化心理结构，它无意识地影响、塑造并控制着人类生活中的文化活动。通俗地讲，文化无意识中的“无意识”就是人间戏剧上演的看不见的大背景。

探讨了无意识之后，接下来我们来看看笔者的概念中无意识和文
化的关系，以及文化对于无意识的影响。雷蒙·威廉斯（Raymond
Williams）说：“文化，是英语语言中最复杂的词语之一。”[58]在现有有关
“文化”的诸多定义中，笔者发现可以分为两大类。一是指一个文化、
社会或族群的物质和精神状态的一个静态概念，包括如雷蒙·威廉斯
所说的“思想的普遍性状态或者习惯”、“在整个社会中精神发展的普
遍状态”、“艺术的整体”，以及“生活的总体方式，包括物质、智力、精
神方式”。[59] 二是指人类发展过程的一个动态概念，如威廉斯的研究表
明，它包括原初的“培育自然生长物”和“后来经过类比转而指人类训
练的一个过程”。威廉斯令人信服地指出，“文化的概念基于一个隐
喻，即自然生长物的培育。确实，不管是隐喻还是事实，重点必须置于
生长物之上”。[60] 笔者受威廉斯的启发，把“文化无意识”中的“文化”
构想为自然生长和人类发展之培育。所以，在笔者的“文化无意识”概 30
念中，虽然“文化”在此是一个形容词，但是它保留了自然生长和人类
发展过程中其原有的培育之意。笔者的概念在汉语的“文”这一概念
中可找到一定的对应。作为一个名词，“文”的字面意思是通过模式而
被转变的状态；作为一个动态过程，汉语中有几个与之相关的词语：1）
“风化”，字面意思是“通过风吹去改变草的状态”；2）“教化”，意思为“通
过教授已被确立的仪式和准则去约束、规范人类生活”；3）“文化”，意思
为“通过范例和行为方式的典例去转变”。在这些意义中，汉语中的文
化和威廉斯定义的文化相似，都是“正确的了解”（right knowing）、“正

58 Williams, *Keywords*, p. 87.

59 Raymond Williams, *Culture and Society*, Harmondsworth, England: Penguin, 1963, p. 16.

60 Ibid., p. 321.

确的行动”(right doing)。[61] 因此,“文化无意识”中的“文化”不仅仅是指文明的物质形态,还指社会在绝对的、有意识的形态中影响人类生活的动态过程。就人类发展的动态过程而言,笔者的文化无意识概念也可看作“经过教化的无意识”(cultured unconsciousness)或者是“经过培养的无意识”(cultivated unconsciousness)。

“文化”不仅仅是简单地给无意识增加一个维度。它通过转变无意识的本质使其转化为一个融合概念,从而把无意识复杂化。此概念不仅保留两个本源词的所有含义,而且派生出了新的含义。在无意识的传统概念中,就该词本身而言,它是完全无意识的,只有在精神分析学家或者其他外力实施有意识的干预措施后才变得有意识。由于它与文化的关联,所以文化无意识并非完全无意识。照一般的理解,文化是自然(或天性)的对立面,自然(或天性)在本质上是无意识的,尤其是在人的本能欲望中。但是,文化既是有意识的,又是无意识的,其大部分是自我意识到的有意识,但相当一部分是无意识的。威廉斯也确认这一特征:“没有一个社会或文化是对自身完全有意识的,或是完全了解自身的……一种文化,当其存在时,总是部分未知的,部分未意识到的。”[62]在弗洛伊德的心理地形学模式中,文化无意识毗邻前意识或潜意识(尽管弗洛伊德反对使用“潜意识”这个术语)。就弗洛伊德后来提出的结构模式而言,文化无意识与部分有意识、部分无意识的“超我”(super-ego)很相近。

汉学主义的内在逻辑是一种文化无意识。文化无意识的逻辑在结构上与语言符号相似。索绪尔认为一个符号是由能指和所指的对立构成。[63] 综合索绪尔的语言学理论和弗洛伊德的精神分析理论,雅克·拉康重新定义了符号:“能指”是有意识的,而“所指”是无意识的。在符号中,能指的意义持续不断地从能指向所指转移,

---

61　参见企鹅出版社1963年出版该书时在封底上的简介。

62　Williams, *Culture and Society*, p. 320.

63　Ferdinand de Saussure, *Course in General Linguistics*, translated with an introduction and notes by Wade Baskin, New York: McGraw-Hill, 1966, pp. 66-67.

而所指也相应变成了另一个能指。随着能指不断地在指称链上移动,指称也不断顺延,直到一个固定点出现为止。[64] 从拉康重新定义符号的意义来看,笔者认为文化无意识的概念也是这样一个由能指和所指的二元对立所构成的符号。在这个概念中,能指就是“文化”,它总是可见的,多数情况下是可感知的,主要部分是有意识的; 31
而所指就是“无意识”,它总是不可见的,多数情况下是不可辨识的,且一直处于意识之外。正如所指可能变为能指,反之亦然,“文化”和“无意识”形成了一种动态关系,在此关系中任何一方都有可能转化为对方。正如笔者在前文中所表明的,“文化无意识”实际上也是“教化出的无意识”或者“培养出的无意识”。这个概念经过修辞性的转化,就变为一个对应反置的“无意识文化”,它指的是一个人、一群人、一个社会、一个阶层,甚至是一个种族的一种无意识生活方式。

就符号而言,笔者的观点包含对文化无意识的内在逻辑和对知识本质的洞察。“能指”在指称链上不停地移动决定了这样一个事实:知识产出的本质是意识编码的过程,其大部分对于有意识的思想来说,是神秘而不可知的,因而变成无意识的。对文化无意识的有意识的编码与电脑编程非常相似。对于电脑使用者而言,所有的编程都是无形的、无识的。可见的、已知的是程序的操作功能,而这仅仅是庞大的编程行动的一小部分,这就像弗洛伊德在比喻人的思想时所运用的那个很有意思的类比“冰山一角”那样。编程虽然是不可见的、不可感知的,但它支撑着可见的程序,不可或缺,在程序处理信息的过程中起着关键的作用。

人类知识生成的方式与计算机编程类似。所有知识不断积累并建立在前人生产的知识基础之上。这在语言和隐喻的演变过程中最为明显。在西方语言中,“crusade”一词源自拉丁语“crux”(cross),是

64　Jacques Lacan, *Écrits: A Selection*, translated by Alan Sheridan, New York: Norton, 1977, pp. 153-154.

指1095—1291年间欧洲基督徒为捍卫十字架的荣誉向穆斯林发起的出于宗教目的的一系列战争,这些战争由罗马天主教教皇发起,其主要目的是为了夺回穆斯林统治的耶路撒冷,赢得基督教对圣地的控制。随着时间的推移,这个词作为一个"能指",已经失去了与它最初"所指"之间的联系,变成了一个隐喻,转而指出于高尚目的而发起的战争。如今,"crusade"作为"战争"的隐喻用法得到了广泛使用,在日常会话中人们可能会说,向恶势力或者敌人发起一场"crusade"。在纽约经历9.11恐怖袭击之后,美国前总统小布什发誓向全球的恐怖分子发起"crusade",但是他讲话时却没有意识到,自己在无意中重现了这个词的原初所指,因为袭击纽约的恐怖分子全都是来自中东的穆斯林,而布什使用这个词则使其最初的意义复活了,无意中引发了全世界对基督教的西方和伊斯兰世界之间可能发生大规模文化战争的恐慌。

在精神分析理论中,无意识是被压抑的后果。弗洛伊德认为,压抑主要是本能欲望的摒弃过程,这些本能欲望绝大多数是不被文化认
32 可的,是排除在意识之外的。[65] 然而,弗洛伊德也承认:"但是,让我们事先声明,受压抑的并不包含所有无意识的事物。无意识的范围更广:压抑是无意识的一部分。"[66]笔者用计算机编程来类比拉康的符号新定义,旨在说明文化无意识的形成是多种原因作用的结果,而不仅仅基于对不可接受事物的社会和道德压抑。在笔者看来,文化无意识在结构上类似于符号:部分有意识,部分无意识,在许多方面是培育的或者是教化的无意识。汉学主义的内在逻辑就是一种文化无意识。它与汉学主义的关系就如同它与一个无意识行为之间的关系一样。这一行为在内容上是有意识的、可见的、可感知的、可识别的,然而它的动力却受到矛盾的、压抑的思想和意识形态控制下的潜在逻辑的影

---

65 Sigmund Freud, "Repression" in Peter Gay (ed.), *The Freud Reader*, New York: Norton, 1977, pp. 569-570.

66 Singmund Freud, "The Unconscious" in *The Frend Reader*, p. 573.

响。笔者虽然运用符号理论和电脑编程来阐释汉学主义和它的内在逻辑之间的结构关系，但是，这个内在逻辑的实际运行却与符号指称刚好相反。在符号指称过程中，能指的含义取决于移位的所指，但在汉学主义中，内在逻辑的含义取决于受压抑的思想和意识的回归，而这些思想和意识之所以是受压抑的，是因为它们在社会、文明中不被接受的本质或者不可展示性。正如下文将要说明的，汉学主义中被压抑的性质与心理分析中的性质不同。它与政治、意识形态以及学术正确性的关联比之于道德和伦理正确性的关联要紧密得多。尽管被压抑的想法和意识形态在本质上是无意识的，但它们总是极力试图在有意识的再现中获得表述。

笔者曾经指出，中西研究中相互冲突的表象是汉学主义中问题的症状。弗洛伊德在精神分析中，把"症状的形成"和受压抑的回归联系起来："并不是压抑本身产生了替代性的形式和症状，而后两者恰恰是受压抑回归的表征。"[67]压抑的回归是一个心理过程，通过这一过程，无意识中受压抑的因素以不可识别的"无意识派生物"的形式浮出水面，而这个形式在社会上、道德上还有美学上都是可接受的。正如精神分析中受压抑的回归一样，汉学主义中受压抑的思想和意识也以不可识别的或表面上良性的形式回归到文化领域。虽然汉学主义的内在逻辑是一种文化无意识，但是从它的表面形式来看，汉学主义明显是受压抑的思想和意识的回归，其原理类似于符号指称过程的颠倒，而文化无意识则恰恰相反：它使压抑的思想和意识回归，萦绕在文化表象中。从这个意义上来说，文化无意识就是受压抑的事物的回归，这就是出现了症状，而主体并未意识到症状的成因。由于表现形式的不可识别性，汉学主义的症结需要经过深入的分析才能找到病源。因此，本书旨在揭示受压抑的思想和意识在知识生产和学术研究中以显性方式出现的各种形态。

虽然笔者的看法与精神分析一样都以无意识作为基本前提，但是

67　Freud, *Papers on Metapsychology*, standard edition(1915), Vol. 14, p. 154.

33 在其文化和社会性质上与弗洛伊德和荣格的概念有着显著的差异。首先,笔者的看法与弗洛伊德和荣格的区别在于,它既非个体发育形成的,也不是遗传学上的代代相传形成的。弗洛伊德和荣格都把无意识看成心理过程,该过程可追溯到人类个体发生和种系发生最原始的过去。在笔者看来,文化无意识的形成并不需经历太长的时间。对中国知识生产中文化和学术的无意识稍作研究就会发现,它的形成也不过是几代人的经历而已。

在日常生活中,这种形成过程可能更短。在此,笔者仅以无意识第三类含义中的一例为证:它指的是普通意识中的身体行动,不需要"有意识启动或是控制,或者在某些基本身体行为中,两者之中哪一个也做不到"。[68] 许多经验丰富的司机都有这样的体验:若遇到意想不到的紧急情况需要紧急停车时,司机会下意识地去踩刹车,根本意识不到自己做了刹车这个动作。这个动作是无意识瞬间做出的,因为踩刹车这个指令并不是有意识下达的。有人称这种行为为下意识行为,但弗洛伊德明确反对使用"下意识"这个概念,认为这是一种无意识。在遇到上述紧急情况时,经验丰富的司机不会误踩油门,但许多驾车的新手都有需要紧急刹车却误踩油门的可怕经历。有趣的是,经过这样的可怕经历后,便不会再犯同样的错误了。现如今,学习开车并不是一件自然的事,而是一种文化体验。错踩油门这一可怕经历已经归于无意识,成为文化无意识中的一种元素。这似乎表明,文化无意识某些方面的形成不需要很长时间。

第二,弗洛伊德和荣格的无意识是稳定的、持续的,而文化无意识与二者不同,它只在一个历史时期内相对稳定,且极易改变。事实上,经过一段时期有意识的教育和培养,就能改变。笔者定义的文化无意识涉及的是文化习得(acculturation)过程中的心理效果,尤其是无意识效果。我认为,大脑会记录和暂存其他文化个体和集体的经历,并在受到某些刺激时释放出那些经历的影响,而文化习得则在心里形成了

68　Williams, *Reywords*, pp. 321-322.

一种新的心理存储库。存储的经历可能愉快,也可能痛苦,可能积极,
也可能消极,可能难忘,也可能易忘。它们集合起来促进无意识的形
成,然而这种无意识又影响到个体的感知、观念以及本国文化和其他
文化的表现。这样一来,尽管笔者的文化无意识与弗洛伊德和荣格的
个体无意识和集体无意识有许多共通之处,但在主要方面还是与二者
有所不同。弗洛伊德的个体无意识在很大程度上是由社会、道德和审
美方面无法接受的本能、欲望和冲动的心理压抑造成的,是针对每个 34
个体的。相反,笔者的文化无意识不是由压抑造成的,而是最广泛意
义上文化习得的结果。尽管它针对的是个体,但仍是集体性质的,至
少对于在同一社区在文化习得中有相似过程的团体来说如此。但是
这种集体性质又不同于荣格所说的集体无意识,因为荣格的概念是以
数万年来形成的,不分民族、种族或国家而普适于全人类的原型理论
为基础的。相反,笔者的概念不具普适性,它随个体、社团、国家和种
族的变化而变化,甚至会随历史时期的更迭而变化。在不同的历史时
期,人们可能会因其不同的历史地位而形成不同的文化无意识。

第三,传统意义上的无意识强调个体发生和种系发生,所以,无论是弗洛伊德的个体无意识,还是荣格的集体无意识,都具有普遍性,适用于所有国家、文化和种族的人民。然而,笔者所构想的文化无意识不具普遍性特征。事实上,它是特定文化的,有着不同文化的核心特征。换句话说,不同的国家、文化和民族群体可能会有不同形式的文化无意识。此处的文化无意识与民族性似有相通之处,但两者的本质区别在于,前者是一种智性生活中占主导地位的无意识历史心理形式,后者则指一个国家特有的典型行为方式。两者的不同也就是有意识和无意识的心理构成之间的差异。就普遍性来说,其心理结构只对于特定国家、文化或族群的人具有普适性。在此意义上,文化无意识的产生过程类似于中国思想家李泽厚所构想的“文化积淀”或历史心理建构:

> 所谓积淀,我指的是人性——这一由人类特有的能力所形成的文化心理构建,是在使用工具,社会互动和巫术礼仪

> 的过程中形成的,人类的积淀进了个体之中,理性的积淀进了感性之中,社会的积淀进了天性之中。[69]

简而言之,文化积淀就是一种历史—心理机制,通过它,“社会的、理性的、历史的东西累积沉淀了一种个体的、感性的、直观的东西”。根据李泽厚的文化积淀理论,笔者的文化无意识和荣格的集体无意识的区别在于:荣格的集体无意识是从远古继承下来的心理结构,对全人类都具有普遍意义,而文化无意识是由历史经验和社会熏陶形成的,是特定文化或传统中的心理机制所特有的。

35 笔者的文化无意识虽然与李泽厚的历史心理构成理论很相近,但两者还是有一大区别。其主要原因在于李氏的理论关注的是历经成千上万年的漫长的历史构成,而笔者的文化无意识概念指的是可能仅经历几代人就形成的独特的文化无意识的这样一个相对短暂的文化过程。换言之,他强调的是长期的历史积淀,而笔者强调的则是短期的文化心理调适。因此,两者的本质区别可以简化为一方面是历史和文化的区别,另一方面是积淀和文化适应的区别。与李泽厚的历史心理构成说相比,笔者的看法是文化心理构成。“文化”一词,尤其是同时代文化,是笔者观点的核心要素。无论是对个体、团体、阶层、国家,还是对种族而言,文化在文化无意识的形成过程中都发挥了塑造作用。文化熏陶通过家庭、社区和社会的文化互渗对个体和群体的思想施加影响。普通字典里“文化习得”有两种基本含义:(1)“人类从幼年时期开始习得特定社会文化的过程”;(2)“个体、群体或民族在适应或借鉴其他文化特点时作出的文化调整”。[70] 第一种意思也可称为教化,描述第一文化的习得过程,第二种意思指第二文化的学习过程。

---

69 中文译自李泽厚与美国学者合写的《美学四讲》英文版,见 Li Zehou and Jane Cauvel, *Four Essays on Aesthetics. Towarda Global View*, Lonham and New York: Lexington Books, 2006, p. 88。

70 译自 the online *Webster's Unabridged Dictionary*. 见 www.merriam-webster.com/dictionary (Accessed January 3, 2011)。

第二种含义与笔者的观点尤其相关，因为它涉及文化交流过程中文化和心理变化的过程。在文化互动的很多层面能发现文化互渗的影响。在个体层面上，个体对待其他文化方式的差异不只体现在日常行为的变化上，还体现在相对于其他文化，对自身文化的感知、构想和表现上。在群体层面上，差异还体现在包括食品、衣着、语言及习俗、集体行为和社会制度等方面的多种变化中。文化习得的影响渗透到思想深处时，文化无意识随之形成。

第四，由于文化无意识与超我相似，它在社会和道德上都有类似“可为”和“不可为”作为价值判断标准的可接受和不可接受的维度。因此，文化无意识是一个矛盾体：一方面，它是一种教化的或是培养的无意识；另一方面，作为一种无意识的生活方式，它又是一种无意识的文化。它既是有意识的，又是无意识的，既是自由的，又是束缚的，既是个体的，又是集体的，既是稳定的，又是可变的。归根到底，它就是一种多形态心理，一种培养而成的心理结构，有意识和无意识的因素共存于个人或是集体、国家、种族的思想之中，这种心理结构的形成源于遭遇其他文化的重要经历，并在特定的历史时期形成体系。

到目前为止，我所说的无意识只是一个心理结构或图式。打个比方，它就像安装了某种软件、准备进行文字处理的电脑，仍然缺少内容 36
和实质。更确切地说，它更像一个三岁孩子的大脑，完全能够处理外部刺激和需求，以及内部欲望和需要，但仍没有能力作出道德和社会接受的评判，也没能力进行符合威廉斯的“正确的认知”和“正确的行事”的文化活动。正确的认识和行为与意识是紧密相连的。

文化无意识是一个心理—意识形态表现机制，完全受制于心理、语言和意识的合力。就我对汉学主义的内部逻辑的探讨来看，文化无意识涉及中国和中华文明的智性生活中有意识的活动中无意识的思想、观点、想法和意识形态。因为汉学主义涉及中国研究智性生活的各个层面，所以文化无意识的形式也是多种多样的，可以划分为历史无意识、政治无意识、语言无意识、认识论无意识、方法论无意识、审美无意识、道德无意识等等，不一而足。

中国知识生产中的文化无意识在西方人、非西方人和中国人的智性活动中的表现形式和内容均各不相同。但是,它们在某些积淀的心理结构方面,有着相同的无意识的性质和无意识的表现方式。威廉斯在审视“无意识”一词的定义时,敏锐地指出:“最初的定义表明成为无意识的东西本来(但非常费力)也是有意识的,并且这种‘不可知的’无意识的感知是针对相关个体的。”[71]这意味着无意识是不同个体在不同情况下有意识思想压抑的结果。要说到中西研究中的文化无意识,就会出现这样一些问题:被压抑的内容和实质是什么?压抑是如何产生的?中西研究中不同群体受压抑的内容如何各不相同?其独特的形式和表现有哪些?这些也是笔者研究汉学主义的主要问题。

文化无意识中受压抑的内容从根本上来说与殖民主义和帝国主义相关。汉学主义的一个主要方面就是西方他者对中国人民思想的文化殖民,以及中国知识分子本身的自我殖民。知识殖民和学术殖民这两种形式的相同之处在于,这些殖民行为常常是无意识的,无论是自我殖民者还是外来殖民者都没有意识到殖民行为。这种状况是中国知识生产中文化无意识影响和作用的产物。它是如何产生的呢?这还得从鸦片战争(1839—1842)以来中国面临的国内国际局势说起。

从表面上看,对中华文明自相矛盾的评价和对中国学术和汉学研
37 究的矛盾态度是两种思想危机的症状,一种是西方意识被中华文明的复杂性所困扰而产生的危机,另一种是中国意识受到西方帝国主义的入侵以及西方文化思潮涌入而带来的危机。事实上,这两种危机均源自那些从事中西研究和跨文化研究的人心中两个未解的情结。第一种意识危机涉及以西方人为主体的非中国人。对这些人来说,中华文明已经持续发展了四千多年,并且在 19 世纪初期以前一直走在世界文化各个领域的前列,令人景仰、尊敬甚至是敬畏。但第一次鸦片战争后,这个历史悠久的文明在西方帝国主义的侵略面前经历了一个又一个的失败和挫折,最终沦为破落户,其人民被讥为“东亚病夫”,几乎

71　Williams, *Keywords*, p. 322.

受到多股帝国主义势力的奴役。一个历史辉煌的国家和一个备受凌辱的国家之间的鲜明对比,引发了世界人民对中国的感知和评价的冲突,进而演变成了西方人一种强烈的无意识优越情结,这种情结又在大多数西方人、包括知识分子的心中不断地被异国情调和浪漫幻想所改写。

第二种危机涉及的是海内外的中国人。这种中国意识的危机也是由于西方帝国主义的侵略而产生的,并随着西方文化思想的流入而得到加强。因为在近代不断遭受失败和创伤性事件,中国意识的危机造成了一种自卑情结,该情结逐渐内化并被抑制在集体心理的更深层次,形成了文化心理的两个相关而又不同的层面:知性无意识和学术无意识。

二战后,民族独立浪潮席卷全球,先前的西方帝国主义殖民地相继赢得独立。1997 年,香港回归中国结束了殖民时代的最后一页,标志着领土方面去殖民化的完成。如今,领土层面上的殖民化已经完全成为历史,但精神层面上的殖民化还远未结束,前殖民地和第三世界国家知识领域的去殖民化仍是一个重点课题。但由于自现代以来文化无意识的影响,西方和非西方的知识分子都无意识地参与到了知识和学术殖民化活动中。在现存的批评理论中,无论是萨义德的东方主义,还是后殖民理论,都没有对世界上知性殖民和学术殖民思想中存在的文化无意识给予足够的关注,对于中国知识生成中的文化无意识给予的关注更少。这就是笔者的汉学主义概念与其他文化批评理论间的根本差异。

像其他的知性情结一样,文化无意识有自己的形式和内容。对于
不同的群体来说,它的内容和形式也是不同的。对于中国人和海外华 38
人来说,文化无意识与弗洛伊德所讲的内容相似,因为它的内容大多是关于精神创伤、痛苦经历、焦虑和冲突,或者挫败感和自卑感的被抑制的记忆。因此,他们的文化无意识多以自卑情结为特点,有着令人目不暇接的有意识和无意识的表现形式,最终演变为所谓的"崇洋媚外的心态"。汉学主义中文化无意识的形式在本质上是自相矛盾的。很少有中国人愿意承认自己崇拜西方,但是很少有人能够完全摆脱西

方在文化和学术方面处于优势地位的无意识。这种心理的无意识表现深藏不露，很少有人注意它的起源、本质、功能和内在逻辑。

对于西方人来说，文化无意识的内容大多是关于征服、胜利和统治的抑制性记忆及优越情结，因此他们的文化无意识的特点是隐藏的优越感。这种情结的形成不仅是由于政治和意识形态的原因。事实上，它多与教育和智力训练有关。文化无意识的这一层面最为有趣、最为隐蔽，甚至连自我意识最为强烈的批评家和学者都不能避免。下面笔者引用一段话来说明这一观点：

> ……有人试图表明，那些明显俗不可耐、依附权力政治的非洲和亚洲的"他者"文学，是可以被怀着敬意去研究的，也就是说，它们事实上似乎和法国、德国以及英国文学有着同样的高度、同样的自主性、同样的审美独立性以及同样的魅力，我认为这是错误的。戴着白色面具的黑人在文学研究中与在政治领域一样，是徒劳的、卑微的。一味效仿绝不会走得很远。[72]

阅读这段文字时，读者或许会认为它出自于殖民时期一位批评家或是某位赞同文学研究的殖民主义理论和方法的人士之手。但是，颇具讽刺意义的是，这段话竟出自爱德华·萨义德这位后殖民研究领军人物之一的思想家笔下。在这篇旨在处理英国前殖民地地区英语语言与文学中由于后殖民主义的影响而呈现出复杂的政治问题的文章中，萨义德不可能没有意识到自己这番话会产生错误的政治导向和殖民主义的意味，那么人们不免会产生这样的疑问：他为什么要这么说？作为一篇公开发表的文章中的论点，这不可能是口误或笔误，或者是一时的心血来潮。有人可能会采取一种政治方法，简单化地将其归咎于

72　Said, "Figures, configurations, transfigurations", in *Race and Class*, 32:1 (1990), p. 14.

政治无意识。但在笔者看来,其根本原因在于萨义德的教育和成长过程中的文化无意识。萨义德出身于一个阿拉伯家庭,父亲是巴勒斯坦新教徒,当其家庭还居住在耶路撒冷时就读于英国国教的圣乔治学院。举家移民美国后,他在马萨诸塞州接受了一所私立学校的大学预 39
科教育,后又在哈佛大学获得了英国文学硕士和博士学位。他精通英语、法语和阿拉伯语,还是一位西方音乐造诣深厚的优秀钢琴家。尽管他把自己看成两个世界间“没有身份”的人[73],但他是一个典型的受过西方教育的知识分子,通晓西方文化中从知性思维到生活方式的各个方面。因此,笔者认为他对非洲和亚洲文学带有政治偏见的评价并非来自他的政治意识形态,而是来自于他精英式的西方教育培养出的精英文化无意识。可以说,他断言非洲和亚洲文学不能与西方文学同日而语,就是基于其西方教育培养下形成的审美思维和西方文化传统形成的评价标准。这个例子有力地证明了我的观点——教育能够塑造人的文化无意识。

由教育塑造而成的文化无意识维度比那些由政治、社会和道德压抑形成的文化无意识更为隐蔽,因为后面的几个维度都有抑制性,而前者总是借助常识和普遍真理而得以掩盖。这一特点在全世界许多接受过西方教育的知识分子身上尤其突出,无论是中国人、日本人、印度人还是非洲人。他们常常自觉地赞同阿诺德对“文化”的定义:“世界上想过和说过的最好的东西”,[74]而几乎没有意识到他们建立在以西方为中心的意识形态、认识论和方法论基础上的无意识的问题,同时他们会自觉地把西方的种种观点、理论和范式强加于非西方的事物中,用以西方为中心的标准衡量非西方的文明程度,对智性活动进行价值评判。其结果是文化无意识被有意识地运用起来。

因此,文化无意识必须与意识联系起来加以理解。意识是指可以被有意识地感知、构想和评价的思想。文化无意识集看法、观点、思想

73　Edward Said,“Between Worlds”,in *London Review of Books*,May 7,1998.

74　Matthew Arnold,*Culture and Anarchy: An Essay in Political and Social Criticism*,Cambridge: Cambridge University Press,1969,p. 6.

与观察方式于一体，而这些内容又因其可受质疑的特性而被有意识地抵制或抑制。汉学主义中的文化无意识包括自觉抑制或抵制的内容，不过它们对于西方人和非西方人是有差异的。对于西方人来说，在意识层面上，很少有人否认那些关于去殖民化的主张的有效性：殖民主义是建立在这样一种意识形态的基础之上，即白人有义务教化欠发达的非西方的国家和人民。殖民化是帝国主义侵略、征服和统治的结果，这些从政治上、道德上和人性上来说都是错误的。殖民主义已经成为过去。所有种族的人生而平等，民族没有优劣之分，没有主人奴隶之别。人们的种族主义定性是错误的，白人至上的想法是完全不能
40 接受的。总之，应该完全抛弃与殖民主义及其残余相关的一切。但是，西方在过去五个世纪统治世界的影响不可能在一夜之间被根除，西方仍然引领世界科技、生活水平和生活质量这样一个简单事实足以使非殖民化的任务更为艰巨。

由于去殖民化进程的影响，文化和生活方面的殖民主义已经在意识层面上受到抵制，但是殖民主义的残余难以清除，尤其在人们的知性生活方面，西方人和非西方人都是这样。有意识层面的摒弃使殖民主义的残余被压制到深层无意识中，并将其从政治生活领域移置到精神知识领域，包括学术领域。由于西方学者在几乎所有学术研究领域的领先成就，西方的优越感不仅在科技领域理所当然地占据主导地位，而且在诸如埃及研究和亚述研究，甚至中国研究等的社会科学研究领域也是如此。

对于非西方人来说，文化无意识的特性和内容以类似的脉络表现出来，不过却从相反的角度。他们在有意识层面上急切地接受去殖民化的主张，但在无意识层面上，殖民主义残余几乎占据日常生活和知性生活的各个方面。要观察到它们在非西方社会中的表现并非难事。然而，非西方人在有意识地否认西方优越的同时默默地或无意识地承认甚至接受他们自身文化的落后性。

尽管西方的文化无意识和非西方的文化无意识背道而驰，但二者在意识形态和认识论方面存在着共性：即有意识地抵制生活中的殖民

主义方式、西方优越性和非西方落后,而又无意识地接受这些自己抵制的想法。这一共性是贯穿汉学主义的一个主题。所有的学者,无论是西方还是非西方的,在他们关于中国的知识生产中都有意识地力争准确、真实地展现中华文明,但由于文化无意识的影响,很少有人幸免于无意识的扭曲事实。即使是中国学者在他们的学术著作中也不能摆脱这种有意识的否认和无意识接受之间的矛盾。因此,汉学主义中的文化无意识本质上既是有意识的,又是无意识的。总之,文化无意识是建立在政治、种族、国家、国家之间、意识形态、认识论和方法论方面的意识基础上的虚假意识,是一种特殊形式的意识形态。

对文化无意识的概念性分析在此可做一个小结:文化无意识是一种多重矛盾和悖论构成的矛盾统一体。借用 J. 希利斯 · 米勒巧妙的追溯寄生物(parasite)一词词源的研究[75],我们可以说,文化无意识在其本源构思方面既是“寄生物”又是“宿主”(host)。对于具有某种已有文化传统的人们来说,文化无意识是一种历史心理机制,这与弗洛伊德的个人无意识相似,但它在本质和功能上是集体的,因为文化无意识只是一个特殊阶级、种族、民族、国家和文化传统共享的,就像中国人都熟悉的“阿 Q 精神”一样。因此,它又与荣格的集体无意识类
似,但不具备其原型理论的永恒特点,因为对于所有国家、种族和民族 41
来说,它并不是通用的。它的起源与李泽厚的文化积淀理论中的历史心理构成类似,但它的本体形成没有经过上万年的时间,它也不是永恒不变的。作为一种错误的意识,文化无意识是一种意识形态,但它的文化价值并未得到广泛认可,甚至被有意识地否定。它所形成的特殊环境使它在本质、功能、内容和形式上呈现矛盾状态。本质上,它是一种通过教育、生活经历和意识形态教导而获得的教养无意识或教化无意识。功能上,它满足的是有意识和无意识观念、思想、努力和动机的需要。内容上,它是一个有意识和无意识的欲望和恐惧、喜好与偏

---

75 J. Hillis Miller, “The Critic as Host”, in *Critical Inquiry*, Spring (1977), pp. 439-447.

爱、成见与偏见的贮存器。形式上，它产生出有意识和无意识的准则、图式、模式、框架和方法，有意和无意地处理有意识和无意识的内容。总之，它是一个有意识的无意识或是无意识的有意识的矛盾结合体。在特定的文化条件下，文化无意识可转变为一种无意识的文化，一种无意识的生活方式，其一切表现都是清晰可见的，但由于其复杂的逻辑，生活在其影响之下的人又识别不出。

文化无意识是汉学主义隐而不显的逻辑。这一概念可以覆盖中西研究的复杂性，并将作为笔者探讨汉学主义的概念性基础。汉学主义在根本上是一种根据文化无意识的逻辑而运作的无意识文化。本研究的主要任务就是要描述其有意识的活动，并在其概念形成和纷繁复杂的表现方面揭示其无意识的逻辑。

第二章

汉学、汉学主义及后殖民主义

本章试图在更广泛的当代思想语境下研究汉学主义的理论，厘清本研究中一些关键术语，如汉学、汉学主义以及汉学主义化之间的内在关系，为深度探讨一些概念性和实践性的话题铺平道路，而这些话题位于提出中国知识生产的批评研究的新理论之中心。本章将要审视的问题包括：汉学主义与其同源词“汉学”及其灵感之源——萨义德的《东方主义》有何关联？在多大程度上汉学主义不是另一种东方主义？这种显著差别是如何形成的？我们既然已有东方主义和后殖民主义的理论可供使用，提出汉学主义这样一个概念性范畴是否还有必要、或者说在学理上是否有据可依？

汉学主义与汉学

为了完成将中国纳入其所构建的、涵盖全人类文明的知识和物质体系的宏图大计，西方学界长期以来构思并提出了一系列设想、理论框架以及概念模型，试图解释中国绚丽多彩而又纷繁复杂的历史和文明。这些理论、方法及模型具有一系列典型的认识论及方法论问题，这些问题明显地表现在西方学界以中国语言、文学及文化研究为中心而确立的汉学领域。因为这些问题是汉学的必然衍生物，汉学主义作为概念范畴自然与之有联系。因此,我们很有必要而且也确实不可避免地要去研究这一联系,并深入探讨汉学与汉学主义、汉学主义与汉学主义化之间的关系。

就其广为人知的用法而言,“汉学”指的是一门研究中国及中国文明的学问,有广义和狭义之分。尽管在欧美学界,“汉学”通常就是中国研究的代名词,它其实是狭义上对中国语言、文学、历史、知性思想以及艺术等方面进行的研究,其强调通过考证(evidential
43 investigation)的方法,对有关中国文明的历史和考古资料进行文字学分析和文本解读。美国著名汉学家爱德华·谢弗(Edward Schafer)则将汉学研究的范围缩得更窄,将其看成是对古代汉语文本的文字学研究。[1] 最近一项西方调查表明,汉学就其起源“可追溯至中国学者对其文明所做的研究”。[2] 汉学(Sinology)的字面意思是“汉朝的学术”,与“宋学”(宋代的学术)、“番学”(少数民族的学术)相对应,在今天中国又称之为“国学”(中国的学术)。在本书中,汉学指的是广义的中国学。

作为西方学术的一门学科而出现,汉学从一开始就具有国际背景,拥有悠久的全球发展史。某种程度上,其历史甚至可以追溯到遥远的13世纪的马可·波罗传奇。[3] 尽管如此,人们普遍认为汉学作为学术研究领域得以确立还是16世纪以后的事,当时西方的基督教传教士,纷纷前往中国传播基督福音,其中尤以耶稣会士利玛窦(Matteo Ricci,1552—1610)最为知名。因为早期的汉学研究往往着眼于基督教教义和中国文化的兼容性,因此可以说是建立在“迁就主义范式”(accomodationist paradigm)[4] 的基础之上。我们将其称为迁就主义范

1　参见 Schafer,“What and How Is Sinology?” Inaugural lecture for the Department of Oriental Languages and Literatures,University of Colorado,Boulder,October 14,1982。

2　Harriet Thelma Zurndorfer,*China Bibliography: A Research Guide to Reference Works about China Past and Present* (Leiden: Brill Publishers,1995),p. 4.

3　Marco Polo,*The Travels of Marco Polo*,Harmondsworth: Penguin Classics,1958.

4　该词是笔者借自17世纪罗马天主教会争论关于中国人皈依基督教问题时所称的“迁就主义”立场。

式是因为学者致力于将中国庞大的知识体系纳入到欧洲体系中去，而不顾中国知识与西方明显的差异。从利玛窦开始，这一范式就受到包括莱布尼茨(Leibniz)在内的欧洲许多著名学者的衷心拥护。他们认为欧洲为了自身利益去研究中国，中国学会接受欧洲思想和作品，两者都很有必要。[5] 不管是利玛窦试图让中国人信仰基督教的努力，还是莱布尼茨追求的不同文明间达成共同理解、更紧密的合作与文化交流的崇高目标，也不管汉学研究起初是作为基督教传教的副产品，从一开始，汉学就是一门具有和今天全球化趋势类似特征的学科。

本节的中心问题是：汉学究竟是等同于或近似等同于汉学主义，抑或是汉学主义的一种表现形式？回答这个问题最有意义的一种方式是以东方主义为参照系来研究。诸多中外学者根据萨义德的提示，深信汉学是东方主义的一种形式。鲍勃·霍奇(Bob Hodge)与雷金庆(Kam Louie)就中国的语言与文化的政治合著了一本书，其中包含了对汉学、汉学主义与东方主义之间相互关系的一个简要论述。通过引用福柯的话语理论，他们认为：“汉学展现了萨义德称之为‘东方主义’ 44
的许多典型特征。但是，鉴于种种原因，更有益的做法是提出‘东方主义’的一个独特分支，我们将其称为‘汉学主义’。”[6] 在他们看来，这样做的原因有二：一是汉学展示的话语中存在着与东方主义独特的区别，而另一个更主要的原因是，汉学作为一门学科术语已经过时，已没有太多学术机构或学者用它来标榜自己。尽管“汉学主义有其具体的特征”，他们仍深信它是“萨义德东方主义的一个特别亚种”。[7] 因此，在他们的概念中，汉学等同于汉学主义，因为它们实际上指的是同一个东西，本质上是相同的，仅仅是名称不同而已：即两者都是东方主义的独特形式。他们的观点得到了研究中国文化的其他学者的响应。

5　见 G. W. Leibniz's "Preface to the Novissima Sinica", in *Writings on China*, translated by Daniel J. Cook and Henry Rosemont, Chicago: Open Court, 1994, pp. 45-59。

6　Bob Hodge and Kam Louie, *The Politics of Chinese Language and Culture: The Art of Reading Dragons*, London and New York: Routeledge, 1998, p. 12.

7　同上，第 13 页。

在《文艺理论研究》上发表的关于中国文学与艺术的一则访谈中，王德威指出："一开始它（指汉学）就属于东方学嘛，就是东方主义的对中国的好奇，研究方法也是五花八门，非常杂乱，基本上是萨义德所说的东方主义的那一套。"[8]

在中国，许多学者也表达了相似的观点，其中周宁就是一个直言不讳的代表。作为深度研究历史上中西关系的一位杰出学者，他对西方汉学首次将中国带入西方人的想象和研究以来中国在西方学界眼中的形象等方面的研究取得了令人钦佩的成就。在其撰写的《汉学或汉学主义》一文中，他探索了这两个范畴之间的关系。开篇伊始，他并没有确认两者是否对等。标题中"汉学"同"汉学主义"之间的"或"字表现了他的犹豫不决。这种踌躇进一步表现在了他所提出的问题中："如果'东方学'不过是一种'主义'，汉学难道没有'汉学主义'的嫌疑？"[9]但是，当他根据路易·皮埃尔·阿尔都塞的意识形态理论，让·弗朗索瓦·利奥塔的"宏大叙事"批评，米歇尔·福柯的权力、知识和话语理论，斯图尔特·霍尔的文化再现理论，但最重要的是，根据萨义德的东方主义理论来研究这种关系时，他就逐渐消除了自己的疑虑：

> 如果中国属于"东方"，汉学属于"东方学"，那么《东方学》的文化批判，就同样适用于汉学；如果西方汉学在东方主义话语中对中国的表述，包含着虚构与权力，那么汉学就有可能带有"汉学主义"的色彩，西方有关中国的表述，就可能与权力"合谋"，成为帝国主义的殖民主义意识形态。[10]

最终，他巩固了自己的观点，将汉学等同于汉学主义："西方汉学

---

8 参见季进，《海外汉学：另一种声音——王德威访谈录之一》，引自《文艺理论研究》，2008年，第5期。

9 周宁，《汉学或"汉学主义"》，引自《厦门大学学报》，2004年，第1期，第10页。

10 同上。

从来就有浓重的意识形态色彩，广义的汉学本身就是'汉学主义'。"[11] 他是根据东方主义理论，通过对汉学的详尽的批评、分析，最终得出了这个观点的。

尽管从本质上讲，周宁的这个结论与其他人的观点相同，但是，他的汉学与汉学主义相等同的观点还是存在着一种变化，有别于霍奇与雷金庆的观点。两者的区别基于这样的事实：在霍奇与雷金庆提出的等同中，汉学主义仅仅是汉学的一个更为恰当的名称而已；而在周宁 45
提出的等同中，汉学主义等同于东方主义，或者是东方主义的一种形式。尽管存在着微妙的差别，但是这两种观点都传递了一条相似的信息：即汉学等同于汉学主义，因为它们的公约数是东方主义。在目标方面两者还存在着另一种微妙的差别。霍奇与雷金庆提出用汉学主义来替代汉学，是因为他们希望清除汉学研究中的东方主义影响，将汉学研究的范围集中于语言和文学领域。周宁将汉学等同于东方主义，则是因为他质疑汉学作为一门学科的学术合法性，因而希望将汉学和东方主义更广泛、更密切地联系起来。

汉学主义和政治批评

由于汉学和汉学主义被认可的等同性是以东方主义为前提的，因此这一批评取向本质上具有明显的政治色彩。换句话说，现行的作为汉学批评的汉学主义观念，本质上就是对西方汉学研究中国所形成的知识和学术的政治批判。汉学的批评者发现它缺乏学术性，充斥着政治和权力。这一点明显可见于周宁所提出的观点。通过分析汉学承载着意识形态的特性，他指出"广义的汉学与其说是一门学问或知识体系，不如说是一种意识形态，包容在汉学主义中"。[12] 汉学的批评者主要依赖那些具有政治性和意识形态的批评理论，由此发现的问题具

11　周宁，《汉学或"汉学主义"》，引自《厦门大学学报》，2004 年，第 1 期，第 6 页。

12　同上，第 7 页。

有明显的政治性特质,因此汉学的这一政治取向削弱了其作为一门学科的活力及价值。但是持不同意见的学者发出了不同的声音,认为这是对萨义德东方主义理论的过度使用。中国学者张西平就认为:

> 近年来许多书跟着萨义德的理论跑,用此来解释西方汉学和西方的中国观的著作也不少。不能说他们洋洋大观的十几卷著作没有真知灼见,思想的火花、语言的机智在这些书中也有,但总体上缺乏理论的创造和文化的自觉,他们解释西方东方学与汉学的整体框架和理论是萨义德的,是后殖民主义在中国的翻版。[13]

在批评批评家们执着于萨义德理论的同时,张西平一针见血地指出东方主义方法的不足:"西方的东方学并不像萨义德说的那样简单,它有着多重的维度,需要从多个角度来分析和把握。萨义德只是看到了一个维度而已。"(同上)这一反对意见揭示了汉学批评者们犯了和那些采纳萨义德东方主义的批评家们一样的根本错误:未区分一个实质上作为学术分支的东方学和一套出于政治目的去支配知识产出的东方主义。指责东方主义的批评家们呼吁人们重视萨义德理论的三个不同的元素:(1)作为纯粹关于东方文化学问的东方主义;(2)作为欧洲人描写想象中的东方世界的东方主义;(3)作为殖民主义者制定
46 政策,控制和管理东方殖民地的方法和原则的东方主义。他们认为汉学批评家和东方学问存在着共同的问题:他们都过于重视后两者,却忽视了第一个要素。

这种反批评不是没有其合情合理之处的。的确,汉学批评者们往往忽略这样一个事实,那就是狭义的汉学是一个严肃的、富有生命力且具学术性的学科,至少不愿意让汉学堕入实用主义和充斥政治企图

---

13 张西平,"李雪涛《日耳曼学术谱系中的汉学——德国汉学之研究》序",北京:北京语言教学与研究出版社,2008 年。

的窘境。预见到可能出现的反对意见，周宁采用了质疑汉学作为合法学科的做法："后现代主义质疑知识的合法性问题，汉学的知识合法性自然也受到威胁。"[14]通过对汉学的基本假设与学科体制进行解构，他揭示了狭义汉学的"隐性意识形态"，并认为，"汉学与其说是假设客观真理的'科学'，不如说是具有意识形态有效性的叙事……西方汉学，即使在最严谨的学科中，也存在着'汉学主义'的因素"。[15] 在他看来，汉学即汉学主义，因为它总是受到若隐若现的政治意识形态的影响。周宁的研究展示了汉学逐步趋于政治化的过程。我们不妨对其观点作如是总结，汉学主义即基于政治意识形态和权力基础之上的东方主义话语。这就引导我们去探究一个根本问题——汉学主义是一种知识的政治形态吗？

本人对周宁以及其他学者有关汉学主义的大部分论述持有同感。诚然，它与萨义德的东方主义有着共同的核心观点，与"汉学中的东方主义"也有着相通之处。[16] 但是，笔者坚持认为，汉学主义并非完全像东方主义或"汉学中的东方主义"一样是一种政治批评形式。此处，本人仅仅从地缘政治和国际政治角度来探讨它们之间的差别。首先，汉学主义是西方试图建立一个国际性思想与物质体系的努力中必不可少的组成部分，大不同于萨义德在《东方主义》一书中的最初构想，即将东方主义狭义地理解为"欧洲物质文明和文化的有机组成部分"，也不同于萨义德在之后的一篇文章《东方主义的重新省思》中所作的相对宽泛的重新构想。[17] 在其重新构想中，萨义德仍然将东方主义视为欧洲人有关亚洲的一个宽泛建构以及西方现代性中的一个问题，其核心是东方主义的政治学：

14　周宁，《汉学或"汉学主义"》，第 8 页。

15　同上。

16　参见 Adrian Chan, *Orientalism in Sinology*, Bethesda and Dublin: Academica Press, 2009。

17　Edward Said, "Orientalism Reconsidered", in Francis Barker et al, eds., *Literature, Politics and Theory: Papers from the Essex Conference 1976-1984*, London and New York: Methuen, 1986, pp. 209-229.

> 作为思想和专业知识的一个部门，东方主义当然指的是几个相互重叠的领域：第一，欧洲和亚洲之间不断变化的历史和文化关系，这一关系已有四千年的历史；第二，西方的一个科学学科，在19世纪初，此学科就专门研究不同的东方文化和传统；第三，关于世界上目前十分重要、并在政治上十分紧迫的东方地区的意识形态假设、形象和想象。[18]

47 即使在作为一门学问的第二个领域，萨义德仍然强调其政治意识形态：

> 东方主义是一门具有融合性和内包性的科学，东方由是被构建并介绍到欧洲，如此而言，东方主义是一个科学的运动，其在现实政治世界里的相似之处是东方逐渐被欧洲吞并的殖民主义攫取。[19]

在回应西方学者对其东方主义理论的批评时，萨义德特别强调东方主义的“广阔政治背景”（large political setting），并对这种政治背景常常被忽略和无视而提出反批评。比如，他谴责西方学者伯纳德·刘易斯（Bernard Lewis）竟然“厚颜无耻地将东方主义从与欧洲帝国主义两百年的共谋中剥离出来，转而将其与现代的古典文字学和古代的希腊罗马文化研究联系起来”。[20]

萨义德的重新思考指出了东方主义的批判理论应该发展的新方向，即对西方学术的认识论批判，但其东方主义的理论并没有改变政治批判的核心。在1995年的《后记》中，其政治论调则得到极大地缓和，[21]以此

18　Edward Said，“Orientalism Reconsidered”，p. 211.

19　同上，p. 215。

20　同上 p. 220。

21　例如，他声明：“因此，尽管本人接受东方主义带来的总体印象，即它产生于造成国破家亡的极端的具体历史中……但我也愿意补充一点，即在该书和紧随其后问世的两本著作中……我都不想仅仅表达一种重拾身份认同、复兴民族主义的政治方案。”（引自萨义德《东方主义》后记，第338页。）

弥补对东方学学者所取得的学术和人文成就的忽视，很明显是对指责他是“反西方主义者”(anti-Westernism)的回击。然而，他坚持他的原初想法：“东方学学者协会和帝国主义权力合谋是有一定的历史的，说不相关就有些过于乐观了。”[22]而本人则认为，和东方主义相比，汉学主义作为一种知识系统，其政治性和意识形态要微弱得多，至少在19世纪下半叶，西方帝国主义国家意识到清廷日趋衰落，开始认真考虑对中国进行殖民之前是这样的。与萨义德对东方主义所下定义进行比较可以揭示这种差异。萨义德坚持认为：“从文化甚至是意识形态来看，东方主义表达并展现为一种话语模式，伴有支撑性的惯例、词汇、学术、意象、教条，甚至殖民官僚主义和殖民主义风格。”[23]我们需要注意萨义德观念中的几个要点，它们和汉学形成了对立。其中之一是汉学不具备“殖民官僚主义与殖民主义风格”，这是汉学与东方主义的一个显著区别。正如本人在下一章将要说明的，汉学不是帝国主义征服和殖民扩张的产物；东方主义则不然，其本质上是帝国主义和殖民主义的产物，这一点萨义德已经明确指出。在欧洲帝国主义者们征服中东并将其转变为他们的殖民地之后，由欧洲学者所建立的知识系统必然带有帝国主义与殖民主义的印记。我们没有必要重复萨义德的评论，看看他的这个论断就足矣，那就是尽管东方学学者们声称他们的学术研究是客观的，但是他们与帝国主义和殖民主义之间有着或隐秘或公开的合谋，以及他们的东方学学术或直白或含蓄地服务于殖民扩 48
张的动机。所以，萨义德在其著作中提出了东方学一系列先决条件，没有这些先决条件，东方主义也就“无法产生”。[24] 这些先决条件的核心就是欧洲的扩张，其本质是殖民主义和帝国主义。[25] 简言之，东方学作为一门学科、一种意识形态体系，它产生于欧洲殖民主义的扩张。

相比之下，作为汉学主义母体的汉学起初并非是帝国主义征服与

22　同上，p. 342。

23　Edward Said, *Orientalism*, New York: Vintage Books, 1978, p. 2.

24　同上，pp. 116-120.

25　同上，p. 3.

殖民主义扩张的产物。纵观人类历史，中国从未成为西方帝国主义国家的殖民地，尽管在近代历史上有许多国家在中国拥有势力范围和租界，他们的公民在中国的领土上曾享有特殊待遇和政治特权，其中包括臭名昭著的治外法权——即西方人凌驾于中国的法律之上，如果一个西方人在中国犯了罪，他不会由中国司法系统来审判施刑。尽管近代史的中国遭受了无尽的屈辱，但是她从未像印度、越南、东南亚、中东和非洲等国家民族那样沦为西方帝国主义的殖民地。人们普遍认为1949年以前的中国是一个半殖民地国家，在本人看来，这一观点也许准确地描述了帝国主义和殖民主义时期的中国国情，但更确切地说，它是被用作一个有效的政治口号，唤起中国人民大众，高举民族主义旗帜，誓将帝国主义赶出中国。因为中国从来就不是西方的殖民地，因此，汉学作为学术的一个分支、一个知识系统，远没有东方主义那么强的政治性和意识形态。它很少成为服务于殖民主义扩张的工具，因为它并不像东方主义那样服务于明显的政治目标。而且，除却极少数一部分人，大多数汉学家都是没有殖民主义偏见的学者，他们要么对中国文化有着真诚的热爱，要么对中国人民满怀同情。还有些人生产了相当数量的中国知识，虽然他们不能算是真正的汉学家，但他们通常都是倾慕、欣赏中国文化的亲华人士。本人也认识一些汉学家，他们说最遗憾的事就是不能生为中国人。英国学者高尔斯华绥·洛斯·狄更生（Galsworthy Lowes Dickinson）的名言“我的前世一定是中国人”[26]就是这种热爱中国心态的缩影。很少有厌恶、讨厌中国和中国文化的排华者能成为真正的汉学家。那些从负面描写中国的欧洲思想家和作家要么是对中国传统比较无知，要么是企图强化自身的文化优越性，但也很少利用中国学术服务于殖民扩张的意图。

而且，将汉学主义等同于汉学忽视了这样一个事实：大部分汉学家都是治学严谨的学者，他们生产了大量令人钦佩的学术作品，大大

26　参见 *Galsworthy Lowes Dickinson*，*Letters from John Chinaman and Other Essays*，*with an introduction by* E. M. Forster（London：George Allen & Unwin，1946）。

拓展了我们对中国文明的了解，受到中国学者的高度赞扬。如高本汉（Bernhard Karlgren）对古汉语研究的贡献，伯希和（Paul Pelliot）对敦煌手稿的研究，葛兰言（Marcel Granet）对中国宗教与思想的研究，李约瑟（Joseph Needham）对中国科学和技术的研究，费正清（John Fairbank）对中国历史的研究，华生（Burton Watson）和宇文所安（Stephen Owen） 49
对中国诗歌的研究，弗朗索瓦·于连（François Jullien）对中国思想与艺术的研究，以及韩南（Patrick Hanan）和浦安迪（Andrew Plaks）对中国小说的研究，等等。如果忽视由许多汉学家所创造的严谨学术，我们就会犯学术政治化的错误，无法对中国文明和文化作出深刻了解，就像一些西方学者和思想家对中国学者研究的中国传统与文明所犯的错误那样。批判中国学术政治化与意识形态化是汉学主义的一个维度，本人将会在另一章就此作一深入的案例分析。

汉学主义与东方主义

毋庸讳言，汉学主义是受到爱德华·萨义德关于东方主义这一经典著作影响的一个概念范畴。人们因此似乎获得这样一种印象：汉学主义是萨义德所谓的东方主义的一种，这一印象也似乎得到萨义德自述观点的支持，亦即汉学应该位列东方主义标题之下。学者们采用并试图扩大东方主义的范围的学术工作进一步加深了这种印象。因此，极有必要探讨它与东方主义的不同之处，得出一个清晰的认识。本人的汉学主义概念很大程度上有别于萨义德的东方主义及汉学中的东方主义。萨义德《东方主义》的出版让人们难以分辨何为学术领域的东方主义，何为批评理论的东方主义。作为批评理论，萨义德的东方主义理论基本上属于东方学的批判理论。许多东方主义学者就将它称作"反东方主义"理论。伯纳德·刘易斯采用了这一说法。在一章题为"东方主义问题"的章节中，刘易斯说，"在美国，过去一段时间里反东方学的主要倡导者是爱德华·萨义德，先于其1978年首次出版的著作《东方主义》，他已就此发表了一系列书评、论文和公开声明"。

尽管刘易斯的观点受其自身学术和政治立场的影响,但是萨义德反东方学的批评立场是毋庸置疑的,而且,东方主义现在已成为一个带有贬义色彩的词汇这一事实也坐实了萨义德理论的基本立场。与东方主义相比,汉学主义不是一个或明或暗具有反汉学立场的批评理论。之所以如此,本人认为是由于汉学是一个复杂得多的学术分支。萨义德确认了东方主义的三个方面:1)一门学科;2)一种"思想风格,其基础是'东方'与(绝大多数时候)'西方'之间的本体论与认识论差异";3)"统治、重组、管理东方的一种西方风格"。[27] 汉学主义与第一个方面相吻合,与第二个相关,与第三个有所联系,却完全不同。

但是两者之间的核心差异却来自于起源之本。汉学主义诞生于汉学,而东方主义则来自于东方学。在来源、历史演变、地缘文化政治
50 和人力资源等方面的差异注定了两者大不相同。东方学是由西方学者开创的一门学科,旨在帮助西方了解中东,进行殖民扩张。从这门学科创立到成熟,从事东方学的东方学者全都是西方学者,东方人只是信息和原始资料的提供者。东方主义的历史可以说就是西方的东方学学者进行中东研究的历史,东方学的成就因此很大程度上属于西方的东方学学者。在埃及学和亚述学等东方学领域,西方学者拥有着绝对的知识权威,攫取了无可争议的话语霸权。与之相比,汉学本质上是一门学术分支,源自于中国学者开创并发展了两千多年的汉人的中国研究。其初始目的不是为殖民扩张服务,而是旨在帮助西方了解中国,定义自己的身份,确立一个全球知识体系。从一开始,汉学家就以中国学者为老师;在汉学家的队伍里,华裔学者也越来越多;汉学的成就也是中西学者共同努力的结果。因此,我们有理由相信萨义德研究中的东方主义是西方人的产品,而本人所说的汉学主义并不是纯粹西方的发明,而是西方人和包括中国人在内的非西方人共同创建的。某种程度上,它是一个由多国和地区知识界为了在全球消费中国知识

---

27 Edward Said, *Orientalism*, New York: Vintage Books, 1979, pp. 2-3.

而共同研制有关中国的产品。在下文中,本人将详细剖析汉学主义和东方主义的差别。

其一,汉学主义因其地缘政治和地理文化的因素有别于东方主义。依据萨义德的观点,东方完全是西方想象的产物,没有这种想象东方就无法存在:

> 因此东方主义完全在东方以外,远离东方:东方主义所赋予的意义更多地依赖于西方而不是东方,而且这种意义直接受惠于各种西方技术表现,才使得东方在其话语中变得可见、清晰、"在那里"。而且这些表现依赖于为了他们影响力的机构、传统、习俗、互相认可的理解代码,而非依赖于遥远、不确定的东方。[28]

这就等同于如此说法:东方纯粹是西方的想象和发明。他的另一项研究进一步确认了这个观点:"东方几乎是欧洲的发明。而且自古以来,东方就一直是这样一个地方,那里充满浪漫故事,奇异的东西,令人魂牵梦萦的记忆和景色,以及非同寻常的经历。"[29]尽管这些评论也适合中国,因为确实存在许多对中国带有浪漫幻想的表述,但是,在公元以前,中国在西方的印象中就已经是文化现实而不是海市蜃楼式的虚构。马可·波罗的游历,传教士的冒险之旅,哥伦布的航海以及费迪南德·麦哲伦的环球航行的目的都是前往中国开展贸易;欧洲帝国主义国家如 51
葡萄牙、西班牙、荷兰以及英国都把中国视为它们潜在的征服之地、商业贸易的市场以及宗教皈依的场所。萨义德的核心论点是不存在像"一个真实或真正的东方(伊斯兰、阿拉伯或无论什么)"的东西,因为东方"自身是一个构建而成的实体"。[30] 无论就西方人还是中东人而论,东方作为包含中东的一个构成实体也许是正确的,但是,汉学主义

---

28 Said, *Orientalism*, pp. 21-22.

29 同上,p. 1。

30 同上,p. 322。

具有真实、具体的研究对象，那就是中国。尽管有学者将中国视为一个构建的实体，但是他们的观点就像否认美国、英格兰和法国的存在一样虚无。这就是东方主义和汉学主义之间地理文化上的主要差异。

有些学者已经注意到萨义德东方主义理论中地理文化的局限性，试图对其成因作出解释。张宽指出，萨义德的东方主义具有地缘政治局限性，其所说的东方特指中东和近东，对远东几乎没有涉及。[31] 这一局限就萨义德理论本身而言并不构成问题；事实上，它为后来者就此话题开辟新的道路留下了诸多构思空间。在对后殖民主义的研究中，王宁发现，"这种局限性具体体现在地理上、文化上和文学上，这也使我们第三世界学者和批评家有了可据以进行质疑和重新思考的理论基点"。[32] 这一评论说明我们有必要对萨义德理论进行重新构建，扩大其范围及解释力。富有讽刺意味的是，尽管萨义德警告说，"东方主义的解决方案不是西方主义"（西方主义是对萨义德关于西方世界对东方的一成不变的扭曲看法的逆转），但现行学术并未朝着拓展萨义德模式的理论视角方向发展，而是改弦更张，转向西方主义，颠覆了萨义德认知的西方世界对于东方的一贯看法。尽管有种种争论，西方主义本质上关注的是对于西方世界机械的、有时甚至是妖魔化的看法，非西方人对于西方进行想象性描述，从而确立一种不同于萨义德评判立场的反话语。[33]

其二，因为地缘政治、历史以及文化因素，萨义德的东方主义理论存在一定的范围与局限性，常常无法解释汉学与中国研究中的许多现

31　张宽：《萨义德的'东方主义'与西方的汉学研究》，《瞭望》，1995 年，第 27 期：第 36-37 页。

32　王宁：《全球化时代的后殖民批评及其对我们的启示》，《文艺理论前沿》，2004 年，第 46 页。

33　参见 Chen Xiaomei's *Occidentalism: A Theory of Counter-Discourse in Post-Mao China*, New York: Oxford University Press, 1995; Ian Buruma and Avishai Margalit's *Occidentalism: the West in the Eyes of its Enemies*, New York: Penguin Press, 2004; Alastair Bonnett's *The Idea of the West: Culture, Politics and History*, New York: Palgrave Macmillan, 2004。

象和理论问题。如今,萨义德对关于东方的西方研究所作的理论概念已经广泛运用于包括中西方研究在内的后殖民研究和跨文化研究,但是学者们如果将萨义德的理论见解乃至东方主义用于中国资料研究,常常是方枘圆凿,格格不入。因为在萨义德看来,东方主义代表了西方学者致力于中东文化研究的一种范式,他们声称对中东文化做出科学客观的评价,然而,结果却是在调查的名义下带着或直露或含蓄的偏见,并歪曲了中东文化的真实状况,以此达到或公开或隐蔽的殖民主义宣传的目的。这就是萨义德的东方主义批评理论,该理论为学者们致力于跨文化研究提供了令人欣喜的批评方式。它也被中国文化 52
学者广泛采用,对从黑格尔到福柯等西方学者关于中国文化的研究进行解构。

尽管东方主义范式取得了许多成就,但其解释力在研究远东文化,特别是中国文化时,却极大地削弱了。我在此想到的是中世纪欧洲学者对中国的爱慕之情,莱布尼茨对中国哲学与宗教的研究,伏尔泰对中国道德与文化的理想化,费诺罗萨为中国的文字所倾倒,埃兹拉·庞德对中国语言、诗歌和思想的着迷,高尔斯华绥·洛斯·狄更生对中国道德与价值观的捍卫以及伯特兰·罗素对中国人与中国文化的理想化。尽管这些学者的作品似乎符合东方主义范式,也就是说,由于他们对中国的所知有限,他们眼中的中国常常是被简单的理想化或被扭曲。但总的来说,这些思想家和学者的批评并不能归于基于萨义德批评西方学者进行中东研究而形成的东方主义范式。他们也许有歪曲中国实情的嫌疑,但他们的歪曲却与东方主义截然相反。也就是说,他们并没有将中国妖魔化,相反,他们美化了中国文化。在18世纪欧洲学者的心目中,中国是一个理想的国度,由贤明的君主所统治,人民过着和谐幸福的生活。在莱布尼茨对中国的研究中,他自然不会忘记就文化的优劣与西方进行对比,但是,他的作品几乎完全摆脱了霸权主义的偏见,而这样的偏见总是或公开或隐蔽地出现在欧洲学者对中东和远东的研究作品之中。[34]

同样，庞德与费诺罗萨对日本和中国的青睐也不符合东方主义范式。表面上看，庞德与费诺罗萨都是殖民主义时代典型的殖民主义学者，带着西方文化霸权的优越性居高临下地研究非西方的、第三世界的文化。按照逻辑推理，我们应该能够在他们的学术研究中看到或明或暗的歧视和偏见。但是，在他们和中国文化直接相关的作品中，我们并未发现任何轻视中国文化的痕迹，而这本是西方学者在殖民主义时期研究中东文化的显著特征。相反，我们看到的是他们对中国文化和文学真心的欣赏和喜爱。[35] 庞德一生将数本中国典籍翻译成英语，并毫不讳言指出对中国的发现堪比希腊的文艺复兴。庞德二战末期被逮捕，在入狱登记时，他在宗教信仰一栏写上了"儒教"。东方主义范式表明西方殖民主义中他者的形象不仅支配着西方的霸权政策，而且被用作统治的工具。很明显，庞德对中国的痴迷和倾慕偏离了这一范式。

有读者会反驳说，有些东方主义者对中东文化也持有一定的欣赏态度，也作过浪漫主义的美化。但本人要说明的是，东方主义的欣赏
53 与汉学主义的欣赏存在着本质性的差异。因为东方主义者虽然对中东文化也有正面的描述，但那种欣赏是完全建立在一种居高临下的态度之上，将中东文化异国情调化。萨义德的《东方主义》1978 年刚出版时，该书的封底刊印了《纽约书评》的一段话，确切地描绘了东方主义者的这种心态：

> 研究东方(特别是穆斯林东方)的学者，以东方为题材的富有想象力的作家，和致力于"教导东方、驯服东方、统治东方"的种种机构，他们都怀有某种对东方的描述和看法，在他

34　Leibniz, *Writings on China*, p. 51.

35　庞德对中国文化的观点散见于其汉语翻译、信函、创作及文学作品的导读中。我们看不到他的任何负面的评价和歧视性观点。相反，他对中国艺术和思想的赞誉常常过于理想化，有些夸大。

们心目中的东方被定义为完全不同于"西方",神秘莫测,一成不变,但归根结底是低劣的。[36]

相比之下,汉学家对中国的欣赏大多是真诚的。尽管他们对中国也不免有所歪曲、异化,但他们还用浪漫的情怀美化了中国文化,更以为中国文化在若干方面要优于西方文化。这种对中国文化的由衷欣赏和高度推崇在殖民主义时期的东方学中几乎是不存在的。以著名的英国人"阿拉伯的劳伦斯"(真名为 T. E. Lawrence)为例,他通晓数门中东语言,熟知中东历史文化,风土人情,同情阿拉伯人民,有一段时间甚至身着阿拉伯服装,与阿拉伯人打成一片,像阿拉伯人一样生活。但他所做的一切主要是为了实现英国政府在第一次世界大战期间在阿拉伯半岛的战略意图:削弱并摧毁德国的盟国土耳其帝国,同时将阿拉伯各部族置于英国的控制之下。劳伦斯本来是要做一个纯粹的东方学学者,致力于对中东古代文明的考古研究的,却不知不觉地蜕变为英国殖民主义的工具。他的人生故事从一个侧面反映了东方学家和汉学家之间的一个明显差异:前者为学术的政治化,后者为学术的非政治化。这体现了东方主义和汉学主义之间的本质差别。

其三,与东方主义相比,汉学主义的母体——汉学,从最初的兴起到今天的繁荣,一直存在着一种强大的非政治化和非意识形态化的内部机制。萨义德的《东方主义》一书可以说是一部人文和社会科学领域的政治批判理论著作,他自己在导论中也直言不讳地声明,就是要提出一系列有关东方主义的"政治问题"。[37] 他的书发表以后引起的巨大反响,无论是正面的进一步阐发,还是反面的尖锐批评,都与其政治性和意识形态性直接相关,因为它们完全颠覆了东方主义作为

---

36 Ezra Pound, *Literary Essays of Ezra Pound*, ed. T. S. Eliot, London: Faber & Faber, 1969, p. 215.

37 参见 Albert Hourani 的书评,"The Road to Morocco", *The New York Review of Books*, Mar 8, 1979.

学术用语的学术合法性。从那以后,“东方主义的”就变成了一个修饰语,频繁用于指代对东方文化带有歧视性的表述。如果我们审视一下一些东方学学者批评萨义德的种种看法,可以用这样一句话概括他们的不满:经过萨义德的政治化和意识形态化处理,东方学从东方文化的保护神变成了帝国主义和殖民主义的魔鬼。英国东方学学者麦肯齐(John M. Mackenzie)著书直接表达了对萨义德的不满和批评:

> 54 对萨义德来说,在他那部1978年出版的影响甚大的《东方主义》一书中,东方主义研究绝不是抗击巨大的帝国力量以保护东方文化,完全不是使东方文化形式得以幸存的学问,而是自身变成了一种智性和技术统治的表达,一种延伸政治、军事及经济霸权的手段。东方主义进而代表了一种构想,而不是一种现实,一种统治的标志,一种强权的武器。[38]

相比之下,无论是传统汉学还是新兴的中国学,都没有东方主义那么强烈的政治性和意识形态性,笔者不是说,汉学和中国学完全没有学术政治化的现象(第7章会就此话题作进一步探讨),而是说没有学术政治化的内在动力。因此,本人不能同意一些学者的说法,认为汉学的兴起是出于殖民扩张的需要。因为接下来的章节还会作一个历史评述,因此此处本人不想通过追溯汉学的发展史来佐证自己的观点,而仅仅是想引用一个典型案例给予说明。张宽认为汉学和东方主义之间存在着直接联系,他在一篇文章里声称西方汉学源自于殖民扩张,服务于殖民扩张的目的。他挑出《剑桥中国史》作为示例,特别指出其主编费正清,一位美国汉学家,现代中国学学科的创建人,就是中

38 Said, *Orientalism*, p. 15.

国研究和美帝国主义扩张有直接联系的证据。[39] 诚然，东西方学者都认为，中国学的建立和发展深受二次大战以后以美国为中心的西方新殖民主义在全球扩张政策的影响，可以说是冷战的产物。但张宽却忽视了一个事实。[40] 正如美国学者傅高义(Ezra F. Vogel)所言，冷战期间从事中国研究的学者们“都不是激愤的冷战斗士”。[41] 魏复古(Karl Wittfogel)也许是一个例外，因为他在其《东方专制主义》一书的前言中旗帜鲜明地表达了支持冷战的观点。[42]

如果在严酷的麦卡锡主义阴影笼罩的冷战期间，从事中国研究的汉学家拒绝充当帝国主义的帮佣，这一事实本身就为我的论断提供了有力的支持，那就是汉学内部存在一个抵制政治和意识形态因素的机制，该机制将汉学和东方主义区别开来。为什么鲜有汉学家对冷战感兴趣，并支持冷战呢？原因可能多种多样，解释也会因人而异。汉学家和中国学的学者对中国文化的由衷欣赏和深刻认识可以说是一个重要原因，另一个重要原因就是汉学对其非政治性学术的执着追求和坚持。笔者认为，非政治化和非意识形态化的倾向是汉学主义与东方主义的最大差别，也是汉学主义的理论可以从一种解构主义的批判话语转变成建设性理论范式的潜能。

其四，尽管萨义德在许多场合坚持汉学属于东方主义的范畴，但 55
是有一特殊因素导致了汉学与东方主义的分离。也正是由于这一因素，萨义德的东方主义理论不适用于汉学以及东方研究。在萨义德的评论中，东方主义者专指西方学者(主要英国和法国学者)。作为“局

39　John M. Mackenzie, *Orientalism: History, Theory and The Arts*, Manchester and New York: Manchester University Press, 1995, p. xii.

40　参见张宽:《萨义德的‘东方主义’与西方的汉学研究》,《瞭望》,1995 年,第 27 期。

41　Ezra F. Vogel, “Contemporary China Studies in North America: Marginals in a Superpower”, in Hsin-chi Kuan, ed., *The Development of Contemporary China Studies*, Tokyo: The Center of East Asian Cultural Studies for UNESCO, 1994, p. 190.

42　Karl Wittfogel, *Oriental Despotism: A Comparative Study of Total Power*, New Haven and London: Yale University Press, 1957, preface.

外”的观察者，他们致力于制造有关中东文化及文明的本质主义的歪曲和再现。在很大程度上，殖民主义“他者”的概念为萨义德的东方主义理论提供了概念支撑与合法性。然而，“殖民主义他者”的概念在汉学中却不存在对等的相关性，只要人们考虑这样的事实：汉学的根源在于中国对自身文化与文明的研究，许多西方汉学家的老师都是中国学者。与埃及学以及东方学的其他分支不同，它们至今大多由西方学者开拓和追求，而汉学则源于中国对自身文化与文明的研究，近半个世纪以来，学者一直进行着这种研究，其中华裔汉学家并不少于西方汉学家。如今，至少在美国，华裔汉学家的数量已占了多数。即使我们不计算那些研究领域与汉学研究相同的中国学者，仅仅是在西方的华裔学者就已经和西方学者一起在汉学的形成与发展成熟过程中发挥了同样巨大的影响力。汉学的人力资源因素模糊了汉学家之间的人种差别，因为这儿不仅有“西方化的中国人”(Westernized Chinese)，也有“中国化的西方人”(Sinified Westerners)。在《中国的现代化——西化和同化》一书中，编辑们代表所有的撰稿人发表公开声明说，“我们这些撰稿人，都是知识分子和中国研究专家，在我们的人生中都受到中国化进程的影响”。[43] 鉴于这一因素，汉学家有理由宣称西方过去三代人对中国及中国文明的研究幸运地免受“东方主义”不利的影响。也许有人不能全盘接受这一观点，但我们必须承认，出于历史、地缘政治和人力资源等原因，将萨义德的东方主义理论应用到汉学和中国研究，的确有其一定的局限性。

一些汉学家索性将萨义德东方主义的理论抛弃，认为其完全不适用于中国研究。对于东方主义是否与汉学研究相关联，李克曼(Simon Leys)曾写过一篇文章，对萨义德的东方主义作出尖锐的批评，认为东方主义不适合中国研究。[44] 还有一些汉学家没有持那样的否定态度，

43　Kurt Werner Radtke and Tony Saich, *China's Modernisation: Westernisation and Accultration*, Stuttgart: F. Steiner, 1993, p. 1.

44　Simon Leys, *The Burning Forest: Essays on Chinese Culture and Politics*, New York: Holt, Rinehart, and Winston, 1985, pp. 95-99.

但也认为萨义德也许写了一本有关东方主义的好书，但他在书中提出的理论并不能很好地用于汉学和中国研究。例如，吉瑞德（Norman J. Girardot）认为，汉学的东方主义及其衍生形式——中国西方主义展现了和萨义德研究课题——印度雅利安人和伊斯兰东方主义大不相同的特性，而且他那类型学的比较有时具有“严重的历史和文化缺陷”。[45] 其他对萨义德的东方主义进行批评并对其东方主义理论用于中国研究表示关注的学者还包括罗伯特·A. 克普（Robert A. Kapp）、[46]彼得·葛兰（Peter Gran）、[47]史景迁（Jonathan D. Spence）[48]等人。汉学家 56
汉斯·哈格达尔（Hans Hägerdal）在回顾围绕萨义德的书展开的辩论及其与汉学的相关性时表达了许多汉学家持有的观点：“中国研究中没有东方主义。”[49]一些汉学家强烈反对将萨义德的东方主义的理论应用于汉学研究，这至少在一定程度上表明了东方主义在中国研究中的不足。

其五，汉学中特殊的人力资源因素促使我们进一步思考萨义德东方主义的局限性，并证明提出汉学主义这一概念范畴是有学理可依的。在一篇将中国历史和萨义德的东方主义观点直接关联的文章里，阿里夫·德里克（Arif Dirlik）指出，萨义德只是将东方主义看作欧洲人对亚洲的构建，成为欧美现代性的一个问题，但他却忽视了一个事实，那就是从一开始，亚洲人就参与了东方的构建。德里克认为，东方主义也应该被看作亚洲现代性概念化过程中的一个问题，他引用了包括中国人在内的亚洲知识分子“自我东方主义化”（self-orientalization）的事例来证明自己

45　Girardot, *The Victorian Translation of China: James Legge's Oriental Pilgrimage*, Berkeley and London: University of California Press, 2002, p. 530.

46　Robert A. Kapp, ed., "Review Symposium: Edward Said's Orientalism", in *Journal of Asian Studies* 39:3, May 1980, pp. 481-517;

47　Gran, " Review of *Orientalism* by Edward Said", in *Journal of the American Oriental Society* 100:3, July-October 1980, pp. 328-331.

48　Spence, *Chinese Roundabout: Essays in History and Culture*, New York and London: Norton & Company, 1992, p. 90

49　Hägerdal, "China and Orientalism", in *IIAS Newsletter* (1996), p. 31.

的论断。[50] 德里克的观点和本人的汉学主义主张一致。在以西方为中心的权力话语和话语霸权的全球语境下,汉学主义的发展呈现了一种新的转折,一些学者称之为"自我东方主义化",[51]而在本人看来,将它命名为汉学话语中的"自我他者化"(self-otherization)可能更为恰当。中国人自己和非西方人民所持的关于中国的汉学主义观念呈现出特殊的他者化形式。从概念上讲,他者化具有社会和政治两个层面。在社会层面,基于阶级、种族、种群、性别或宗教的群体内的"他者化"会将该群体区别于其他群体,以此将希望奴役或征服的其他群体排除在外。在政治层面,西方人对非西方人及其文化的他者化是为了展示西方人与西方文化的优越性。在通常情况下,西方人将非西方人视为他者,以此展示他们的与众不同,显示他们比后者优越。但是在汉学主义中,中国人可以将自己置于西方人的位置、将自己视为他者,因此,这就使汉学主义增加了一种维度,这在东方主义中尚未发现。这是为什么汉学主义的这种特殊形式也可被称为"自我他者化"或"逆向他者化"(inverse otherization)。根据萨义德对东方主义的观察,东方人不是欧洲的质问者,而是其"沉默的他者"(silent other),[52]但在中国的场景下,我们则经常看到一些中国人充当了西方人的"应声虫"(echoing other)。

最后同样重要的一点是,汉学主义并不仅仅止步于他者化和自我他者化。它既不是一个纯西方话题,也不是一个纯中国话题。由于国际知识系统受控于西方,因此,非西方国家及其人民往往通过西方的视角来看待中国及其文明,而他们也是通过西方知识来形成自己对中国的认知。最具讽刺意味的是,这些非西方国家也包括了中国自身,因为许多中国学者以及华裔学者趋向于从西方视角来看待中国及其

50　Arif Dirlik,"Chinese History and the Question of Orientalism",*History and Theory*, Vol. 35,No. 4.(1996),pp. 96-118.

51　在对萨义德《东方主义》的评论中,Sadik Jalal al-'Azm 观察自我东方主义化,把它称作"反转东方主义"。参见他的"Orientalism and Orientalism in Reverse",*Khamsin*(1980):5-26。

52　Edward Said,"Orientalism Reconsidered", p. 215.

文明。这就是为什么本人希望提出自己的核心观点，亦即汉学主义不 57
是一个区域性问题，而是超越汉学和中西研究领域的一种全球现象。因此，汉学还存在着另一个更令人感兴趣的维度，在其中，汉学主义可以被理解成对西方视角与西方生产的中国知识消费的响应、回应或接纳、吸收和内化。这一多重维度，构成了认识论中一个以西方为中心的意识形态，这种认识论引导了人们看待中国的现代方式，形成了关于中国和其他非西方国家知识生产的一种特殊的方法论。因此，汉学主义也许适用于关于其他非西方国家与文化的西方知识生产。这也许是将汉学主义作为全球化语境下的一个批评理论的普遍意义。

汉学主义与后殖民思想

人们也许会说，如果我们接受你的观点，认为汉学主义不同于萨义德的东方主义，那么，我们可以说汉学主义就是汉学中的东方主义吗？对于这个问题，本人的回答仍然是“不”。本人的观点和汉学中的东方主义的确有一些共同的基础，但在好几个方面存在着我已讲过的差异。最为重要的差异是，汉学主义不仅仅关注对殖民主义话语的批判性分析，这是萨义德研究着重强调的目标之一，他说：“之所以东方主义受到如此多治学严谨的非西方学者的反对，就在于他们正确认识到现代话语是源自于殖民主义时代的话语权力。”[53]诚然，目前所有对中国研究中东方主义现象的批评性分析，都是将萨义德的批评理论应用于中国素材的研究。而本人的研究与汉学中的东方主义刚好相反，是概念性和归纳式的。也就是说，通过审视西方对中国素材的研究，致力于将汉学和中国研究中的问题理论化。这不仅仅是对西方中国知识的审视，也是对中国知识生产方式的批判。将本人的观念和最近出的一本书《汉学中的东方主义》相比较，就会凸显两者在目标上的差

53　Edward Said, “Afterword” to *Orientalism*, 1955, p. 347.

异。阿德里安·陈(Adrian Chan)在其书中运用萨义德东方主义的见解,就西方学者对中国文化和中国思想的歪曲和错误再现进行了批判。他的批评对汉学中的问题不乏真知灼见,但因其过于执着于萨义德的东方主义范式,其批评的说服力并不总尽如人意。[54] 在追随东方主义范式的过程中,他从批评文化普适性转向接受文化相对论,并将中西方传统间的差异转化成一系列的二元对立,表明中西方传统没有共性可言,需要截然分开。[55] 本人不赞成对东西方传统进行分割研究,
58 我们应该对两者进行比较性分析。有鉴于此,本人希望能打造一个集汉学、东方主义、现代性、全球化及其他相关话题于一身,相互贯穿于此的理论节点。

就像在全球化过程中那样,我们发现在汉学主义中存在着具有矛盾性和冲突性的想法、动机、目标、意识、运动、实践、结论和后果。譬如说,汉学主义能够涵盖东方主义的反面——西方主义的一个层面。根据现有研究,西方主义尽管形式多样,但主要层面大致有两个:一个是前西方殖民地和第三世界国家和地区的人对西方世界所持有的老套的偏见和歧视、非人化(dehumanizing)的理解和妖魔化(demoinzing)的想象。这一层面刚好和萨义德的东方主义相反,因此不属于汉学主义的范畴。另一个层面是第三世界的人,特别是知识分子对西方世界的拔高、美化、崇拜和理想化。这两个方面都是对西方世界真实状况的扭曲和错误再现,构成了一种工具性反话语。然而,运用西方主义的人却有完全不同的目标。第三世界的民族主义者和保守主义者将西方世界的意识形态和生活方式视为洪水猛兽,他们把西方主义的批判理论作为抵制西方或西方化的有效武器。这一层面与汉学主义无关。而第三世界的自由派、改革派和现代化推行者则以西方主义的理论作为赞同西方的政治制度和思想观念、推行改革和现代化进程的有

---

54 参见 Adrian Chan's *Orientalism in Sinology*, Palo Alto: Academica Press, 2009, pp. 41-52 及 pp. 123-132. 在本人看来,其批评缺乏说服力似乎因为过于机械和固执地使用东方主义范式。

55 同上,第 3 章,"A Supplanting Vocabulary", pp. 55-73.

效工具。[56] 由于两个原因,这一层面与汉学主义有关。一个原因是因为它涉及中国人对西方文化的态度和看法,进而影响到自己对中国文化的态度和看法。第二个原因是,支配这一层面的认识论和方法论与汉学主义偶合。笔者提到,一些中国人崇洋媚外和推崇全盘西化就是认识论和方法论智性殖民的必然结果。他们对西方文化的盲目拔高和理想化,可以说和汉学主义的认识论和方法论不谋而合,因而也可以说是汉学主义的一种表现。

本人的汉学主义研究也许会被误认作西方主义的另一种形式,但实际其本质是有别于西方主义立场的。在《西方主义》一书中,陈晓媚指出了萨义德著作中的一些问题,批评他提出了一个导致西方主义的话语形式。这一批评某种程度上是中肯的。萨义德本人也意识到这一问题,认为解决问题的方式不应是用西方主义来回应东方主义。陈晓媚所谓的西方主义是中国人对西方的具象化,这和东方主义是西方东方学者对东方的具象一样。以东方主义为认识论前提,西方主义其实就是东方主义的翻版。在中西关系方面,陈晓媚发现了西方主义话语的两个方面:一种是改革开放前政府推行的官方话语,对西方作出错误报导;另一种是自由人士和独立知识分子所持有的非官方的西方 59
主义话语,他们从正面描写西方。德里克指出,"问题不在于东方主义,而在于在不同的社会和政治语境下东方主义权力的意义"。[57] 他这样说是颇有道理的。

东方主义及其对应物西方主义都有一个严重的缺陷:两者都是批判理论,都以政治批判为终极目标,却未能提供有助于知识生产的建构理论。其主要原因在于两者都从族群主义立场出发,否认了客观

---

56 参见 Chen Xiaomei's *Occidentalism: A Theory of Counter-Discourse in Post-Mao China* New York: Oxford University Press, 1995; Ian Buruma and Avishai Margalit's *Occidentalism: the West in the Eyes of its Enemies*, New York: Penguin Press, 2004; Alastair Bonnett's *The Idea of the West: Culture, Politics and History*, New York: Palgrave Macmillan, 2004。

57 Dirlik, "Chinese History and the Question of Orientalism", in *History and Theory*, Vol. 35, No. 4. (1996), p. 110.

的、不带偏见的知识生产的可能性。他们要么公开宣称，要么含蓄表明知识不可能是中立的。用东方主义思想武装的东方学者会指责西方学者未能从东方的历史文化角度来研究东方素材，因而对东方作出了歪曲和错误的再现。但是，当一个中国学者提出根据东方自己的情况研究东方素材时，他会因为中国中心主义而受到批评；但当他转而求助西方理论时，他又会因为将西方的思想强加于中国素材而受到批评。本人也曾遭受过类似的责难。从相反的立场来说，当西方学者要求根据东方自己的情况研究东方素材，他们仍然会被批评为采取了东方主义的立场。可见，东方主义和西方主义都在强调种族政治性，却忽略了知识和学术的相对中立性。

汉学主义化

就本体论而言，汉学主义是关于中国知识的生产系统，但因其认识论与方法论存在问题，它就被汉学主义化了，其本质上是一种特殊的殖民化。在此，被殖民的并非土地，而是人们的思想和精神。参与了这种殖民化活动的人，不仅有历史上的殖民主义者，也包括被殖民的人们。换言之，殖民者是西方人和包括中国人在内的非西方人。殖民化呈现不同的形式，有暴力和非暴力之分。暴力殖民化已成为历史，而非暴力殖民化则披上了全球化的种种外衣。汉学主义就是一种非暴力的殖民化。它包含了两种倾向，可分别被称为“认识论的殖民化”和随其产生的自我殖民化。非暴力殖民化的这两种形式，在中西方遭遇中以及工业化国家和发展中的第三世界国家之间的文化交流中普遍存在。它们还普遍存在于中西方研究的学术研讨中。在中西方研究领域，隐形殖民化的这两种形式构成了汉学主义的国际化，对此，本人愿将之称为“汉学主义化”。像汉学主义一样，汉学主义化既非暴力驱使由之，亦非消费资本主义软实力使然，而是形成于类似伽耶特黎·查克拉沃蒂·斯皮瓦克（Gayatri Chakravorty Spivak）所说的“认知暴力”（epistemic violence），一种由全部知识生产体系支撑的知识软暴力或话语软暴力。[58]

本人对汉学主义的研究主要关注的是其认识论的理论依据和在 60
中西研究学术界的表现。然而,汉学主义既不是纯粹的中国现象,也不纯粹局限于中国研究。它包含这样一个逻辑,具有国际性的特质,蕴含着一个覆盖所有第三世界国家和文化的范围甚广的认识论。当汉学主义达到国际性高度,当它的逻辑渗透到文化的诸多方面,它就形成了带有消极后果的现状,具有了汉学主义化的特点。汉学主义化体现在国际政治、经济、文化和社会发展等领域以及人们生活的方方面面。从概念上说,汉学主义化是非西方文化和社会学术研究的认识论方法,是基于对汉学主义或公开或隐晦的假想,是非西方文化通过认识论强化的汉学主义理解和构想他们与中国及世界的关系的思维过程。在现代,汉学主义化的一个常见形式就是包括中国在内的许多非西方国家的知识分子盲目呼吁全盘西化。现代中国史,不管是马克思主义的,还是资本主义的,总体趋势都呈现西方化的特点。根据其在第三世界国家产生的后果,汉学主义化表现为一种"自我殖民"、"知性殖民"以及"精神殖民"。汉学主义化有着这样一种奇特的现象,即相当一部分中国人和华裔西方人会主动接受西方的文化霸权主义,承认他们自己母族文化是落后的,是应该遵循自然法则从地球上被淘汰的。这种自轻自贱的思想就是汉学主义化的一种极端形式。

在中国文化领域,汉学主义化的常见现象包括知识分子要求全盘西化和普通人对西方的盲目崇拜。激进的汉学主义化甚至出现了逆向种族主义的倾向。一位中国知识分子将中国人描绘成"垃圾堆上的苍蝇"、"污水坑中的蚊子",并认为中华民族已退化为"畜群","沦为流氓无赖",有着"次法西斯主义的卑怯",因此,"污染了文明和国际社会"。看到这样一个极端例子,如果不知道作者身份,人们也许会以为上述描写是欧洲新旧法西斯主义、美国的三 K 党,或者世界上白人

58　Spivak, "Can the Subaltern Talk?" in Vincent B. Leitch, ed., *Norton Anthology of Theory and Criticism*, p. 2197.

至上主义者的种族诋毁言论。不幸的是，这一言论出自一位所谓的中国知识分子精英的手笔。这种极度的文化自虐在人类史上也许都是前所未有而登峰造极的。有人也许觉得这情有可原，因为这是一种鲁迅式的情感爆发。鲁迅总是无情地鞭挞中国文化，因为他如此深爱他的国家，所以总是哀其不幸，怒其不争。然而，在鲁迅的作品中，你绝不会看到用这样不堪的词语攻击中国人。即使在西方这种具有发表极端言论自由的地方，这种攻击也是令人不能容忍的。让我们来回忆
61 一下 2008 年的卡弗蒂事件。在请他就中美关系发表看法时，杰克·卡弗蒂(Jack Cafferty)这位 CNN 评论员却说出了带有种族歧视的话："中国人基本上就是一群恶棍和流氓。"在中国人及世界反种族主义人士的强烈抗议和欲诉诸法律的压力下，CNN 不得不就此发表了道歉声明。值得我们注意的是，卡弗蒂和上述那位中国知识分子，他们的用词是何等相似。如果一个种族主义分子用带有歧视性言论诋毁另一个种族的人民，这似乎是可以理解的；但同一个种族的人用如此激烈的种族言论来攻击本族人民，这就变得完全不可思议了，除非我们将他的话看作是自我他者化或逆向种族主义的结果。作为一位中国知识精英，他当然不会认为自己是那"苍蝇"、"蚊子"或"恶棍与流氓"。他肯定用一个超然的、具有优越感的"他者"眼光来审视同族人民，这也是过去殖民者研究被征服土地上土著居民的方法。这种令人吃惊的现象绝不是孤立情况。在互联网上，我们经常碰到具有中国血统的人用自虐性的话语攻击中国文化。因此，不仅有一些中国人扮作西方应声虫的他者，在汉学主义化的情形下，他们还在不经意间沦为新殖民主义的傀儡。

这一奇特现象是区分汉学主义和东方主义的重要特征。在对萨义德东方主义的评论中，德里克对萨义德提出批评，认为他没有说明亚洲社会中的知识分子和他者是"如何将东方主义作为实践和概念催生的"，并提出"东方主义是否为欧洲人的独立创造，它的出现是否意

味着以'东方人'的合谋为先决条件"的疑问,[59]他的批评可谓切中肯綮,他的提问也和汉学主义直接相关。本人的研究表明汉学主义既是西方发展过程中独立创造的产品,也是中西方人共同合作的结果。从20世纪上半叶前期中国知识分子呼吁全盘西化,到21世纪之交广为人们接受的"与世界接轨",我们一直可以看到汉学主义是一个中西方各行各业人民共同经营的项目。几乎在中国社会的各阶层,我们都能够察觉到一股强烈的"自我东方主义化"或"自我汉学主义化"的趋势和运动。自我东方主义化概念为德里克所提出,所指为两个相关方面:一是亚洲人根据欧洲人创立的东方主义而形成对亚洲的看法;二是那些对亚洲文化抱有同情心且已亚洲化的西方人所形成的有关亚洲的西方观点。在德里克看来,由于引入西方思想带来的影响,此两方面必然会带来积极成果。本人对自我汉学主义化的看法多是批判性的。它是一个复杂的现象,其中包括中国人无奈地承认西方文化具有优越性,愿意接受被强加的东方主义角色,从西方人的角度来观察和批评中国文化和中国社会,似乎自己就是西方人一样。可见,呼吁全盘西化以及与西方接轨的理论基础就是自我汉学主义化,其本质为知识的自我殖民化。

自我殖民化在汉学主义中较为普遍,在东方主义中则不然。因为 02
在中东和伊斯兰世界,由于伊斯兰教的力量,我们很少会在东方主义所支配的地区碰到人民用东方主义观念去责难自己的文化和传统,并情愿接受西方的生活方式。对萨尔曼·拉什迪(Salman Rushdie)的小说《撒旦的诗篇》的抗议就是这一差别的明证。拉什迪小说的灵感部分源自于默罕默德这位伊斯兰教的创始人和先知的生平。小说题目所指的撒旦的诗篇是一组所谓的古兰经诗句,这些诗句允许人们向麦加的三位异端女神祈祷。尽管小说在西方受到高度赞扬,赢得了一系列显赫的奖项,但在穆斯林世界却引起轩然大波,被谴责为对真主的亵渎。伊朗精神领袖阿亚图拉·鲁霍拉·霍梅尼(Ayatollah Ruhollah

59　Dirlik, "Chinese History and the Question of Orientalism", in *History and Theory*, Vol. 35, No. 4, 1996, pp. 100-101.

Khomeini)甚至下达追杀令,号召所有有良知的穆斯林消灭或帮助消灭拉什迪及其出版商。在此,我们没有必要讨论冲突背后的力量角逐,但是,对拉什迪小说的极端反应充分展示了自我东方主义化在伊斯兰世界是如何没有市场。与之相比,孔子作为儒家的创始人,中国历史文化中最富影响力的思想家,却自20世纪初就开始遭受到严厉的批判,邪恶的诅咒和亵渎的攻击。对孔子及儒家的攻击刚好与西方思想及文化大规模引进的时间一致,这绝不是一个简单的巧合。

偶像破坏主义是新文化运动的主要特征,是中国现代化过程中扫清障碍的必要手段,但正如许多学者所发现的那样,这一做法却犯了矫枉过正的错误。在本人看来,新文化运动有着强烈的自我东方主义化,甚至是自我殖民化色彩。这和中东地区的情形适成鲜明对比。那儿的人民不能阻挡炮舰式殖民,但他们却成功地抵制住了文化殖民。换句简单的话,这一情形就是:你们西方帝国主义者能够殖民我们的土地,却不能殖民我们的思想。在中国,情况恰好相反。西方殖民主义者未能够殖民中国的土地,却在殖民中国人思想上取得了可观的成绩。这一点可以清楚地从20世纪初全盘打破偶像崇拜和迫不及待地拥抱西方思想和生活方式等方面看出。对偶像破坏者而言,中国文化和传统没有神圣可言,没有什么是他们不能无情予以打倒的。这种偶像破坏主义的精神在整个20世纪极为流行,一直延续到现在。因为其全盘性的特质和普遍性影响,无论是自我东方主义化还是认识论殖民化这类术语,都不足以描述认识论的殖民化。本人以为,如果不用"自我殖民化"就不足以描述精神殖民化这一现象。

西方文化的精神已经渗透到中国文化的各个角落,融入中国人的
63 意识和潜意识之中,程度如此之深,以至于西方文化在中国社会和生活的方方面面随处可见,从政治到经济,从语言到文学,从学术到生活方式,从食物到时尚。在当下,如果一个人漫步在中国某一城市的大街上,他/她看到的场景和西方并没有太多的不同。街道两旁店铺林立,许多都有一个炫耀性的西方名字,以此来吸引顾客的眼球。其中,你很容易就能发现一些美国餐馆,诸如麦当劳、肯德基、必胜客、星巴克咖啡等

等。在美国,这些餐馆提供的饮食已被发现是导致肥胖的罪魁祸首,而且根据中国消费标准,价格也较昂贵,但这些餐馆总是能食客盈门。在大街上的行人,穿着通常都是西装或西方品牌和样式的服饰。许多女孩和妇女将头发染成金色或黄色。我遇到几次这样的情况:从后面看来是一位西方金发女郎,结果却发现是一个中国女孩,从头到脚一身西式装扮。有时,你还会看到一对年轻人身着西式婚纱礼服相拥而过,或者目睹为举办西式婚礼而租借的车队招摇过市。现在,如果一位新娘不能有一个西式婚礼,她会觉得抱憾终生。一年一度的西方节日,从圣诞节到情人节再到感恩节,在这儿也得到追捧。许多年轻人都会取一个西方名字,尽管他们的工作和生活实际上并不需要。如果将西方的谚语"身在罗马,按罗马人的习俗去做"(入乡随俗)改为"身在中国,按西方人的习俗去做",就是对这些现象最好的概括和总结了。这些现象也许是全球化的结果,但他们确实也是自我殖民化的反映。当然,正如本人在下一节所要讲的,本人并不反对全球化。事实上,本人是全心全意地拥护全球化的,因为这是跨文化交流和全世界现代化所必须的。本人之所以描写上文的景观,目的在于将之与像印度、沙特阿拉伯、伊拉克、埃及这些所谓的东方国家的大街场景进行对比,从而阐明东方主义与汉学主义之间的根本区别。汉学主义诞生并成长的天然土壤和东方主义大不相同。而现在由于认识论的殖民化,许多中国人或下意识、或公开承认中国文化低人一等,认可西方文化具有优越性。

汉学主义化和全球化

汉学主义化代表了汉学主义中最有害的那些方面。它尤其妨碍了中国和西方之间的真诚对话,妨碍了不同文化整体间的文化交流。它已经成为全球化进程中一个无法忽视的障碍。意识不到这一点,全球化的发展方向就会产生偏差,就会沦落为一种"汉学主义化",其本质为或明或暗的西方化,其终极形态就是美国化。尽管面临种种矛盾,在世界文化急速现代化的过程中,今天的全球化总体而言被看作是进步的。然而,从汉学主义的角度而言,本人能够看到为什么全球化的反对者如此激烈地反对这一进程。全球化会导致潜在的文化冲突,塞缪尔·亨
64 廷顿称之为“文明冲突论”。[60] 笔者以为,全球化在东西方相遇时引起的冲撞其本质与其说是文明的冲突,不如说是意识形态的冲突。在中西方研究中,文化传统间的思想冲撞很大程度上就是认识论的冲突,因此,摆脱此类冲突不能走文明的途径,而要走认识论的途径。东西方相遇引起的文化冲突有其潜在驱动力,这就是西方在对待非西方文化与传统的方式上,西方认识论的意识形态占据主导地位。这一点可以从本人对西方生产中国知识的批评性研究中清楚地看到。根据本人对中国知识生产的汉学主义方法的观察和批评,全球化在很大程度上是一个现代化的过程,它基于西方发展的模式,鲜有顾及文化、传统及宗教等方面的巨大差异,更不用提不同社会的社会形态、道德观念、生活方式以及文化价值观了。由于这样令人遗憾的情形,全球化的众多方面在本质上呈现出汉学主义化的倾向,因为其基本构想全部为西方认识论所决定,其政治、经济及文化发展的模式也基本上是西方的。

本人不反对全球化,相反认为,全球化是一个积极的过程,从长远来看,如果操作得当的话,会造福全人类。然而,本人也认为,如果我们意识不到在全球化过程中汉学主义化的危害,现代化本质上就会成为一个西方化的历史运动,在极端的情形下,会成为一个美国化的过程。正如著名汉学家杜维明所指出的那样,由于西方在东亚生活中压倒性的存在,东亚的现代性实质上是西方性:

> 东亚知识分子尽管心不甘情不愿,却干净彻底地接受了现代西方国家在外贸、外交、权力政治、军事对抗及跨国交流等方面以倡议者、执行者和仲裁者的身份制定国际游戏规则。长此以往,他们甚至于理所当然地认为,无论在理论上

60　Samuel P. Huntington, *Clash of Civilizations and the Remaking of World Order*, New York: Simon and Schuster, 1996.

还是实践上，现代化就是西方化的代名词。[61]

在许多中国知识分子的思想里，西方化具有普世价值，是全世界、全人类正确的发展方向。有人在1988年曾经发表了这样的宣言：

> 全盘西化就是人化，现代化。选择西化就是要过人的生活，西化与中国制度的区别就是人与非人的区别，换言之，要过人的生活就要选择全盘西化，没有和稀泥及调和的余地。我把西化叫作国际化、世界化，因为只有西化，人性才能充分发挥，这不是一个民族的选择，而是人类的选择。[62]

二十多年过去了，发表者仍然拒绝收回他所说的话。这一观点揭
示了汉学主义的极端立场，可以看作是汉学主义化的终极形式。在理 65
论上和实践上，这代表着一种内在的自我殖民化的非常情况，而自我殖民是受到弗朗兹·法农（Frantz Fanon）及霍米·巴巴（Homi Bhabha）等后殖民主义学者的批判的。在法农关于非洲前西方殖民地资产阶级民族进程的理论著作中，他发现非洲国家的民族资产阶级只是追随西方资产阶级在启蒙运动时期走过的足迹，却缺乏前者所拥有的主动性、活力和创新精神。他们只是“满足于充当西方资产阶级的商业代理人角色”，甘于承担“充当民族与资本主义传送带的历史使命”。[63]与之相比，持同样思想的人迫切想做的不仅是输入资本主义，他们还打定主意来推销西方的文化价值观，认为其具有普世价值，可应用于任何文化和社会，不管这些民族实际的历史、社会和文化情形如何。这种特殊的汉学主义化形式拓宽了汉学主义的领域，给其历史发展增

61　Tu Wei-Ming, ed., *Confucian Traditions in East Asian Modernity: Moral Education and Economic Culture in Japan and the Four Mini-Dragons*, Cambridge, MA: Harvard University Press, 1996, p. 9.

62　《解放月报》，香港（1998），第12期。

63　Frantz Fanon, *The Wretched of the Earth*, quoted from Vincent Leitch, ed., *Norton Anthology of Theory and Criticism*, New York: Norton, 2001, p. 1578.

添了新的维度,这在东方主义中是不可见的。

结语

本章结束之际,本人做一简要小结。汉学不是汉学主义,汉学主义也不是东方主义的变体或其他形式的西方中心主义,更不是一个反汉学的批评理论。汉学主义是一种较为奇特的文化事业,具有多元而又矛盾的视野和层面,有的是基于政治化和意识形态化,有的则是源自严肃认真的学术问题。本人之所以提出将汉学主义作为批评话语,其目的不是为了攻击汉学,而是为了批判中国研究中认识论和方法论的问题性,以及其对观察中国、研究中国文明的方式所形成的负面影响,其终极目标是为了对汉学和中国研究的去政治化和去意识形态化寻找灵感、洞见和启示。去政治化和去意识形态化是汉学主义与东方主义以及其他为政治所驱动的批评理论的显著差别。因此,汉学主义和东方主义、后殖民主义的最终差别在于:前者是一个具有自我反省意识的理论,而后者则是一种政治批评理论。

第三章

汉学主义的历史批判

本章研究汉学主义的历史,但并不企图对其作出全面的描述。事实上,本章甚至都不企图提供一个宽泛的历史形成的梗概,而只想对汉学主义在演变发展的关键时期,即从最初的兴起到成熟,再到现代的形式,进行一次历史的批判。笔者将审视西方历史上一些主要的思想家和学者,分析那些笔者认为对形成中国学术研究的方式做出了显著贡献的人们。通过分析批评,笔者试图把握"汉学主义"作为一种自有其内在逻辑的中国知识生产体系在形成过程中的关键点,简要描述其特征和性质,并对最终演化为其内在逻辑的一些认识论和方法论原则进行定位。由于汉学主义的历史研究需要长篇大论,因此本章与其说是对汉学主义的历史回顾,不如说是探讨其基本原则在历史上如何形成的批判性审视。

汉学主义的兴起

东方主义与西方殖民主义征服如影随形,与东方主义不同的是,汉学主义兴起于西方试图建立一个包含中国在内的全球知识体系的过程,其过去与现在的形式差异悬殊。起初,汉学的产生与希腊学如出一辙,希腊学起先致力于古代希腊研究,然后才扩大范围,涵盖古代、中世纪以及现代希腊文化，古典语言学、文学、历史、哲学、考古学和人类学等学科的内容无不包含其中。[1] 笔者倾向于认为汉学主义的早期是一个黄金时代，当时人们纯粹是为了了解中国而去研究中国，知识的异化几乎没有触及它。至少它没有受到帝国主义和殖民主义的政治意识形态的污染。知识异化的明显迹象直到 20 世纪转型时期，伴随着帝国主义和殖民主义的扩张才出现。汉学主义的最初形式
67 尽管偏离中国的真实情况，但是其主导的认识论相对而言并不受制于公开的霸权主义的动机，因为中国在当时被视为与西方相匹敌，在生活的许多方面甚至更为优越。汉学主义表现出一种极为温和的形式，它试图接纳中国生活、宗教以及思想的众多差异之处，使其融入一个由迁就政策所引导的广阔的知识体系。这一点清晰可见于耶稣会会士试图使中国人皈依基督教的努力。面对根深蒂固的中国文化，早期的传教士如利玛窦(Matteo Ricci，1552—1610)采取了一种迁就主义的方式。依据这种方式，他没有将天主教信仰解释为一种外来的或全新的东西，而是利用当时中国的观点和理念来阐释基督教。为了使中国人接纳他设想的基督教体系，他指出，中国文化与中国人民一直以来都是信仰上帝的，而基督教恰恰是他们信仰的最完美的体现。他甚至将中国的上帝等同于耶稣基督，认为中国的祖先崇拜行为是与基督教相一致的宗教活动。[2] 一开始，迁就主义的政策相当成功，然而后来，它受到了其他派系的传教士们的严厉批判，他们说服梵蒂冈教皇宣布利玛窦的方式为非法。迁就主义政策也许是西方首次以一种相对不受西方文化帝国主义影响的方式将中国文化融入西方知识体系的尝试。尽管如此，即使利玛窦的迁就主义方式也无法完全摆脱以西方为中心的认识论。这种认识论将主导中西方的所有遭遇。正如他所坦

1 George Boys-Stones et al. (eds.), *The Oxford Handbook of Hellenic Studies*, Oxford: Oxford University Press, 2009.

2 关于利玛窦如何接纳中国文化与思想并使其融入他的基督教体系，请参见 Vincent Cronin's *The Wise Man from the West: Matteo Ricci and His Mission to Chin*, new edition, London: Harvill Press, 1999; 及 Jonathan D. Spence's *The Memory Palace of Matteo Ricci*, New York: Penguin Books, 1985。

言的："由于中国文人领袖孔子作品中的东西模棱两可，我尝试用种种努力把孔子的观点朝着有利于我们的方向解释。"[3] 迁就主义政策的最终消亡并非偶然事件，而是显示了西方统治意识形态与认识论的开始，并且预示了笔者所提出的"汉学主义"的兴起。这种汉学主义指的是相对于中国的西方知识习惯的意识形态统治。但是汉学主义的逻辑要经过若干年的时间才得以形成。

由利玛窦首倡的迁就主义体系在17世纪晚期受到莱布尼茨（Gottfried Wilhelm Leibniz，1646—1716）的认可与支持。莱布尼茨试图根据语言、宗教、科学与形而上学将欧洲与中国的文化融入一个全球性知识体系。在莱布尼茨论及中国的作品中，我们能清晰地看到西方文化霸权主义与知识习惯已经初露端倪。尽管承认中国在自然物品的实用技艺与实践掌握方面大致与西方不相上下，但是他认为，西方在知识追求方面远胜过中国：

> 在知识的深奥性以及理论训练方面，我们比他们优越。因为除了逻辑与形而上学，以及无形之物的知识之外（这些都是我们的强项），我们在理解从物质经过大脑抽象而成的概念方面，比如数学知识，远远超过中国人，这正如中国的天文学与我们的天文学竞争时所显示的情形那样。因此，中国人对思想的伟大光辉和论证的艺术一无所知，对仅有的一点经验主义几何学却沾沾自喜，殊不知我们的工匠对此早已了然于心。[4]

此处，我们明确注意到了西方有关中国知识生产中的一种倾向：尽管 68
对中国传统所知有限，但是西方学者们总是毫不犹豫地给中国横下结

3　引自 Paul K. T. Rule, *K'ung-tzu or Confucius? The Jesuit Interpretation of Confucianism*, Sydney: Allen and Unwin, 1986, p. 1。

4　参见 G. W. Leibniz, *Writings on China*, translated by Daniel J. Cook and Henry Rosemont, Chicago: Open Court, 1994, p. 46。

论,并且指责中国缺这少那。

在18世纪中叶,努力将中国纳入西方的世界体系已成为西方主要思想家关注的首要问题。法国思想家如伏尔泰(Voltaire,1694—1778)和孟德斯鸠(Montesquieu,1689—1755)在其知识思想方面的研究进行了系统的尝试,试图采用不同方式来融合中国。无论是在文学作品《中国孤儿》[5]还是论述世界历史的宏大作品中,伏尔泰承上启下地发展了马可波罗在其举世闻名的《游记》中的浪漫主义倾向,[6]开创了汉学主义的浪漫主义传统,并塑造了理想化的中国形象。在也许是最早的全球通史中,他开篇伊始把占有显赫地位的前两章奉献给了中国文明。他虽然对中国赞誉有加,却又将其展现为一种一成不变的文明:"这种辉煌的状态已经维持了超过四千年,但是在律法、行为、语言,甚至时装与穿着的样式方面都没有丝毫重大改变。"[7]作为最早探索研究中国发展迟缓原因的欧洲思想家之一,他将这种停滞归咎于对传统的崇敬和中国语言的特性,但他完全不同于此后带有典型欧洲中心主义和种族中心主义的思想家们。

相比之下,孟德斯鸠经历了最初对中国的迷恋,已然大失所望。至此出现了这样一种观点:中国是一个古老、停滞和精疲力竭的民族,竭力抵制任何变化。而且这种观点占据了那些试图将中国纳入世界体系的西方思想家的内心。与此相随的是后来主导中西方研究的知识习惯,最终演变成为笔者所说的汉学主义。孟德斯鸠作为将人类社会的分类比较方法扩展至政治形态的先驱者之一,也许是最早构想出一种汉学主义方式来处理中国文明的西方思想家。在汉学主义从早期的浪漫主义的理想化到其成熟时期的现实主义贬低的过渡中,他是一个至关紧要的人物。他从青年时代就开始将大量时间用于学习中

5 伏尔泰的这部戏剧是根据13世纪末中国元代戏剧家纪君祥的《赵氏孤儿》所改写的,当时在欧洲影响很大。

6 Marco Polo, *The Travels of Marco Polo*, translated by Ronald Latham, London: Penguin Books,1958.

7 Voltaire, *An Essay on Universal History, The Manners and Spirit of Nations from the Reign of Charlemaign to the Age of Lewis XIV*,4 vols. (Dublin,1759),vol. 1,p. 9.

国文明,甚至与一位由法国传教士带往欧洲的中国人黄加略结为挚友。[8] 然而,孟德斯鸠还是呈现出与后来的西方思想家对待中国的方式同样的特征,他们不是对中国本身感兴趣,而是为了设想、构建出一个全球性的政治和知识体系。他的鸿篇巨制《论法的精神》首次一以贯之地考察了包括中国在内的不同人类社会。孟德斯鸠在该书中将世界政体主要分为三类:君主政体(由世袭的国王、女王或皇帝等统治的自由政体)、专制政体(由独裁者统治的奴役政体)、共和政体(由大众选举产生的领导者统治的自由政体)。每一种政体分别由荣宠、恐惧和美德三种原则发生作用。这三种原则决定了每一种政体的本质与功能。荣宠原则使得君主政体建立一种等级森严的制度,恐惧原则 69
促使专制政体实行不容怀疑的忠诚与绝对服从的社会秩序,而美德原则使得共和政体促进人民的平等。[9] 他拒绝将中国的君主政体特征视为一种理想的状态,在研究中华帝国的结论中将中国归结为专制政体:“中国处于专制状态,其原则是恐惧。”[10]

只要对中国历史有着足够了解的人都知道,在中国历代的政体中,荣宠、恐惧与美德这三个原则是共存的,但是这个认识会使得孟德斯鸠构建的宏伟体系不堪一击。由于预料到曾去过中国的传教士可能会对他构建的理论提出挑战,他就先发制人:

> 我们的传教士将伟大的中华帝国描述为一个令人称赞的政体,恐惧、荣宠与美德三个原则共存其中。因此笔者在建立三个政体的原则时将它们区分开的努力似乎是徒劳的。[11]

8　参见 Montesquieu,“Geographica”, in André Masson, ed., *Montesquieu, oeuvres completes*, Paris, 1955, II: 927。

9　Montesquieu, *The Spirit of the Laws*, translated and edited by Anne M. Cohler et al., Cambridge, Cambridge University Press, 1989, Book 3, “On the principles of three governments”, pp. 21-30.

10　Montesquieu, *The Spirit of the Laws*, p. 128.

11　Montesquieu, *The Spirit of the Laws*, pp. 126-127.

他根据中国社会的现实为自己的观点辩护,拒绝传教士们得出的观点,因为他认为其中缺乏自己所提概念中对君主政体起核心作用的荣宠观点:"我不知道在一群不经打骂就一事无为的民族中还有什么荣宠可言。"至于共和政体首要原则的美德,他认为中国也是欠缺的,因为"我们的商人远没有给出和传教士相同的美德观点,反而在质询他们时提到中国官吏的巧取豪夺。我可以让伟大的安森勋爵作证"。[12] 孟德斯鸠不信任在中国长期居住、有充足时间观察中国社会的传教士,反而相信到中国谋求利益、渴望征服的商人和水手,这真是个绝妙的讽刺。更为讽刺的是,他提到所谓的中国通乔治·安森,是一个因擅自闯入中国国境而遭到中国官员不客气对待的英国海军军官。在某种程度上,他要求安森作为见证人并非是一个随意的举动,因为安森"代表了大英帝国这个扩张主义国家刚刚出现的蛮横一面,自信、好战、急不可待地谴责弱者,容不得任何拖延"。[13] 他在对中西方统治者的比较中写道:

> 他[中国的国王或皇帝]不会像我们的君主那样意识到,如果自己统治不力,不仅来生得不到幸福,今生也会软弱无力,失去财富;我们的君主知道如果政府十分糟糕,他将会失去统治甚至生命。

由于对中国的来世与报应之说一无所知,孟德斯鸠似乎完全不了解中国传统政体的主要政治原则:即天命论。依据这一原则,贤明的君主被委以权力来统治国家,而暴君则被剥夺统治的权力。[14]

12　Montesquieu, *The Spirit of the laws*, p. 127.

13　Spence, *Chan's Great China: China in Western Minds* (New York: Norton, 1998), p. 54.

14　天命论是中国的一种政治社会哲学,解释统治者统治的合法性和一个朝代政府的成与败。简言之,上天授权于贤明的统治者,但是对于残暴的统治者,上天会收回这种授权。此概念起源于上古时期,首次用来为周朝推翻商朝赋予正当性。作为在古代中国为普通人民、学者和政治家普遍接受的一种政治理论,它赞成推翻无能的暴君,鞭策统治者成为贤明、正直的君主。古代中国的官员和学者常援引这一概念作为限制统治者滥用权力的有效方式。

孟德斯鸠根据其政治理论来分析中国,显示了西方认识论意识形 70
态在形成过程中的一个重要维度:一种完全基于对西方国家所作研究的目的论方式。在其构想的理论中,政体的本质是由国家的大小所决定的:领土较小的国家产生的是共和政体;中等领土的国家产生的是君主政体;而“一个庞大帝国的先决条件是其统治领域内的专制权力”。[15] 从历史来看,中国基本是幅员辽阔的国家,因此中国必然是以恐惧原则而非荣宠和美德原则为基础的专制政体。根据他的理论,“专制政体一定不存在谏官”。[16] 然而事实再次证明中国不符合他的理论,因为中国历代的政体有一个独到之处,即存在着专门指定的谏官制度。他们的主要职责是批评统治者的错误政策和行为,举荐纠正弊病的措施。作为一个独特的中国政治机构,谏官制度在中国历代的政体中发挥了重要作用,并且成为 1911 年共和革命以后孙中山先生为中华民国制定的五权宪法中一个必要组成部分。[17] 谏官体系与孟德斯鸠所提出的中国是专制政体的观点相抵触。因此他不得不做出妥协,承认中国存在一些例外。关于政府所执行的惩罚方面,孟德斯鸠指出,中国更偏爱道德教化而非惩罚,因为“惩罚越是严厉,则越可能爆发革命”。于是,他不得不在注释中再次做出妥协:“在这一点上,我将指出中国是一种共和政体或君主政体。”[18]将中国的政体归为专制政体这一类后,孟德斯鸠却一而再再而三地将中国放在君主政体这一类来进行讨论。[19]

史景迁(Jonathan Spence)在评论孟德斯鸠与中国的关系时指出:

15　Montesquieu, *The Spirit of the Laws*, p. 124, 125, 126.

16　Montesquieu, *The Spirit of the Laws*, p. 71.

17　在五权宪法中,立法权、行政权和司法权是模仿美国的宪法,孙中山先生又依照中国传统政府加入了另外两种:考试院负责官员的选拔;监察院监督政府的正直与效率。孙先生希望权力的划分能保证人民享有权利。

18　Montesquieu, *The Spirit of the Laws*, translated and edited by Anne M. Cohler et al., Cambridge, Cambridge University Press, 1989, p. 82, and note 25.

19　参见 Montesquieu, *The Spirit of the Laws*, p. 116, 209。

> 孟德斯鸠对中国的众多评论散见于他那冗长的、经过精心安排的作品之中，然而它们最终积累起来形成了对中国的控诉，显示出他离耶稣会士那些较为正面的评价是多么遥远，而他最初是被这些观点所吸引的。他更为接近笛福小说（他也许读过）和安森的描述（他的确读过）中更为苛刻的批判。[20]

对孟德斯鸠这部作品的解读似乎支持了史景迁的评论。在无数情况下，孟德斯鸠表达了明显的偏见。例如，他写道："很奇怪的是，中国人的生活完全受到礼仪的指导，然而，他们却是世界上最不道德的人民……在拉西第孟尼亚，人们允许偷窃；在中国，人们则允许欺骗。"[21]

在研究了孟德斯鸠作品中所有涉及中国的部分后，笔者发现了他在描述中国文明时所呈现的一种模式。他对中国事物的曲解并不像许多学者所认为的那样，顺应了欧洲从喜爱中国到讨厌中国立场的转
71 变趋势，而是受到自身渴望建立一种宏大的世界文明知识体系的指导；这种愿望需要通过建构一种理论框架来控制纷繁复杂的中国文明，并以预设的理论解释它与西方的不同之处。给中国贴上专制主义的标签就是一个极好的例证。尽管他用了多年时间来研究中国，但是他对中国的所知依然有限，不足以解释中西方文明之间的巨大差异。在此再举一例：他指出了中国政体中存在的一种特殊性质，即宗教、律法、道德和行为浑为一体。[22] 尽管他的观点并非毫无依据，但还是揭示出他无法理解中国社会的内在运作方式。他认为这种融合是不利的，因为"基督教几乎不可能在中国建立"。[23] 他将基督教无法在中国扩展的原因归结为基督教宗教与中国礼仪之间存在着根本区别。前者要求万事万物的融合，后者要求各种事物的分离。这里，他的观点再

---

20 Spence, *Chan's Great Continent*, (New York: Norton, 1998), p. 92.

21 Montesquieu, *The Spirit of the Laws*, p. 321.

22 Montesquieu, *The Spirit of the Laws*, p. 318.

23 Montesquieu, *The Spirit of the Laws*, p. 319.

次出现了矛盾。如果说中国要求宗教、律法、道德和行为的融合，那么他又是如何得出中国仪式是分离的这样的结论呢？因此，他再次试图采用它的理论框架来遮盖这种矛盾："因为人们已经发现这种分离一般是与专制精神相联系的，人们会发现为什么君主政体，实际上任何适度的政体，都能与基督教宗教较好地联合。"[24]依据这样的陈述，他认识论中的意识形态模式就暴露无遗了。

汉学主义的成熟

如果说孟德斯鸠首创了包含中国在内的宏大知识体系，为汉学主义奠定了基础，那么，18 世纪末德国人约翰·戈特弗里德·赫尔德(Johana Gottfried von Herder)紧随其后撰写了关于人类历史的一部宏大哲学，其中有一章论述中国，并且进一步拓展了汉学主义的范围。与孟德斯鸠相比，赫尔德的方式显示了一些新的方向，这在前言与论述中国的章节中皆有证明。首先，他对中国所持的观点完全不同于此前思想家们一致接受的关于中国文明的正面观点。赫尔德凭借着诗人的想象力，以一种近乎漫画式的手法描绘中国，在整个章节中用不可靠的、错误的信息论述了中国文化的方方面面，包括地理、人口、政府、家庭生活、道德、习俗、语言、艺术、发明、宗教，甚至民族性。他并没有采取一种就事论事的态度来展现这些信息，相反，他几乎总是情不自禁地评价每一条信息。在此没有必要详细论述他对中国文明的事实所进行的充斥着偏见的陈述，因为本文的目的不在于揭露这些错误与偏见。笔者将引用其研究的结论来展示他的价值观：

> 内心充满了鞑靼人的傲慢，她[中国]鄙视远离故土的[欧洲]商人，用她认为最纯粹的商品来交换毫无价值的东西： 72

24 Montesquieu, *The Spirit of the Laws*, p. 319.

她拿走了银子，还以成千上万磅使人衰弱的茶叶，导致了全欧洲的堕落。[25]

纵观他作品的这一章节，读者会认为中国是由半野蛮人的暴君所统治着，其文化制度非常幼稚，在这片土地上没有科学或发明，中国人也不具备对艺术和美的鉴赏力，他们是虚荣、贪财、伪善的，他们的道德观深受幼稚的服从观念的支配，他们的语言仅仅是象形文字的一种原始形式。总体来说，中国"像一片古老的废墟处在世界的边缘，以一种半蒙古人的形式存在"[26]。

就其成熟形式来看，汉学主义成为一种种族中心主义和欧洲中心主义形式，带有强烈的种族主义色彩。赫尔德的研究方式暴露出赤裸裸的种族中心主义倾向，甚至有种族主义的趋势，而这种趋势最终发展成西方文化帝国主义。他的作品中汇集了他对人性与历史的思考，赫尔德将中国文化的低劣归咎于中国人民族性的缺陷："这个民族的品性在历史中是非常引人注目的，因为它展现了一个没有与其他民族融合的蒙古民族是如何被发挥到极致的政治教化能塑造成什么样。"[27]他所撰写的整个章节都充满了种族中心主义，而且毫无疑问地反映在他用来描述中国的意象和隐喻中。他将中国描写成"一只正在冬眠的睡鼠"，他甚至用更为惊人的意象来描述中华民族。对于他来说，中国是"一具不朽的木乃伊，全身包裹着丝绸，画满了象形文字符号"，由"顽固不化、幼稚的机构"所统治。[28] 这也许是视中国人为劣等种族的观点首次出现在西方的思想界。依赫尔德之见，即使中国人希望自己的文化是优越的，但是他们"永远无法成为希腊人或罗马人。中国人过去是这样，将来依然如此：天生小眼睛，塌鼻子，额头扁平，胡

25　Herder, *The Outline of a Philosophy of the History of Man*, translated by T. Churchill (London, 1800), p. 298.

26　同上，p. 297.

27　同上，p. 294.

28　同上，p. 296.

须稀少,肥头大耳,肚皮凸出"[29]。中国的教育更加加重了其民族性的低劣:"中国人所推崇的教育模式伴随着他们的民族性使得他们只能是固步自封,而不会有任何进步。"[30]

奇怪的是,赫尔德在分析中国文明时表现出狭隘的种族主义,相比之下,他却明确拒绝遵守严格的种族理论。他对德国的语言、文学和艺术引以为荣,但他对此也提出了警告:"国家荣誉非常具有欺骗性。当它达到一定的高度,头上就会戴上一个金箍圈。当被重重包围起来后,在迷雾中除了自身形象外一无所见;他不会受到国外印象的影响。"[31]颇具讽刺意味的是,这恰恰是他看待中国的方式,但他自己并没有意识到他所持的偏见与歧视,因为他对西方所掌握的关于中国的知识是十分自信的。在作品的前言中,他如此写道:

> 我几乎阅读过关于该主题的任何东西,以及从我年轻时候起所出现的每一本与人类历史相关的新书,我希望从中能为我的宏大著作发掘一些材料,这是我发现的一笔巨大的财富。[32]

颇为讽刺的是,他认为自己对中国和中国人民的观察不带有任何 73
敌意和轻视,是纯粹的客观知识,目的在于展示中国的真实本质:"我对中国人特性的展示并没有涂上仇视或敌视的色彩:每一行都取自他们最热情的支持者,而且可以从他们的体系中每一层面获得成百上千条佐证。"[33]他的评论显示了至关重要的一点:在赫尔德时期,研究中国的一种认识论模式已经形成,而且正在逐渐发展成西方关于中国知识生产的认识论意识形态。

29　同上,p. 293.

30　同上,p. 294.

31　引自 Rohan d' Olier Butler, *The Roots of National Socialism, 1783—1933*, New York: AMS Press, 1985, p. 28。

32　Herder, Preface to *The Outline of a Philosophy of the History of Man*, p. vi.

33　Herder, *The Outline of a Philosophy of the History of Man*, p. 297.

全球主义的副产品

在历史上,汉学主义是由西方开创的全球化的一个组成部分。它产生于西方试图将中国纳入一个以西方为中心的世界体系和知识体系的努力。它的诞生不是一种突然的现象,而是一个不断形成的过程,期间虽经历了各个不同方向的曲折,但其目的都是为将中国纳入以西方为中心的精神和物质体系的议程所服务。因此,对汉学主义的理解需要将其放入一个更大的语境当中,即自从16世纪开始,西方就努力建立一个包括中国在内的全球性知识体系,最终演变成正在进行之中的包括整个世界的全球化过程。全球化是带领世界的不同地区进入一个互相联系的全球化体系的现代过程,其实行渠道包括经济发展、人口迁移、科学和技术传播,以及思想、语言和大众文化的跨国传播。[34] 它的历史起源一直是人们争论的主题,出于地理、政治、经济和思想方面的多种原因,全球化和中国密不可分。有些人将全球化的起源归于现代时期,另一些人则追溯到遥远的古代。比如安德烈·冈德·弗兰克(Andre Gunder Frank)认为公元前3000年,当苏美尔文明和印度河流域文明出现贸易往来时,就诞生了一种全球化形式。[35] 还有一些人将全球化的早期形式追溯到罗马帝国、帕提亚帝国和中国汉朝(公元前206—公元220)通过丝绸之路建立起来的贸易联系。丝绸之路的起点是中国,抵达帕提亚帝国的边界,并且向前一直到罗马。蒙古帝国的出现则把丝绸之路变成了一个更加便利的贸易通道,使得旅行者能横跨欧亚大陆,从而使全球融合更接近目前全球化的观点。从一开始,中国就在全球化进程中扮演了一个重要的角色,没有她,全球化体系是残缺不全的。全球化的早期形式根本上是殖民化的种种

34　Jagdish Bhagwati, *In Defense of Globalization*, Oxford and New York: Oxford University Press, 2004.

35　Andre Gunder Frank, *ReOrient: Global Economy in the Asian Age*, Berkeley: University of California Press, 1998.

不同形式。不管其发起者是蒙古帝国、葡萄牙帝国、西班牙帝国、荷兰帝国还是大英帝国,全球化绝非一个和平和无痛的过程。相反,它被暴力引擎所驱动,具有实在的、物质的、情感的和精神的形式。

把中国纳入世界体系的过程中也不乏暴力,但不仅仅表现在具体 74
形式上。由于种种原因,全球化总是遭到区域性力量的抵抗。在世界上所有的抵抗力量中,来自中国文化的那份抵抗力量是最坚韧而又长久的。由于顽强的抵抗,虽然中国经历了半殖民化时期,但从未被完全殖民。由于这种历史和政治的原因,中国成功地抵抗住了将她纳入全球体系的尝试,这种抵抗一直持续到现代。如果中国游离于全球化的图画之外,全球化系统就是不完整的。这不仅仅是因为中国广袤的土地和众多的人口,还因为从历史上、地缘政治上、文化上和经济上来说,中国作为远东一个幅员辽阔的国度,总被西方视为与之相对的另一极。就像地球不能没有两极一样,没有中国的参与,全球化体系就是残缺不全的。在20世纪的最后二十五年间,在中国重新对世界敞开了大门、踏上现代化之路以后,中国终于成了全球化体系的一部分。她在2001年被世界贸易组织所接受则标志着她被完全纳入到全球化体系之中。

汉学主义与宏大叙事

作为一个知识体系,汉学主义与西方努力构建的全球历史的宏大叙事密不可分。在为人类构建宏大叙事的过程中,西方众多思想家作出了他们的贡献。其中,主要的思想家包括伏尔泰、孟德斯鸠、赫尔德、黑格尔、马克思和韦伯。他们每个人都使用中国资料来形成他们关于全球历史的想法,但在汉学主义的形成中,孟德斯鸠和黑格尔(Georg Wilhelm Friedrich Hegel,1770—1831)也许是最重要的思想家,因为前者也许可以被看作是汉学主义的奠基人,后者也许是其理论的阐发者,前者毫无疑问地对后者产生了显著的影响。由于黑格尔对于中国的看法具有概念性意义,笔者对此将作一定深度的探寻。作为他所处时代以及世界历史上的一位重要哲学家，黑格尔对于人类境况的概念性探索为汉学主义打下了认识论基础。在19世纪，黑格尔是试图将中国纳入世界知识体系中的最有影响力的西方思想家。在其称之为普世史的哲学探索中，他将中国作为证据或反例来支持他关于世界历史运动的思想体系。虽然他认为中国比许多其他文明更早登上世界舞台，但中国却在人类进步的主要发展线之外停滞不前，由于其帝王的暴政和缺乏对个人自由的原始冲动，中国脱离了历史的发展进程。他设想，只有当西方强制性地将中国带入到现代历史的发展进程之中，中国才能成为世界体系的一部分。

75 在其对世界历史的哲学探索中，黑格尔提出了“普世史”的观点，并且阐发了对世界历史的哲学论述，他的历史哲学用了一章专门研究中国。在这一章中，他考察了中国的历史、史学、政府、人口、家庭、道德、法律、宗教、科学、语言和艺术，其参照框架是他自己关于精神自由的构建及西方的关于上述各个知识领域的构想。由于其西方知识分子的自信，加上强烈的文化优越感，他对中国文明作出的观察充斥着无知、偏见和歧视的批判性评论。例如，他错误地把中国视为一个政教合一的神权国家：“由于皇帝是国家的首领，他也是教主。因此，中国宗教本质上是一种国家宗教。”[36]在以西方的宗教理念审视中国宗教以后，他得出了一个荒谬的结论：

> 中国宗教因此不是我们所认为的宗教。因为，对我们来说，宗教意味着精神回归自身，对其自身的本质，即内在的存在进行内省。在这些领域，人们从自己与国家的关系中退出，置身于退隐的状态，从世俗政府的权力范围得以解脱出来。但是在中国，宗教尚未发展到这一程度，因为真正的信仰只有在个人自我隐居、不受任何外部的强制力量约束的状

36　Georg W. F. Hegel, *The Philosophy of History*, translated by J. Sibee, New York: Willey Book co., 1944, p. 131.

> 况下存在之时才有可能。[37]

显然,由于其仅有的一点有关儒教的知识,黑格尔完全不知中国诸如道教和禅宗等主要宗教,这些宗教恰恰强调的是个人的内省、冥想、精神自由和遁世隐居。

黑格尔对中华文明基本常识的无知导致了许多低级的错误。比如,他声称:"中国人对活字印刷、火药一无所知,但他们却假装在欧洲之前就有了这两项发明。"[38]中国是一个不讲道德、没有荣誉感的国度,欺骗无处不在:

> 因为不存在荣誉感,并且相对于其他人来说也没有个人权利,贬低他人的意识占主导地位,并且很容易产生完全的放纵。由此放纵而引发的是中国人的完全不讲道德。他们具有臭名远扬的欺骗,到处都是欺骗。朋友欺骗朋友,并且没人对他们的欺骗企图表示愤慨。[39]

在这里,我们可以看到孟德斯鸠对黑格尔的影响,因为我们不难回想起那位法国思想家处心积虑地将中国看成是一片没有荣誉感的土地。[40] 黑格尔并不懂汉语,但他却自负地认为自己是个汉语专家,并且完全根据西方字母语言理论对汉语书面语和口语进行价值判断。他将字母语言的简单性和数目众多的汉字的复杂性进行对比,好像汉字是英文字母的等价物一样。与西方语言的复杂性相比,他认为汉语语 76
言是一种未成熟的语言,因为汉字不使用字母和音节,亦不使用象征符号代表声音:"汉语仍需要正音发展手段,他们的语言还没有达到可

37 Georg W. F. Hegel, *The Philosophy of History*, pp. 131—132.

38 同上,p. 137。

39 同上,p. 131。

40 Montesquieu, *The Spirit of the Laws*, translated and edited by Anne M. Cohler et al., Cambridge, Cambridge University Press, 1989, pp. 126—127.

以由字母和音节来清楚地区分发音的成熟阶段。”[41]他也许是将西方语音中心主义强加给汉语语言的第一人。在艺术领域，他认为：“他们[中国人]还没能成功地将美丽的东西再现为美丽的东西；因为在他们的绘画中还没有使用透视法和投影。”在他看来，没有使用西方透视理论的绘画不能称为绘画，若按此理，那些不按科学透视法和再现准则而作的现代派和后现代绘画都应该成为其尖锐批评的对象。在关于中国的结论中，他写道：

> 这是中国人体现在各个方面的特征。其鲜明的特点是，属于精神层面的那一切——无论是在实践和理论上，在心灵层面和倾向于内省的宗教方面以及通常称之为科学和艺术诸方面无限的道德——都与其格格不入。[42]

在关于中国历史编纂学、法律学和伦理学的评论中，黑格尔写道：

> 至于科学本身，历史在中国只包含光秃秃的、确定的事实，没有任何观点或推理支持。同样，他们的法律学仅包含固定的法律，他们的伦理只规定明确的职责，没有为这些方面提出主观基础的问题。[43]

这里，黑格尔的评论不仅暴露出他对中国历史编纂学、法律学和伦理学的真实状况的无知，而且也揭示出他在知识生产的认识论中一个更大的问题：他重视主观的操作而轻视客观的观察和描述。在法律学和伦理学领域，他的评论暗示中国古人随意地规定法典和道德准则，而没有理论基础作支撑。这种看法忽略了中国历代王朝中的法律和道德准则的实际状况。黑格尔还认为，在史学中，中国史学家在历

41　Hegel, *The Philosophy of History*, p. 135.

42　同上，p. 138。

43　同上，pp. 135—136。

史事实的文献记载中仅仅记录了事实，而没有表达他们自己的观点。这个看法完全不顾中国历史著述传统中由孔子开创的微言大义的史学笔法，这种笔法在孔子之后经司马迁发扬光大，后者甚至不遗余力地赞颂和谴责历史人物，即使是他自己时代的统治者也不例外。此外，黑格尔主张的历史撰写方法的不足也许可以用海登·怀特（Haydon White）提出的情节化模式来揭示。怀特认为，历史记事通过各种“情节化”的操纵手段，将单纯的编年史成功地转换成故事，从而获取解释能力。这里的“情节化”是指“对包含在编年史中的事实进行 77
编码，使其成为具体情节结构中的组成部分，正如弗莱（Frye）建议的一般写‘小说’的方法一样”[44]。怀特声称写小说和编纂历史之间没有根本区别，因为多数历史序列可以被各种不同的方法所使用，由此对同一事件可以有不同的解释，并且被赋予不同的意义。怀特的观点暴露了历史编纂中并不存在所谓的客观和科学的本质，并且证明了中国的历史编纂方法并不比黑格尔倡导的主观主义观点和历史理论逊色。

汉学主义的现代形式

到 19 世纪末 20 世纪之初，汉学主义的形式已经羽翼丰满。欧洲主要的思想家和学者如亚当·斯密（Adam Smith）、乔治·马戛尔尼（George Macartney）、詹姆斯·密尔（James Mill）、约翰·斯图尔特·密尔（John Stuart Mill）、赫伯特·斯宾塞（Herbert Spencer）、卡尔·马克思、弗里德里希·恩格斯、马克斯·韦伯等思想家都在汉学主义的现代形式中留下了他们的印记。中西方发表的相当一部分学术著作在研究西方想象和思想中的中国形象时都涉足了这一领域。[45] 汉学主义

44　Hayden White, "The Historical Text as Literary Artifact", in Vincent Leitch, ed., *Norton Anthology of Theory and Criticism*, New York: Norton, 2001, p. 1714.

45　参见周宁:《中国形象：西方的学说与传说》，北京：学苑出版社，2004 年；Colin Mackera, *Western Images of China*, Oxford: Oxford University Press, 2000; David Jones, *The Image of China in Western Social and Political Thought*, London: Palgrave Macmillan, 2001, and Jonathan Spence's *Chan's Great Continent*。

现代形式的一个独特之处是其怀有的建立宏大体系的雄心壮志。这一特点在从卡尔·马克思到卡尔·魏复古的作品中都能看到。在知识体系的构建者中,魏复古是唯一一位懂汉语的西方思想家。他曾专修过中国文明的课程,并到过中国,实地考察过中国社会。在黑格尔、马克思、孟德斯鸠等西方思想家的影响下,他形成了自己的全球历史观念,并撰写了一本题为《东方专制主义——对于集权力量的比较研究》的专著。这本书直接取材于中国,将中国直接带入了世界体系。由于其满怀激情希望推进一种宏大理论,他的研究具有许多其他西方研究中存在的典型问题:即西方意识形态和视角对研究的主宰。

魏复古的作品中存在着一个简单明了的主要论点。简言之,专制主义首先是一个非西方现象,它产生于东方社会的水利生产方式。魏复古的论点是基于马克思的"亚细亚生产方式"的理论。在魏复古的书中,马克思的初始理论已演化成一个羽翼丰满的"水利理论",该理论催生了"东方专制主义"。但是正如剑桥著名学者杰克·古迪(Jack Goody)敏锐地指出的那样,专制对欧洲来说并不陌生,甚至在古希腊就有,尽管同样是在那里,西方找到了雅典民主的范本。[46] 其他学者也注意到"专制"是在古希腊城邦中普遍存在的另一种政府形式。但是,这些学者常常试图区分古希腊专制和所谓的"东方专制主义",声称希腊的专制是为了给"民主铺平道路"[47]。魏复古的观点与此一脉相承。他甚至认为,如果说在西方历史上存在专制主义,那它不是西方的原创,而是从东方学来的复制品。由于在史前时期的希腊就存在类似水
78 利的生产方式,因此,为了支持其他学者关于专制主义非西方原创的观点,他必须使史前希腊的专制统治远离西方传统,于是他写道:"米诺斯文明从本质上来讲不属于欧洲";"米诺斯人与小亚细亚、叙利亚、埃及保持了一些清晰的,甚至是密切的联系";"克诺索斯和费斯托斯的国王们过的是穆斯林酋长式的生活,他们的法庭,他们的官员,他们

46　Jack Goody, *The Theft of History*, Cambridge: Cambridge University Press, 2006, p. 52.

47　同上,p. 52。

的经济，表现出与他们同时期的近东人的生活类似的特征；他们彼此均不像任何西方的产物。”[48]对于俄国存在的不可否认的专制主义，他只是简单地认为是由东方传入俄国的；[49]他甚至认为这是通过蒙古征服者从中国那里学来的东西。[50] 他将蒙古的统治与中国政府的统治相提并论，显然是一个刻意的歪曲。他的这种歪曲之辞实在令人诧异，因为他全然忘记了中国政府的理想统治是儒家的仁政。在中国王朝更迭的历史过程中，的确有许多专制暴君，但是，绝大多数王朝是建立在儒家的仁政观念之上的。那些专制暴君的王朝无一例外地被激烈的农民起义所推翻。秦朝、隋朝、元朝等这些短命的王朝及其他遭受谴责的专制统治有力地驳斥了魏复古将中国王朝统治等同于东方专制主义的论断。魏复古的观点遭到了李约瑟等著名汉学家的严厉批评。李约瑟认为，魏复古对中国的看法完全是出于他对中国历史基本知识的无知。李氏令人信服地论证道，传统中国政府的官僚体制从整体来看不是专制的，不是神权统治的，魏复古的研究没有将现代西方文明中类似的官僚现象考虑进去。[51]

魏复古深深受惠于马克思，而后者也并非水利理论的首位提出者。[52] 马克思从之前的经济学家那里获得一些暗示之后，在一篇短文《英国在印度的统治》中提出了一种基于水利生产方式的亚细亚政府

48　Wittfogel, *Oriental Despotism: A Comparative Study of Total Power* (New Haven and London: Yale University Press, 1957), p. 195—196. 他引用了维克多・埃伦伯格(Victor Ehrenberg)的观点, *Aspects of the Ancient World*, New York, 1946, p. 8。

49　参阅魏复古《东方专制主义》一书中的一章《东方专制主义传入俄国》(“The Introduction of Oriental Despotism into Russia”)，第 219—225 页。

50　在追溯俄国专制主义的起源时，他写道：“伊凡对土地和人民的贵族统治是由外部条件，即战火不断的边疆所决定的呢？还是主要受蒙古人的影响呢？这些蒙古人在俄国施行他们从亚洲几个水利灌溉的国家，特别是中国那里学到了专制统治。”(第 120 页)

51　Joseph Needham, “Review of Karl A. Wittfogel, *Oriental Despotism*”, *Science and Society* (1958): 61-65.

52　魏复古指出：“重新研究马克思列宁主义关于东方社会的观点时明确地显示了马克思远非‘亚细亚’概念的首创者，他是在古典经济学家的作品中发现这个概念的。”见 *Oriental Despotism*, p. 6。

形式。他如此写道："总的来说，从远古时代开始，亚洲的政府就存在三个部门：财政，或曰国内掠夺；战争，或曰国外掠夺；以及公共工程。"[53]很明显，马克思也没能避免汉学主义所犯的错误。因为他忽视了古代中国历代政府的其他功能，其中包括承担文化工作如撰写历史、编纂字典和百科全书，提高农业生产，以及组织对抗自然灾害。在中国历史上，皇帝每年春天都会下田开耕第一犁以鼓励农耕。仅仅是这个象征性的动作就足以否定马克思对中国历代政府的粗枝大叶的描写。

汉学主义的谱系

魏复古的案例作为汉学主义的一个范例值得特别考虑，因为这是几个主要的西方思想家关于中国的思想的结点所在。而且，它被赋予
79 一种意义，这种意义让我们看到一种连续性，始自孟德斯鸠和赫尔德，经过密尔、黑格尔、马克思以及其他19世纪的西方思想家，直到20世纪的思想家。在他们关于中国的作品中，我们能够发现关于中华文明，特别是中华人民共和国成立以后的负面评价的总量在不断增长。魏复古因为提出"水利理论"而扬名，他把该理论当作专制产生的核心。这一理论并不完全是他自己的发明。事实上，他是从在他之前的马克思等思想家身上汲取了核心思想并添加了自己的观点。

魏复古从马克思那儿汲取了亚细亚生产方式的思想。这一思想本身就是建立在他者和族群他者化之上的汉学主义的一种形式。印度和中国同属于亚细亚生产方式的社会，亚细亚生产方式的理论在马克思主义者和非马克思主义者之间同样引起了激烈的讨论。一些学者已经质疑该观点的有效性和合法性，并提出了可靠的证据，表明它并不符合马克思所认为的可以运用其理论解释的社会现实。[54] 有些学者则完全否定了这个概念，理由是前资本主义亚洲国家的社会和经济

---

53 Marx, *On Colonialism*, New York: International Publisher, 1972, p. 37.

54 Dominique Legros, "Chance, Necessity and Mode of Production: A Marxist Critique of Cultural Evolutionism", *American Anthropologist*, vol. 79, no. 1 (1977): pp. 26—41.

状况在本质上与欧洲封建时期的状况相差无几。[55] 鉴于“亚细亚生产方式”这个术语诞生于同欧洲生产方式的对比，因此，马克思将非西方社会他者化的努力显而易见。我们无法确认他内心是否存在着一些价值判断，但是，社会学理论表明了一个肯定的答案。“他者化”这一观点被社会和团体用来排除不符合他们社会和团体的他者。努力将自己与他者区别开来常常带有一种污蔑后者、使后者从属于前者的别有用心的动机。人们常用他者化来识别民族间的文化差异，形成种族分界线，以及维持民族优越感。它频繁地服务于将阶级、团体和社会阶层妖魔化、非人化的目的，使教化、掠夺这些被侮辱的他者的过程变得冠冕堂皇。尽管马克思并没有像许多殖民主义者那样打算为殖民主义辩护，但是他关于东方政府的本质和东西方采用不同生产方式的观点无意中还是为某些作品，如魏复古的《东方专制主义》提供了理论支撑。

按照环境决定理论，东方政府三部门兴起的决定性因素在于气候和领土原因，使得采用运河与自流水的人工灌溉方式成为东方农业的基础。马克思将东西方对水的利用区分开来，认为这是中央集权的东方政府的经济基础：

> 经济、普通用水的最初需要，在西方使得私人企业自愿联合……在东方那里文明程度太低，领土太广以至于无法形成自愿联合的生活，因此，政府中央集权权力的干涉成为一种必要手段。[56]

马克思确实将中央集权的政府暗指为“亚细亚专制主义”，但是他也将 80
英国对印度的统治称为专制主义[57]，两者是半斤对八两。实际上，他发现中央集权的垮台对本土经济和人民来说是个灾难，他如此评

55　See Lawrence Krader, *The Asiatic Mode of Production: Sources, Development and Critique in the Writings of Karl Marx*, Assen : Van Gorcum, 1975.

56　Marx, *On Colonialism*, p. 37.

57　同上，p. 36。

论道：

> 因此，所有亚细亚政府被委以经济功能，提供公共工程的功能。对土壤的人工施肥依赖于一个中央政府，如果忽视了灌溉与排水工程，土地很快就会变得荒芜。这解释了一个不这样理解就很奇怪的事实，即我们发现，曾经是精心耕作的土地在没有中央政府的情况下全部变成了不毛之地。[58]

汉学主义的浪漫维度

在分析完汉学主义的主要维度之后，笔者将转而分析汉学主义的另一维度。该维度既不同于东方主义，也不同于欧洲中心主义和族群中心主义。它的特征是对中国和中国文明进行浪漫主义的理想化和乌托邦化，其渊源可追溯到马可·波罗时代，以及后来16世纪一些基督教传教士和18世纪众多欧洲思想家、文学家对中国的理想主义的描述。到了现代时期，尽管潮流发生了变化，但将中国理想化的倾向从来没有完全消失，对此我们可以在某些西方思想家、学者和旅行家的著作中找到例证。在他们对中国进行的理想化的描述中，令笔者感兴趣的问题不在于他们的观察和记述是否正确或准确，而是他们对汉学主义主要维度所进行的补充。笔者之所以将这一维度冠以浪漫主义之名，是因为它刚好和18世纪的浪漫主义潮流在时间、内容和形式上相重合。浪漫主义的维度表现在对中国文明理想主义的拔高，甚至竟达到惊人的程度。比如怀有浓厚中国文化情结的歌德在谈及中国文学时竟然对其助手艾克曼说："中国人有成千上万这类作品，而且在我们的远祖还生活在荒野森林的时代就有这类作品了。"[59]

---

58 Marx, *On Colonialism*, p. 37.

59 爱克曼辑录，朱光潜译：《歌德谈话录》，北京：人民文学出版社，1982年，第113页。

18 世纪欧洲的“中国热”对中国文明的理想化早已为世人所熟知，在当时对中国文明知之甚少的情况下，理想化的扭曲比较容易理解。到了 20 世纪，在中国的大门早已被西方的坚船利炮轰开、中华文明的弊病一览无余的历史条件下，对中国文化不着边际的歌颂就不是无知的结果，而是受制于汉学主义的内在逻辑。在力挺中国文明的 20 世纪学者中，伯特兰·罗素是个具有代表性的思想家和作家。他应邀到中国讲学，在中国待了半年时间，直接接触了中国社会和人民。他写过一系列关于中国的论述以及一本研究中国的专著，即《中国问题》[60]。在西方人对中国的论述中，罗素的信息来源比较充分，因而其观察和观点也许较为准确、公允。他以一位思想深邃的哲学家的远见 81
对中国的未来进行了预言，而他的预言与其他西方人相比，显得较为可靠。20 世纪 20 年代，中国内外交困，在其现代史上正处于最低潮的时期，罗素却这样预言：

> 我确信，中国人如果有稳定的政府和充足的资金，就会在三十年内对科学作出卓越贡献。很有可能会超越我们，因为他们富有高度的热情和复兴的渴望。[61]

如今看来，他的预言在很大程度上已经实现，尽管是在半个多世纪之后。的确，在 20 世纪 70 年代后期，中国开始有了一个稳定的政府，并开始吸引外资进入，在随后的三十年里，中国已经完成了西方国家花了上百年时间才完成的现代化和工业化的主要进程。

但是，即使像罗素这样深邃的思想家也逃脱不了汉学主义方法论的束缚。在他对中国的论述中，我们可以找到在汉学主义概念框架之下产生的思想、观点和价值判断，尽管它们经常并不同于大多数西方人的论述。由于对西方文明感到失望，尤其是对第一次世界大战的灾

---

60 Russell, *The Problem of China*, New York: The Century Co., 1922.

61 Russell, "Chinese and Western Civilization Contrasted", in *The Basic Writings of Bertrand Russell*, New York: Simon and Schuster, 1967, pp. 551—552.

难性后果感到震惊，罗素转向东方，尤其是中国和印度，以求找到世界和人类的未来之路。他在中国文化中发现了基本的人文价值观，比如不好战的和平主义、宗教包容、对极端主义的反感、自然的无忧无虑、心灵的平静以及知足常乐的精神。但是出于对西方某些价值观的厌恶，他情不自禁地将中国的生活方式理想化，从而沿着另一方向，即神秘化和理想主义化的途径，对中国进行了错误的描述。在他对中西方文明进行的比较研究中，他将中国和希腊放在同一层面上，认为中国具有希腊文明的所有优点，但却没有西方文明中特有的缺陷："将中国文明与欧洲文明作比较，在中国文明中可以找到希腊文明的大部分成果，却没有我们文明中的另外两个因素。"[62]他对战争和军国主义的憎恶以及对和平主义的推崇使得他对中国人不好战的价值观格外青睐，由此他写道：

> 在中国，尽管有随时准备诉诸武力的军人，但没有人将他们当回事儿，甚至连他们自己的士兵也不例外。他们作战时几乎不流血，他们所造成的伤害，相对于我们可能经历的在西方的激烈冲突的伤害来说，要小得多。[63]

在《东西方的幸福观》一文中，他对中国的理想化描写达到了极致。他用写科幻小说的方式，展开了如下想象：如果乔治·华盛顿能复活，他会在哪个国家觉得犹如在家里一样自在呢？他的答案是：不是在英格兰，不是在法国，也不是在美国，而是在中国：

> 82 在那里，在他的魂游过程中，他将首次发现那里的人们仍然相信"生命、自由和对幸福的追求"，他们就像独立战争

---

62 Russell, "Chinese and Western Civilization Contrasted", in *The Basic Writings of Bertrand Russell*, p. 551.

63 Russell, "Eastern and Western Ideals of Happiness", in *Sceptical Essays*, New York: Norton, 1928, p. 110.

中的美国人一样去行事。我想,过不了多久他将成为中华民国的总统。[64]

缘于对中国文化和生活的热爱,罗素将当时的中国看成一个民主共和国,致力于追求曾由美国先辈们提出的理想。这种理想化显然是太夸张了。与黑格尔将中国描写成奴役之邦相反,他将传统中国描述成一个自由国度也是过分简单化了:"和任何白人的国家相比,在中国,人人享有自由,虽然除了极少数富人之外大多数人都很贫困,但那种幸福感的广泛程度却令人感到惊奇。"[65]他将中国和西方生活态度上的差异简化到一种二元对立,即中国人追求享受生活,而西方人则将追求统治自然和同胞的权力。[66] 这种二元对立也将中国和西方的复杂性过度简单化了。

在讨论人类幸福的问题时,罗素做了如下评论:"在我看来,普通中国人,即使他非常贫困,也似乎比普通英国人更快乐。之所以如此,是因为他们的国家建立在一个更人道和更文明的观念之上。"[67]在宗教问题上,罗素虽然不像其他西方人那样谴责中国人是无神论的异教徒,但他在对中国宗教问题的理解上却沿袭了同样的路径。他认为中国没有宗教:"中国实际上没有宗教,不仅上层阶级缺乏宗教,而且整个民众中都缺乏宗教。"[68]在某种程度上,他的观点自相矛盾,因为就在该文几个段落之前,他还讨论了佛教,认为:

佛教是名副其实的宗教。它有着神秘的教义,可以脱离苦海,相信来生。它向世界传达福音,旨在救治绝望,佛教认为,没有宗教信仰的人自然会产生绝望[69]。

---

64 Russell, *Sceptical Essays* p. 101.

65 Russell, "Eastern and Western Ideals of Happiness", in *Sceptical Essays*, p. 108.

66 同上, p. 107。

67 Russell, "Chinese and Western Civilization Contrasted", p. 554.

68 同上, p. 551。

69 同上, p. 550。

很明显，他是在用西方宗教的概念，即从基督教和犹太教的角度去审视佛教。在他看来，佛教在中国是一种准宗教或世俗宗教，而道教和祖先崇拜，依据西方关于宗教的定义来看，都不能算是宗教："伦理教导不是基于任何形而上学或者宗教的教条；它完全是世俗的。"[70]他似乎忽略了中国宗教教条或宗教教义的形而上学性。

对中国的理想化和神秘化在费诺罗萨和庞德关于中国语言、诗歌和文化的研究中可谓达到了登峰造极的地步。费诺罗萨和庞德从未到过中国，也从未学过中国艺术，但他们对中国艺术和美学的迷恋使
83 得他们对中国问题所作的陈述和价值判断建立在并不可靠的学术和概念基础上。由于意识到西方对中国文化和人民所持有的偏见（在他那个时代能有这种意识实在是难能可贵的），费诺罗萨批评了西方国家贬低和剥削中国人民的不人道做法，呼吁西方人"学习并同情中国人的人文精神和伟大理想"。[71] 在他对中国语言及诗歌的研究中，费诺罗萨遵循了西方18世纪夸大汉语文字普遍属性的传统，并将诗歌与哲学联系起来。与当时对汉字的普遍诋毁相反，费诺罗萨认为汉字比字母文字更加科学，因为它"符合科学而不是逻辑"，并认为汉字在诗性和创造性上也更优于字母文字：

> 我认为中国的书写文字不仅汲取了自然的诗学性质，建立了隐喻的第二种形式，而且，由于其具有图画可视性，相比其他的语音文字而言，它能够使其独特的诗歌创造保持更强的活力和生机。[72]

基于上述观点，他将汉字中的视觉特性进行夸大，进而推出一种

70　Russell, "Chinese and Western Civilization Contrasted", p. 550.

71　Fenollosa, *The Chinese Written Character as a Medium for Poetry*, San Francisco: City Lights Books, 1968, p. 4.

72　同上，p. 24。

"汉字图画论",认为汉字是"行为或过程的速写图画"。[73]

庞德全盘接受了费诺罗萨的立场和观点,并将它们扩展到形而上学和政治经济等其他领域。他自豪地声称自己是一个"儒教信徒",并宣称"在许多西方的知识生活中,中国已经取代了希腊",中国艺术是"一座宝库,在下个世纪人们会转向中国艺术寻求灵感,就像文艺复兴时期人们求助于希腊人那样"[74]。与孟德斯鸠把中国描绘成一个毫无道德可言的国度截然相反,他在各种著述及其杰作《诗章》中,将中国古代君王描绘成道德高尚的圣君,将孔子视为建立在政治品德和伦理经济之上的理想社会秩序的典型化身。与魏复古和其他西方思想家视传统中国政府为"东方专制主义"的观点截然相反的是,他坚信古代中国的政治统治是理想的政府形式,应该成为不同文化、传统和社会的典范。[75] 他不辞辛苦地学习汉语,并将几部儒家经典翻译成英语,意在向世界宣扬儒家的政治和伦理观念。他在《论语》的译序中写道:

> 对儒家哲学的研究比对希腊哲学的研究收益更大,因为儒家哲学不浪费时间进行错误的讨论。亚里士多德,也许我们可以说,将百分之九十的时间放在讨论错误上;西方社会在长达七个多世纪的时间里陷入关于时尚、发型(参看"德高望重的"比德)的无聊讨论之前,就已经开始陷入一种虚幻的困境之中:无论是亚里十多德还是柏拉图,好像再也找不到其他任何通往宁静的道路。[76]

---

73 Fenollosa, *The Chinese Written Character as a Medium for Poetry*, p. 9.

74 Pound, *Literary Essays of Ezra Pound*, ed. T. S. Eliot, London: Faber & Faber 1969, 218.

75 参阅庞德著作中描写中国的多个章节,如《庞德的诗章》(*The Cantos of Ezra Pound*), New York: New Directions, 1989, 尤其是第 13 章,和《中国诗章》(*The China Cantos*, LII-LXI)。

76 Pound, "Procedure" to Confucius, *The Analects*, translated with commentaries by Ezra Pound, New York: New Directions, 1969, p. 191.

84 庞德在其翻译的一部儒家经典《大学》的前言里，将该经典倡导的理念奉为圭臬，他写道："世界秩序的倡导者们如果忽视这唯一一条不断被证明能有效发挥社会坐标功能的途径，将使自己陷入危险境地。"[77]显而易见，他将中国传统文化理想化，然后有目的地选取了与其政治观念和伦理道德理论相一致的中国思想，再将它们糅合成一套理念，以支持他的政治和道德主张。费诺罗萨和庞德关于中国的学术研究引起了很大的争议，并引起了截然不同的反应。尽管他们的眼光和见解为英美现代主义运动中的诗学和艺术创新提供了灵感和动力，并受到了他们那个时代的先锋派诗人和美学家们的热烈拥护，但他们对于中国语言、诗歌和文化的看法基本上被汉学家们否决了。即使在研究文学的学者中，比较文学研究者们对庞德的中国观点的评论与汉学家们的态度也存在着巨大差异。费诺罗萨和庞德的中国观点所引发的不同反应正是汉学主义复杂性的明证。

汉学主义的中国维度

在西风东渐之前，汉学基本上是一个西方的事物。在西方人来到中国之后，特别是中国在1895年中日战争中失败后，汉学开始呈现出显著的中国维度。日本学习西方模式完成现代化转型的成功，激发了中国知识分子发起了一场全面的从科技到政治和社会理论方面向西方学习的知识革命，应运而生的是一种新的汉学主义维度。随着这种维度的出现，由西方人的他者殖民和中国人的自我殖民而生的知性殖民化的内在逻辑在形式上得到完善。中国维度的形成是中国人意识到中国已经落后的剧烈痛苦而产生的结果，也许可简单归结于无可奈何地承认中国在文化，特别是在知性思想方面落后于西方。这种意识给中国意识形态带来了一场思想意识的危机。危机的本质已经被一

77　Pound, "Note" to Confucius, *The Great Digest*, New York: New Directions, 1969, p. 19.

些学者描述为一种在理智上拒绝中国价值观而在情感上接受中国价值观两者之间的冲突。约瑟夫·列文森(Joseph Levenson)是第一个提出这种思想的人。在他有关中国思想的鸿篇巨制中,他认为现代中国知识分子的思想特征是受困于一种在理智上信奉西方价值观而在情感上留恋中国传统的张力。[78] 夏志清在关于鲁迅的研究中,表达了一种相似但更为具体的观点。他描写鲁迅思想意识中的内在冲突,这种思想首先受到在家乡所受的儒家教育的影响,接着通过接触西方思想又得到改变。这样,在鲁迅思想中的危机就有着一分为二的特征,他"理智上拒绝旧的中国生活方式,而在情感上或怀旧情绪上又留恋这种生活方式,尽管他理智上持相反的信念"。[79] 在鲁迅思想的研究中,林毓生与夏志清关于鲁迅思想上的二元对立的观点基本上是一致的,但是又有所不同:

> 在鲁迅身上确实存在着一种张力,但是并非在情感和理 85
> 智之间,而是在同样的理智和道德之间。换句话说,这种张力不可避免地出现是因为,出于理性的思考和道德的关心,鲁迅既拒绝中国传统,又发现了中国传统文化和道德一些有意义的因素。[80]

他进而改述这种张力:"鲁迅思想的特点是一种深刻的、不能解决的张力,这种张力存在于无所不包的偶像破坏和在理智和道德上遵从一些中国传统价值之间。"[81]

78　Joseph R. Levenson, *Liang Ch'i-ch'ao and the Mind of Modern China*, Cambridge, MA: Harvard University Press, 1959; *Confucian China and Its Modern Fate*, 3 vols., Berkeley: University of California Press, 1958—1965。

79　夏志清在关于鲁迅的研究中基本上采用了这一主题。见 C. T. Hsia, *A History of Modern Chinese Fiction*, New Haven: Yale University Press, 1961.

80　Lin Yu-sheng, *The Crisis of Chinese Consciousness: Radical Antitraditionalism in the May Fourth Period*, Madison, WI: University of Wisconsin Press, 1979, p. 105.

81　同上, p. 104。

不管是列文森对中国知识分子的广义研究，还是夏志清和林毓生对一个知识分子代表的个案研究，他们都具有一个相似的基本观点，即现代中国知识分子思想危机的特征在于理智上接受西方价值观而与情感上拒绝西方价值观之间存在着一种张力。但是在笔者看来，他们关于危机本质的研究对中国知识分子有意识的思想而言也许是正确的，但是却无法反映其无意识的维度，因为他们没有考虑到自觉承认西方的优越性和同样承认中国的落后对中国思想中的文化无意识的形成所产生的深刻影响。新文化运动中两个著名的口号“打倒孔家店”和“欢迎赛先生和德先生”，间接反映了人们自觉承认西方的优越性和中国的落后。这种认识实际上就是过去和现在许多知识分子的潜意识里存在的一种动机，就是呼吁全盘西化。

笔者无意质疑新文化运动对中国现代化进程的历史意义，或者呼吁对此重新作出评价；笔者关心的是盲目接受西方思想、理论、模式和样式是如何产生了一个显著的具有中国维度的汉学主义。笔者认为，承认西方优越和中国落后的观念通过宣传、教育、媒体和出版得到有意识的促进和加强以后，就渗透到知性思想的较深层面，积淀为知性思想的文化无意识。这种文化无意识是造成对中国文明和文化成就进行令人眼花缭乱的错误再现和错误评价的逻辑所在。而且，它是中国学术各个领域中范式、理论和方法出现问题的认识论和方法论之源。

国学研究与汉学主义

在国际汉学主义的大背景下，中国学者创立了一个特点鲜明的中国研究学派。这个学派以一种前现代之前所未曾出现过的趋势为特
86 征。这是一个盲目接受西方思想、观点、范式和方法论，而不考虑它们对中华文明和中国的实际是否恰当或有用的趋势。这个趋势在 20 世纪初以介绍西方文化和生活开始，在呼吁中国文化应全盘西化时达到顶峰。这种呼吁在整个 20 世纪不断反复出现。它以从西方视角来观察社会现实和自然世界的习惯方式为特征，轻视任何一种中国文化方

面的价值观,无论是儒教文化、道教文化或佛教文化,并且乐意承认中华文明的落后,接受西方文明的优越。在极端的情况下,它甚至形成了一种特别的汉学主义形式,笔者称之为“逆向族群中心主义”:一些中国人和一些海外华人采取了通常由非华人群体所拥有的视角,对中国文化大加贬斥,发表甚至是污蔑性的价值判断。这些价值判断与反华的种族偏见具有相似的基础。这种现象有无数的例子,遍及智力活动和生活方式。至此,中国研究(国学)已经与汉学和汉学主义融为一体,成了一个具有多重维度的、全面的智性事业。

盲目接受西方价值观,贬低中国价值观的现象在许多领域都有表现。在此,笔者仅仅在历史、文学和知性思维领域考察一些例子,目的不是要贬低前人的学术成就或为历史旧账翻案,更不是要在“疑古”和“走出疑古”两种思潮之间站队,而是要分析国学研究中存在的汉学主义倾向。在历史研究领域,20世纪30年代,享有国际声誉的中国历史学家顾颉刚领导和发动了疑古运动。由于深受当时新文化运动偶像破坏主义的影响,疑古运动的核心是对中国古代的历史材料抱强烈的怀疑乃至摈弃的态度。一些对中国古代倾向于无情批判的学者,得出了几乎所有的古代中国史录的真实性和可靠性都该遭到推翻的结论。顾颉刚本人在他的《古史辨·自序》中写道:“中国的历史,普通都知道有五千年(依了纬书所说已有二百二十七万六千年了),但把伪史和依据伪书而成立的伪史除去,实在只有二千余年,只算得打了一个‘对折’!”[82]将中华文明减少了一半,真是一个巨大的折扣!鲁迅曾在给郑振铎的信中批评了顾颉刚的偶像破坏主义:

> 他是有破坏而无建设的,只要看他的《古史辨》,已将古史“辨”成没有,自己也不再有路可走,只好又用老手段了。[83]

82　顾颉刚:《古史辨·自序》,上海:上海古籍出版社,1982,第42-43页。

83　鲁迅:《鲁迅全集》,北京,人民文学出版社,2006年,第13卷,第170页。

历史跟这些怀疑主义者开了个极大的玩笑。自从20世纪30年代以来,考古学上的发现总体上证明了古代中国历史的真实性和可靠性。这种证实可在中国许多学术文章和书籍中获得,甚至在《剑桥古代中国史》中也是如此。该书集国际上最著名的中国古代史专家的研究,吸收了最新的考古和古史研究成果,试图提供一个客观公允的视野。在该书序言中却得出一个这样的结论:"过去一代人的考古发现不是推翻古代中国传统文字记录,而是倾向于认可其真实性。"[84]

王国维是中国历史上最后一位伟大的传统文学理论家和第一位
87 了不起的现代文学理论家,他在中国学术的许多领域作出了开创性的贡献。他关于《红楼梦》的研究[85](1904年)开创了小说研究的新颖方式,已经得到了学者们的高度赞扬。他的成就很大程度上来自融哲学和美学于文学理论的西方方法,特别得益于他当时正在阅读的叔本华的美学理论。尽管他的红学研究的成就很高,但还是受损于僵硬固守德国哲学家的思想和概念基础。叶嘉莹对王国维的成就和不足发表过详细分析。她正确地指出:

> 尽管《红楼梦评论》一文有着以上的许多长处,可是它却无可挽回地有着一个根本的缺点,那就是完全以叔本华哲学为解说《红楼梦》之依据的错误。本来,从哲学观点来批评一部文学作品,其着手的途径原是正确的。只不过当批评时,乃是应该从作品的本身及作者的生平和思想方面,来探寻作品中的哲学意义。此一哲学含义,与任何一位哲学家的思想虽大可以有相合之处,然而却不可先认定了一家的哲学,而后把这一套哲学理论,全部生硬地套到一部文学作品上去。而静安先生不幸就正犯了此一缺点。因此在这篇论著中,虽

84　Machael Loewe and Edward Shaughnessy, eds., *The Cambridge History of Ancient China*, Cambridge: Cambridge University Press, 1999, p. 10.

85　王国维:《红楼梦评论》,《王观堂先生全集》第5卷,台北:文化出版公司,1968年。

> 也有不少精辟的见地，却可惜全为叔本华的哲学及美学所限制，因而遂不免有许多立论牵强之处。[86]

叶嘉莹的批评恰如其分地找出了许多中国学者做学问过程中普遍存在的问题：即很少顾及中国文本的历史性和材料的背景，僵硬地套用西方理论和模式，并且用西方的价值标准作出评判。这一有问题的治学方法已成了大多数中国学者的潜意识的范式。事实上，一位中国学者所受的西方教育越多，他越有可能受这种潜意识的范式的影响。甚至中国一些最著名的睿智博学的学者都未能避免这种影响。譬如，朱光潜是中国现代美学的奠基人之一。在他很有影响的美学著作中，他以西方文艺传统的认识论和方法论为基点，认为中国"哲学思想的平易和宗教情操的浅薄"等原因导致中国传统从来没有产生过严格意义上的悲剧。很显然，朱光潜所提到的"悲剧"是西方现代主义和后现代主义之前的定义，他关于古代中国不存在悲剧的观点显然是以西方哲学和悲剧理论为准绳的。对此，一些中国学者提出批评：

> 朱光潜也陷入了这个泥潭。朱光潜的《悲剧心理学》指出，
> 中国人之所以没有悲剧，是因为中国没有哲学……朱光潜这些 88
> 偏颇的见解，显然与他的以西释中乃至以西套中密切相关。[87]

这一批评一针见血地指出了其汉学主义的认识论和方法论问题。

汉学主义的政治维度

中国被英国的坚船利炮打开了国门，被动地进入现代时代以来，汉学主义变得越来越政治化。政治维度的发展一方面与西方帝国主

86　叶嘉莹：《从王国维〈红楼梦评论〉之得失谈到〈红楼梦〉之文学成就及贾宝玉之感情心态》，香港《抖擞》杂志 1978 年第 27 期。

87　曹顺庆主编：《比较文学报》，成都：四川大学，2005 年 12 月 15 日，第一版。

义和殖民主义的扩张齐头并进;另一方面,特别是在1911年辛亥革命之后,也与中国人民自觉地为建立一个民族独立国家的努力并驾齐驱。随着中华人民共和国的建立,汉学主义有了激烈的转变,和意识形态的、种族的、国际关系的以及地理文化的不同政治形式深深缠绕在一起。在冷战时期,汉学主义的政治维度得到了加强,以至于它与现实政治的关系密不可分,这反过来影响了中西研究的方向和成就。在中国大陆,从1950年到1979年的这三十年来,西方产生的知识,除了马克思主义之外,在文化大革命结束之前一直都遭到了越来越深入的无情批评,几乎所有西方知识都被认为是资本主义的东西,与无产阶级革命的事业和中国的社会主义建设背道而驰。从柏拉图和亚里士多德到马尔萨斯和弗洛伊德的西方思想家的作品都被抛弃到历史的垃圾箱,甚至真的被付之一炬。政治化也影响了中国对自己过去的文化和思想家的评价。在所有狂热的反西方的运动中,只有一个西方思想学派得到了坚定的拥护。这就是历史唯物主义或者辩证唯物主义的马克思主义理论。柯文对中国历史研究受到的扭曲作过分析,他敏锐地指出:

> 中国人自己,无论是马克思主义者还是非马克思主义者,在重建他们的历史的时候,都已经深深地依赖着从西方借来的词汇、观点和分析的构架……这些视角,到目前为止,都倾向于歪曲中国历史,或者夸大西方的作用,或者较为微妙地误解这种作用。[88]

中国学者自己生产的关于中国历史的大量学问,情况确实如此。例如,虽然中国历史发展有其明显的循环模式(或者更加确切地说是螺旋式的演进),却被看成是符合马克思主义的发展模式,建立在原始社会、奴隶社会、封建社会、资本主义社会、社会主义社会和共产主义

---

88 Cohen, *Discovering History in China: American Historical Writing on Recent Chinese Past*, New York: Columbia University Press, 1984, p. 1.

社会的秩序之上。而且，古代中国思想家被重新排列成两个相反的阵营：唯物主义和唯心主义、革命的和反革命的阵营。具有讽刺意味的是，在狂热反对西方知识模式的过程中，人们很少意识到汉学主义的 89
内在逻辑的影响，也没有人质疑马克思主义关于单一“世界历史”的理论是欧洲中心主义的本质。在单一的世界历史里，非西方第三世界的历史实际上成了一些补充性视角，用来证实建立在西方历史资料之上的理论的正确性。直到改革开放以后，才有中国学者开始挑战不加分析地将马克思主义的历史理论机械地运用到中华文明的做法。

在此，笔者将仅仅分析一些例子。郭沫若在其影响巨大的历史著作《古代中国社会研究》[89]中，将中国历史分成四个阶段：西周之前的原始社会、西周的奴隶社会、从春秋时期到近代的封建社会和现代的资本主义社会。四个阶段中的每一个阶段都由一个特别经济生产方式所决定。很显然，他这本书的概念框架来自马克思主义关于历史阶段的划分理论和政治经济学理论。郭沫若自己坦率地承认这一点。作为一部开拓性研究，他的著作对古代中国历史的研究作出了原创性的贡献，因而一直享有持久的价值。但是它的成就同样受到汉学主义逻辑的不利影响：即盲目相信产生于西欧资料的西方理论的效力。我们知道，无论是马克思还是恩格斯都没有对古代中国社会做过深入的研究。中国学者季雷早在 30 年代就对这一理论追本溯源，指出马克思的理论受到 19 世纪欧洲哲学，特别是黑格尔的影响，并不是对东方社会进行深入考察的结果。[90] 马克思只是模糊地用“亚细亚生产方式”这一本身有问题的思想去谈论包括中国在内的许多亚洲国家。正如上文所言，亚细亚生产方式是马克思所有理论中最不完备和最不实在的思想，已经引起了激烈的争论，至今尚无令人信服的结论。关于中国古代究竟有没有奴隶社会，30 年代曾有过一场大辩论。在郭沫若看来，“亚细亚生产方式”指的就是中国历史上的奴隶社会。在他的书

89　见郭沫若：《中国古代社会研究》“导论”，北京：人民出版社，1964 年。

90　季雷：《马克思的社会形式论》，载《读书杂志》，1933 年第 3 卷第 3、4 期，第 1-71 页。

中，导论部分第一节的标题是《社会发展之一般》。这一节为整本书提供了概念性框架。正如他所承认的那样，这个模式借用自西方，但是他对其普遍意义是毫不怀疑的："中国人有一句口头禅，说是'我们的国情不同'。这种民族的偏见差不多各个民族都有。然而中国人不是神，也不是猴子，中国人所组成的社会不应该有甚么不同。"[91]这种把中国资料完全纳入西方模式的研究方式不可避免地导致"削足适履"，引起了大量的、迄今为止还没有成功解决的公开论战。该书颇有问题的研究方法类似于汉学主义的逻辑，这点在中国学者李季1932年发表的批评意见中可见一斑："不管实际情形怎样，总要用'削足适履'的办法，把它套在马氏的公式里面。"[92]

1949年以后，汉学主义的政治维度在国内和国外都有所拓宽。在此，笔者将仅仅讨论一些文学领域的一些现象。在国内，毛泽东的《在延安文艺座谈会上的讲话》(1942)，对马列主义关于文学和艺术的理
90 论有所贡献、有所发展，是中国现代历史上为数不多的原创性文论，曾经是一切文艺创作的指导方针。但由于其马列主义的谱系，《讲话》显示出清晰的汉学主义的政治逻辑，对中国的文艺创作和评价起了不利的影响，尤其是在中华人民共和国成立以后。这个讲话详细论述了文艺的评价原则：政治标准和艺术标准，政治标准先于艺术标准。十分有趣的是，这套标准被左右两派自觉或不自觉地运用到了国内外。在中国大陆，持政治标准第一的文学评论家，在撰写中国现当代文学史和评论时，就把大量经不起该标准衡量的一流作家排斥在外了。例如天才作家张爱玲。其他自由派作家和独立作家，如周作人、沈从文、施蛰存、刘呐鸥、李金发、钱钟书等，要么完全被忽视，要么甚少关注。在台湾，国民党政府也用政治尺度来促进或查禁文学作品。有相当长的一段时间，甚至连鲁迅的文学作品在台湾都被禁止出版发行。在海外，意识形态虽然并未如此糟糕地影响学术研究，但是文学研究也同

91 郭沫若：《中国古代社会研究·自序》，北京：人民出版社，1964年，第7页。

92 李季：《对于中国社会史论战的贡献与批判》，载《读书杂志》，1932年第2卷第2、3期，第131—132页。

样受政治的影响。夏志清的开拓性著作《中国现代小说史》成功地重新发现那些在大陆被政治意识形态忽视的作家，但是其了不起的成就却因相反方向的政治思想干扰而受损。西方著名的文艺评论家雅罗斯拉夫·普实克（Jaroslav Průšek）就批评夏志清由于政治偏见而未能描绘现代中国文学的全貌。他委婉批评夏志清没有致力于"诚实的努力，抓住纷纭复杂的全过程，并以一种客观的、不带偏见的方式将其呈现出来"，[93]因而失去了一个机会。今天，许多学者都认为，夏志清低估了一些左翼作家和共产党作家的成就，而过分拔高了一些独立作家和反共作家。

西方学者一般不会公开赞同政治意识形态，魏复古可以算是一个例外。他的《东方专制主义》事实上正是政治导向的结果。他的案例十分清楚地证明现实政治对客观现实和学术公正所起的负面影响和作用。在前文中，笔者曾批评他扭曲和错误再现了中华文明。他的问题部分是方法论的缘故，部分是因为政治缘故。他坦诚公开自己的政治立场，并且表达了希望为赢得冷战而助一臂之力的急迫心情。在书的序言里，他毫不隐讳地声称，该书的政治目的就是应对共产主义的威胁：

> 你不可能赤手空拳地战斗。在危急的情况下，任何理论的真空，就像权力的真空一样，会招致灾祸。当我们这一方拥有优越力量和无限贮备的时候，没有任何理由让敌人拥有他需要的东西，没有任何借口让极权主义的战略家以本来应该是我们的立场炫耀他们牵强附会的教条。没有任何理由让他们因为我们的缺席而赢得这场思想的战斗。[94]

在强调学术客观和公正的西方汉学界，魏复古赤膊上阵的政治风格是 91
罕见的。恰恰相反，政治化时常采取微妙得多的形式，特别是在冷战

[93] Jaroslav Průšek, "Basic Problems of the Historg of Modern Chinese Literature and C. T. Hsia, a Historg of Modern Chinese Fiction" in *T'oung Pao*, 49, 1962, p. 404.

[94] Wittfogel, *Oriental Despotism*, p. 10.

结束以后。正是这种微妙的形式构成了汉学主义的主流,并且使汉学主义化的研究更加引人入胜。

非西方世界的维度

现代汉学主义形式多样,涵义微妙,丰富多彩,范围广阔,但是万变不离其宗,都没有偏离建立在以西方为中心的认识论和方法论基础之上的谱系。随着全球化的发展,现代汉学主义几乎延伸至中国文化的方方面面,从政治、经济、思想和外交到精神态度、生活方式、行为方式和世界观。它甚至超越了汉学和中西方研究的传统领域,涵盖全世界非西方文化的人民对中国和中国文化的观察、态度和评价。结果,现代汉学主义产生了一个新动向,它涉及了非西方的、非华裔的人们和学者。

由于西方认识论和话语霸权占据主导地位,非西方人士往往以西方视角来看待中国,以西方学者使用的方式来研究中国,结果都在有意无意地误解和扭曲中国和中国事物。日本著名学者沟口雄三在反思日本对中国所持有的观点时指出:“迄今为止,特别是近代以来,以欧洲的视角来看待中国乃至亚洲,已是很一般的事。”[95]他还明确指出,无论日本人对中国持有什么观点,中国的形象始终是以西方视角和西方观点来建构的。不久前,厦门大学周宁教授编辑出版了一本著作,其主题是研究非西方地区如日本、印度、马来西亚、菲律宾和其他国家人们的思想和学术中的中国形象。其中包含的大量资料可纳入汉学主义。[96] 因此,尽管汉学主义最初是一个西方话题,但随着全球化时代的到来,已经成为一个世界性的文化事业。

95　中文引自〔日〕沟口雄三著,李甦平等译:《日本人视野中的中国学》,北京:中国人民大学出版社,1996年,第17页。

96　周宁编:《世界之中国——域外中国形象研究》,南京:南京大学出版社,2009年。

第四章

认识论的意识形态

在本章中，笔者将探讨汉学主义在西方和中国主要的思想家及学者著作中的一些典型表现，希望能以更好的视角对汉学主义进行概念性研究。笔者认为，汉学主义基于一种巧妙的意识形态，我们或可称之为意识形态无意识。这种意识形态，尽管和不同形式的政治紧密相关，本质上其政治性却并不明显，而是由一系列大多无意识的认识论导向和立场演化而来。追根溯源，我们将探讨以下几个问题：作为一种无意识的意识形态，它和其他文化研究，尤其是非西方文化研究中的意识形态有何关联？它与意识形态、权力、霸权、话语、种族及民族等概念问题如何既密切相关又有所区别？汉学主义的概念核心是什么？它的典型特征是什么？它的运作逻辑是什么？以及我们如何对其进行定义？这些问题笔者将在本章及下一章中进行探讨。本章将着重关注作为一种文化心理、思维习惯及意识形态的汉学主义，探究其本质、功能以及认识论原理。

认识论意识形态的序曲

简而言之，汉学主义的意识形态无意识就是知识及学术生产中的一连串认识论问题。在中西研究中，由这类认识论意识形态产生的问题比比皆是，但要掌握其基本原理却并不容易。在本节中，笔者只将聚焦于汉学研究中的一些问题作为批评研究的起点。鉴于笔者的专长是语言、文学以及学术思想的比较研究，笔者将从这些方面对一系列现象进行分析，从而揭示汉学主义是如何成为笔者想要称之为“认识论殖民”及“认识论意识形态”的产物的。汉学主义的一个重要方面就是把西方的范式和方法论强加到中国的材料之上，以及中国学者和中国人对于强加于他们的范式和方法论的主动接受。在意识层面上，这一双向的互动并不让人觉得是政治的或是意识形态的，因为它关注的是研究和知识。但
93 是当它穿透到人们头脑的深层结构中的时候，认识论问题就变成了意识形态问题，认识论无意识也就转换成为一种特殊形式的政治意识形态。在一些涉及大批中西方学者、知识分子以及政治家关于中国语言变革的争论中，这一点就有所体现。在下文中，笔者将对语言改革问题进行分析，进而揭示认识论是如何转化为意识形态的。

汉语改革始于晚清时期。[1] 自一开始，它就受到西方形而上学和语言理论的强有力的影响。就言语和文字的等级顺序而言，自柏拉图以降的西方哲学认为思维和语言之间存在一种功能关系：语言是思维的表现，文字是对于用声音发出的语言的记录。因此，文字是由声音决定的。就字母语言而言，这种观点可能是正确的，莱昂纳多·布隆菲尔德就认为：“文字不是语言，而只是记录语言的方式之一。”[2] 许多汉学家坚持认为，汉语和西方文字具有相似的本质，他们的指导原则就是植根于西方形而上学和占据西方语言学中心地位的语音中心主义。在第八章中，笔者还将会对汉学家如何将西方语音中心主义强加到汉语之上进行专门探讨，但在本部分中，笔者对西方形而上学和语言理论对于中国知识分子和政治家思维的影响仅作简要分析，这些知识分子和政治家接受了西方的语言观，从西方语言学视角进行汉语改

1　关于中国语言改革如何开始的简要介绍，读者可参照“Advocates of Script Reform”, in Wm. Theodore DeBary and Richard Lufrano, eds, *Sources of Chinese Tradition*, vol. 2, second edition, New York: Columbia University Press, 2000, pp. 302-308。

2　Bloomfield, *Language*, Chicago: University of Chicago Press, 1984, p. 21.

革,并把语言问题上升为意识形态和政治问题。

就常识而言,语言和意识形态是两个根本不同的范畴,但是在中国民族主义和现代性的历史背景之下,语言和意识形态是如此紧密地纠缠在一起,以至于语言问题变成了政治问题,语言的争议常常转化为我们称之为语言政治的问题。面对19世纪下半叶西方帝国主义侵略的冲击,许多接受过西方教育或者西方理论的中国知识分子开始把所有中国文化的弱点完全归咎于汉语的特性上。他们认为,由于其独特的书写和语法体系,汉语缺乏有效的沟通能力,因而不能满足现代社会以及不断发展的科学和民主的需要。他们以西方字母语言为参照框架,要么公然宣称,要么明确承认,汉语,尤其是其文字体系,是一种开展交流、教育和科学研究的劣等媒介。他们因此要求对汉语进行猛烈的变革。[3] 在20世纪初的新文化运动中,他们发起了一场文学革命,其主要目标就是语言改革。这场文学革命成功地用白话文取代了 94
古文。[4] 在当时的历史背景下,进行语言改革对于中国的现代化,尤其是引进现代科学技术和社会思想是必要的。但是文学革命将汉语现代化的意图并不满足于用白话文替代古文;它号召对汉语的文字体系进行更激烈的变革,试图用拉丁字母取代汉字(或叫表意字),来模仿西方字母语言。这场旷日持久的书写改革始于19世纪下半页,横亘整个20世纪。其影响遍及社会生活的各个方面,并导致了笔者称其为现实政治意义和学术意义上的"语言政治"。

现实政治的意义可以从两个主要方面来把握。其一,一批激进的改革者和传统观念的攻击者宣称,汉语的文字体系正是中国历史进程的障碍。按照他们的观点,西方思想家和学者把中国看成一个"没有运动"和"抵制变革"的国家,究其根源,是由于汉字的特征。他们进一步认为,如果不对汉语书写进行大幅度改革,中国文化在帝国主义的

3　参见 Wm. T. de Bary and Richard Lufrano, eds., *Sources of Chinese Tradition*, vol. 2, pp. 302-308。

4　参见 C. T. Hsia, *A History of Modern Chinese Fiction*, New Haven: Yale University Press, 1961, pp. 3-5。

殖民冲击下就会面临灭顶之灾。鲁迅忧心忡忡的警告就是这种对于中国文字的激进观点的一个缩影。鲁迅在一篇文章中以坚定的语气把汉语文字谴责为“让人民变得无知的有效工具”和致命的疾病。基于这一论断，鲁迅得出一个耸人听闻的结论：“如果汉语文字不亡，中国必亡。”[5]20 世纪 30 年代，左翼作家，后来成为中共中央总书记的瞿秋白，曾经发表过更加激烈的言论：“汉字是世界上最龌龊最恶劣最混蛋的中世纪的茅坑。”[6]包括毛泽东在内的后来的中共领导人也都强烈倡导用拉丁化的书写取代传统书写。因此，在 20 世纪之交，开展了一场激进的汉语书写变革，并以 1957 年引入一种拉丁化的书写方式，即后来广为人知的拼音系统而达到顶峰。

字母化的书写改革试图取代汉字的文字体系，受到了强烈抵制并最终以完全失败告终，因为即使有中国政府的强力推进，这项改革运动最终也被彻底抛弃。拉丁化改革唯一的好处就是拼音体系成为外国人学习汉语的得力“拐杖”，成为编纂字典和图书馆藏书目录的有效标记系统，以及一种计算机输入法。然而，最后这一功能却并不怎么有效，因为鉴于汉字的典型特征，拼音输入法相较于其他输入法要慢得多。其结果是，有效的输入法仍然要依赖汉字的构成。拉丁化事实上的失败并没有减弱文字改革的热情。因此，一场简化汉字的改革又开展起来。1956 年，中国政府正式公布第一批 230 个简化汉字。第二批、第三批简化汉字与偏旁也随后公布，其后一些简化字由于产生语
95 义混乱而被取消。[7] 引入简化汉字之后，一场语言分歧也随之出现。在中国大陆，简化汉字被统一运用于除书法以外的社会生活的各个领域，但在台湾和海外，仍旧使用传统的繁体字。这一书写上的分歧很快演变为政治分歧。后来历任台湾当局都抵制简化汉字，指责大陆政

5　参见鲁迅，《鲁迅全集》，北京：人民文学出版社，2005，第六卷，165-166 页。

6　瞿秋白，《瞿秋白文集》，北京：人民文学出版社，1996，第二卷，第 690 页。

7　关于简化字引入的介绍，参见 P. L. M. Serruys，*Survey of the Chinese Language Reform and the Anti-illiteracy Movement in Communist China*，Berkeley，CA：Center for Chinese Studies，1962。

府抛弃中国丰富的文化遗产。语言政治至今仍在继续，而且不可能在短期内结束。在网络上，一场关于汉语是否是一种可以比肩西方语言的先进语言的争论已经持续了若干年。双方各执一词，常常进行情绪化的激烈争论。

语言改革的背景是西方形而上学和语言学理论的背景。在古希腊，斯多葛学派的哲学家们认为语言中的符号就是“话音”，语言就是一种口语。这一观点造成了所谓文字次要论的出现。诸如柏拉图、亚里士多德、卢梭等哲学家以及一些现代思想家都认为文字次于言语，因为后者和头脑中的思维更接近。当一个等级确立时，主次问题就会不知不觉地潜入语言的总体研究和汉语的个体研究中，为笔者所指的“语言汉学主义”的出现铺平了道路。亚里士多德认为文字次于言语：“口语是内心经验的符号，文字是口语的符号。”[8] 卢梭的观点与亚里士多德如出一辙，他声称“文字仅仅是口语的表现”。[9] 这种认为文字附属于口语、口语优于文字的观点被称为语音中心主义。语音中心主义是西方犹太教—基督教传统的关键问题。雅克·德里达以汉语的象形文字为依据，对古代思想家以及诸如索绪尔、列维—斯特劳斯以及 J. L. 奥斯汀等现代思想家的口语优于文字的观点提出批评。[10] 德里达坚持认为文字有其自身价值，并非“口语的附属”。他认为语音中心主义只是西方哲学中认为在场优于不在场的逻各斯中心主义的一种体现。

语音中心主义催生了一种隐性的观点，那就是西方语言优越于汉语。这种针对汉语的偏见可追溯到 18 世纪。我们不妨回忆一下黑格尔对于汉语文字的贬低以及卢梭对于世界上所有语言的三个等级的划分：每个等级都反映出在历史发展中文化的先进程度：未开化人的语言、野蛮人的语言以及文明人的语言。汉语因其象形文字体系被划

8　引自 Derrida, *Of Grammotology*, Baltimore, MD: Johns Hopkins University Press, 1976, p. 36。

9　同上, p. 27。

10　同上, p p. 27-73, pp. 101-40。

入第二等。(笔者将在下文中探讨该语言理论与西方对于汉语的观念之间的关联性进行探讨。)中国的语言政治是在西方的影响下产生的，而它又对汉学中的语言研究产生冲击。事实上，它创造出一种西方形式的语言政治，引发了一场始于20世纪30年代并一直延续至今的关
96 于汉语本质的巨大争议。西方的语言政治围绕所谓的表意符号争议(Idoegraphic Controversy)。在这些争论中，语言学中的汉学主义扮演了重要角色，结果是汉语的本质特征不仅未能得到澄清，反而愈加含混不清。这种针对汉语的意识形态偏见带来了一种思维方式，我们可称之为“语言汉学主义”。笔者将在第八章对此进行详尽的批评分析。本节只是要揭示学术研究中的认识论问题是如何转化为政府政策和人们生活中的认识论意识形态。

认识论意识形态

笔者对于中国语言改革的批评分析只是探讨中国和西方在关于中国的知识生产中认识论和方法论的理论问题的序曲。笔者认为，信息不对称只是学术研究和公众领域对于中华文明的误解、误传以及贬低的原因之一，主要原因还是知识生产中的西方认识论问题。“认识论”(epistemology)这个术语来自两个希腊词的组合，“episteme”意为“知识”，“logos”意为“解释”，整个词的意思是“知识和解释的本质研究”。[11] 根据这个定义，知识是认识的状态，也是看问题的方式。看世界的方式存在于认识论的核心；知识生产不可避免地取决于认识论。从概念意义上来讲，汉学主义是指看待中国的方式中存在的认识论问题，以及在具体看问题时对其形成的知识的确认。在意识层面，汉学主义的观察方式对于世界人民客观观察、了解中国带来不利影响。在无意识层面，它不断给关于中国的真正意义上的知识生产制造概念障

11　参见 Robert Audi, ed., *The Cambridge Dictionary of Philosophy*, Cambridge: Cambridge University Press, 1995, p. 233。

碍，也给健康的全球化进程造成知性阻碍。

汉学主义是基于一种演变为无意识意识形态的认识论。这种认识论意识形态很早就已开始，但是直到黑格尔时代才渐趋成熟。黑格尔对中国的研究为西方中国知识的生产提供了一种典型范式，该范式发展为一种认识论的意识形态。作为西方现代思想界柏拉图或亚里士多德式的人物，黑格尔通过提供给西方一种系统地研究中国和中国知识生产的方法，为汉学主义打下了理论基础。他的方法具有以下典型特征：(1) 对中国文明的探索应该有一个认识论的思想体系作为武装，以此指导调查实践。就他而言，这个认识论的思想体系的基础就是自由的精神；(2) 调查者在对中国材料的调查中必须具有一种批判精神，这种批判精神应建立在西方文化优越论之上；(3) 调查者在对中国进行研究时需要有一定的眼光和视角，其来源应为西方知识和概念性的目的论；(4) 关于中国的知识形成过程中的每个方面都需要根 97
据西方的理念和标准来评估；不符合西方理念和标准的任何情况应被视为反常现象或劣等现象。在此，笔者希望指出：如果说在黑格尔之前对这种认识论方法的阐述还不成系统，到了黑格尔时代，随着他对历史和文化的哲学探索，这种认识论方法已经成为西方对中国及其他非西方国家的认识形成过程中一个明确的思想体系。

这种思想体系出现在西方早期思想家对中国的研究中，对后来的西方思想家形成对中国的认识产生了深远影响，包括卡尔·马克思、马克斯·韦伯到卡尔·魏复古等。作为黑格尔的学生，马克思认为中国文明“没有运动”，且具有一种对所有社会变革的“抗拒能力”。在对人类历史发展的著名构想中，他根据生产方式划分出了亚细亚的、古代的、封建的和资本主义的四种主要经济方式，[12]他将中国放在亚细亚生产方式之中，并且将中国未能产生资本主义归咎于国家对经济活动的严格控制。在马克思的所有观点中，亚细亚生产方式理论也许是

12 马克思写道：“大体说来，亚细亚的、古代的、封建的和现代资产阶级的生产方式可以看作是经济社会形态递进的几个时代。”《政治经济学批判·序言》，New York：International Publishers，1970，p. 21。

最不发达的一种理论，当然也是引起最多争议的理论。[13] 作为受西方传统深刻熏陶的理论家，马克思不可能将他的理论同西方知识生产中的认识思想体系分开。萨义德正确地指出，在阐发概念时，马克思和恩格斯均成了被他称之为“东方主义”的有害话语的无心代言人。[14] 的确，马克思的这个理论反映出西方对东方的认识中将事实和想象混为一体的情况。他的理论对后来的思想家和学者产生了深刻影响，被赞成和反对的两派思想家和学者同时采用。

现代形式的汉学主义认识论的一个主要特征就是坚持采用西方的模式和观察、构想、抽象以及概括方式来研究中国及中国文化素材。这种学术模式的特点就是抵制中国自身的研究方式。笔者在对汉学主义的历史批评中谈到过卡尔·魏复古。重新审视他的著作，有助于我们理解汉学主义中的认识论是如何以意识形态为架构的。魏复古的主要著作《东方专制主义——对集权的比较研究》直接以中国为研究素材，是一个认识论与意识形态相互作用进而产生出充斥常识错误、信息错误以及偏见的研究的典型例证。笔者在此将对一些主要细节进行分析，以揭示其运作逻辑。在西方学术研究中，现代形式的公职政府的基本理念被认为得益于中国的科举制度。公务员制度是西方现代政府机构的一个组成部分。政府公务员的雇佣是基于业务能力，而这一能力则是通过竞争激烈的考试得以证明。但是在古代，欧洲的各级政府官员的任命要么是通过世袭，要么是通过推荐。基于业务能力的政府职位任命直到现代方才出现，它作为一种政府体系，被
98 认为是参照中国以科举考试为基础的封建官僚制度的结果，这种制度可追溯到秦朝（公元前221—前207年）。魏复古认为中国是东方专制主义的典型，并认为中国文化需要平等的理念和社会流动性。然而，中国公职人员任人唯贤的选拔传统削弱了魏复古的观点。事实上，在

13　关于这场争论的详细描述，参见 Stephen P. Dunn 的 *The Fall and Rise of the Asiatic Mode of Production*，London：Routeledge and Kegan Paul，1982。

14　参见 Said，*Orientalism*，New York：Vintage Books，1978，p. 32，p. 102，pp. 153-7，p. 231。

魏复古之前，著名汉学家顾立雅就指出，中国的思想对于法国大革命期间西方平等观念的发展至少起到了催化剂的作用。[15] 因此魏复古必须推翻这一主张。中国古代封建王朝的官员是通过科举考试来选拔任命的，这为普通百姓进入统治阶层提供了一个上升渠道。魏复古在探讨中国科举制度的长篇论述中则试图通过反驳这一说法来贬低中国的官员选拔制度。通过并不可靠的数据和带有偏见的分析，魏复古得出结论："如果隋唐的皇帝建立科举制度的部分目的是改变统治阶层的社会构成，那么可以断言，这套制度并未达到这一目标。"[16]他承认这一制度为统治阶层提供了数量不等的新鲜血液，但他又明确宣称这种制度并未改变统治阶层在社会政治层面固步自封的趋势。

魏复古认为传统的中国政府都是专制的，为了支持这一论点，他必须反驳被他称之为"神话"的东西：即儒家"仁政"理想是如此强大，竟然征服了那些征服者[16]。在以"中国人并非总是同化他们的征服者"为题的一节中，魏复古着重反驳这样一种神话，即在中华文明的历史进程中，征服中国的野蛮人变成了被文明征服的人。他认为：

> 对比分析表明，四个征服中国的主要朝代无一能够证实蛮族被同化这一神话，即使最后一个朝代也没有。满族人在征服汉族之前就接受了许多汉族的习俗；但就他们以及其他民族而言，政治和社会地位的区别一直保持到最后。[17]

他完全忽略了这样一个事实，即除了蒙古贵族在自己的王朝统治被推翻之后回到故土，其他所有游牧部落和蛮族都被吸收到中华文明的大熔炉中。无论是征服中国北部建立北魏政权的鲜卑游牧部落，还是

15　顾立雅在其 *Chinese Thought from Confucius to Mao Tse-tung*，（Chicago：University of Chicago Press，1953，p. 220）一书中，简要提到这一观点，并在另一本书 *Confucius，the Man and the Myth*（New York：John Day co.，1949，pp. 255-278）中对此进行了较为详尽的探讨。

16　Wittfogel，*Oriental Despotism：A Comparative Study of Total Power*，New Haven and London：Yale University Press，1957，p. 354.

17　同上，p. 326。

17 世纪推翻明朝建立清朝并统治中国近三百年的满族人，都是如此。中国历史上所有征服民族全部或部分地融入了中国文化的大家庭。

在分析中国传统宗教和国家的关系时，魏复古得出这样的结论：

> 总而言之：在中国的国教中，统治者和各级官员发挥了
> 99 关键的牧师作用，尽管这些官员和皇帝中的绝大多数人主要
> 是管理世俗事务。因此，古代的中国政府展现的是一种一以
> 贯之但又非同寻常的神权政治的变体。[18]

尽管使用了一些限定语，魏复古仍把传统的中国政府描述为一种神权政府，这种神权政府和世界上所有的神权政府只存在程度上的差异，而没有本质的差别。这种观点和另外一种西方观点相互冲突，即认为中国和欧洲的差异在于中国历史上没有神职人员。任何一位对中国历史稍有了解的读者都很容易发现，魏复古对中国政权和宗教的描述都是站不住脚的，但对于一位研究中国文化和社会并以此为学术追求的学者而言，这种谬误不能归结于其对中国历史和文明的无知，而只能归咎于汉学主义的方式和实践。

作为汉学主义的一种成熟形式，魏复古的研究被赋予了一种承前启后的认识论范式的重要地位。这一范式值得我们深思，因为从它身上，我们看到了扭曲的观察方式如何变为扭曲的学术视角，并最终演变为一种政治意识形态。笔者对魏复古的案例尤其关注，并非关心他关于中国的看法正确与否，而在于魏复古这样一位精通汉语，毕生对中国保持浓厚研究兴趣且致力于研究中华文明的西方思想家，为何会犯这种低级错误？其中有两个根本原因。其一是政治和意识形态的原因，其二就是认识论和方法论的原因。就政治和意识形态而言，魏复古的研究正值冷战的高潮。在书的序言中，魏复古本人几乎丝毫不掩饰其研究的政治目的。用他自己的话说，就是要为反抗共产主义威

18　Wittfogel, *Oriental Despotism*, pp. 95—96.

胁提供有效的理论武器。[19] 就认识论和方法论而言,魏复古的问题不在于他对基本的中国历史知识的无知,而在于他不得不把中华文明强塞到以意识形态为主导的理论之中。魏复古的理论基于东方专制主义的意识形态。他设想出一种通过控制对灌溉实施集中控制进而控制人民的"水利文明"。他坚信这样的"水利文明"——尽管它们并不在东方,也并不是所有东方社会的特征——与西方世界的文明具有本质区别。在他的设想中,世界历史上的大多数古代文明,比如古埃及、美索不达米亚、印度、中国、前哥伦布时期的墨西哥以及秘鲁,都属于这类水利帝国。他的这一理论并非自己独创。事实上,他的核心观点来自马克思及其之前的其他西方思想家,再加上他自己的概念化。他利用这一理论对东方文明进行歪曲和错误表述,是为了实现他的意识形态目的。魏复古的案例证明了意识形态如何决定认识论,后者又反过来促进新的意识形态的形成。

恩格斯虽然把马克思的观点作为研究东方政治和宗教历史的关 100
键,但他和马克思一样,都小心翼翼地有意把中国排除在外。恩格斯和马克思都对英国忽略水利灌溉并导致印度和中东的农业彻底毁坏提出了批评。[20] 魏复古借用马克思关于印度的一篇文章中的观点,并对其加以修订,然后把它强加于包括中国在内的所有非西方社会。为了确定自己的论点有效,他不得不对其他文明中的素材进行剪裁,来适应他的范式:俄国极权主义是从东方引进而来;尽管没有灌溉的证据,印度河谷文明也是一种水利文明,或许因为它的痕迹随着时间的流逝已经被冲刷干净。大多数水利帝国出现在沙漠地区,而中国由于对灌溉的控制历来是封建政府的关注重点,也适用于他这一理论。

为了把中国纳入他的水利社会的理论,魏复古扩展了马克思的公共服务理论。马克思认为公共设施通过灌溉来控制水的利用和分配,魏复古则把这一理论扩展到一切公共设施,包括防御体系、宫殿、地下

---

19 Wittfogel, *Oriental Despotism*, p. 10.

20 参见恩格斯致马克思的信,1853 年 6 月 6 日, in *On Colonialism*, p. 314。

墓葬等,但仍称之为"水利专制主义"。他认为,东方专制主义造成了他所说的"集权管理的国家",并分析其对个体的不利影响:它带来了全面的孤独和怀疑,这种孤独和怀疑不只是存在于皇帝身上,也存在于中国社会的每个人身上,他们怀疑所有人,同事、邻居甚至家庭成员。在这里,魏复古再次把他的理论投射到中国不同的历史时期。对亲朋好友普遍的猜疑仅存在于文化大革命时期。即便在当时,对于那些受到迫害的人们来说,家庭的血脉联系仍然是他们最后的希望。魏复古把中国社会的孤独与西方社会进行对比,得出这样的结论:西方"自由的个体感到孤独主要是由于他们被忽视,而不是由于受到随时可以毁灭人的尊严的权力的威胁"。[21] 他完全忘记了这样一个事实,即现代形式的极权主义,无论是斯大林主义还是法西斯主义,都来自西方。具有讽刺意味的是,他还引用了中国古代伟大史学家司马迁的事例,认为他是东方专制制度的受害者,并且认为这位史学家由于触怒汉武帝而惨遭宫刑的悲惨经历与现代专制的受害者相比,境遇要好得多,因为司马迁没有进行公开的坦白,没有受到当众侮辱。[22] 这一类比的巨大讽刺在于,所谓"集权管理的国家"其实是西方的创造,而不是东方的产物。因为这一概念的来源是杰里米·边沁(Jeremy Bentham)在设计监狱时提出的"全景敞视监狱"(Panopticon)的理念,乔治·奥威尔在他的小说《1984》中对这一理念进行过生动的描述,福柯后来也借用这一概念作为贯穿现代西方社会的"监狱连续体"的一个隐喻。

总体而言,魏复古关于中国文明的研究展示出现代形式的汉学主义趋势,其声称是基于对中国材料的客观分析,实则是建立在意识形态的基础之上。就魏复古而言,他坚信世界上的极权主义,无论出现在东方还是西方,古代还是现代,都是相同的,但根源是在东方。正如史景迁敏锐地指出,"他长久以来研究的中国在他头脑中不但已经与

21　Wittfogel, *Oriental Despotism: A Comparative Study of Total Power*, New Haven, 1963, 157.

22　同上, p. 159。

现代极权主义融为一体,无论是斯大林主义还是法西斯,而且还与令 101
人不安的对民主的轻信合二为一。”[23]由于这种信念,他对中国古代专制和西方现代极权不加区分,声称古代中国混淆了道德、礼节和法律的界限,没有独立的宗教,而且中国的专制和西方的君主制也不同,因为它用恐惧主导观念来取代荣誉主导观念。我们在这里看到了孟德斯鸠的政治管理理论对其产生的影响,也可以清楚地找出汉学主义观点和发展模式的谱系。

汉学主义的认识论

上文已经证明汉学主义的问题主要是认识论和方法论方面的问题,但是仍然有必要指出,汉学主义不纯粹是一种认识论。从本体论上来讲,汉学主义是一种意识形态,因为跟意识形态一样,它包括一系列思想、观点、信仰和价值观念。在知识形成过程中,它是一种关于世界的全面认识,一种看待非西方问题的方法,一种被认为是关于中国文明的普遍常识,一套由研究中国问题的西方学者所做的价值判断。作为一种意识形态,它是一种虚假的意识,因为正如马克思和阿尔都塞所言,意识形态是“一种想象的混合体(bricolage)”,[24]因为它只是一组不精确的、扭曲的、充满偏见和歧视的观点和价值判断的堆积。借用安东尼奥·葛兰西关于意识形态的论述,汉学主义也是一种文化霸权的形式,西方学者运用它来证明他们研究中国问题所持方法的合法性,并用此来使全世界相信他们对中国的描绘和价值判断是不带偏见的,具有被所有人——当然也包括中国人——所接受的普遍价值。在关于中国的知识形成中,当许多中国人也真的接受了西方的认识论意识形态时,汉学主义呈现出一种特殊

23　Spence, *The Chan's Great Continent*, p. 213.

24　参见马克思,《德意志意识形态》,第767—768页;阿尔都塞把马克思的观点加以延伸,把“意识形态”定义为“纯粹的幻觉,纯粹的梦想,即虚无……意识形态是一种想象的建构,其地位类似于在弗洛伊德之前的作家眼中梦的理论地位。”《诺顿理论与批评文选》,第1498页。

形式,即一种内在化的、由自我施加的认识论的殖民化。

作为一种意识形态,汉学主义是建立在其他一些意识形态基础之上的集合体,在此仅列出主要的几种:西方霸权主义、普世主义、文化相对主义、认识论的殖民化和逆向族群中心主义。汉学主义内部的思想观念并不总是和谐一致的;的确,它们相互之间也时常发生冲突,文化普世主义和文化相对主义之间的冲突即是如此。但在关于中国的知识生产中,他们具有同样的或类似的倾向和议程:那就是面对、解释和控制中国文明中令人目眩的复杂性。在中国的知识生产中,西方总是在两个范式之间来回摆动,从一种观点转向另一种观点,但是最终目标是企图将中国和中国问题置于西方知识体系之下。这不仅在诸如乔治・安森、丹尼尔・笛福[25]、J. G. 赫尔德[26]、理查德・约翰・塞登、C. W. 多伊尔[27]、萨克斯・儒墨(又名亚瑟・S. 沃德)[28]、约翰・斯坦倍克[29]、约翰・马歇尔・哈伦[30]、亨利・史密斯、卡
102 尔・魏复古等反感、害怕和厌恶中国及其人民和文化的贬华派身上,也表现在对中国文化有强烈兴趣并倾向于用肯定的眼光来看待中国的颂华派身上。这些人包括马可波罗、利玛窦、奥利弗・哥德史

25　笛福作为他所处时代的典型,在首次提到中国时对中国抱有好感,但在《鲁滨逊漂流记》的第二部,他的态度发生激烈改变,对中国持敌视和公然蔑视的态度,并对中国人进行讽刺性的描绘。参见 Spence, *The Chan's Great Continent*, pp. 66-70。

26　尽管赫尔德宣称他的观点完全中立,他可能是最早对中国和中国人民表示出近似于种族主义偏见的西方学者之一。参见 Spence, *The Chan's Great Continent*, pp. 99-100。

27　多伊尔的作品引领了唐人街文学,这类作品倡导的理念是中国价值观会对西方白人价值观构成威胁。参见 Spence, *The Chan's Great Continent*, pp. 139-140。

28　罗默在一系列的唐人街文学中创作出臭名昭著的唐人街黑帮头目傅满洲的形象,这类小说借助与蒙古征服相关的声名狼藉的"黄祸"一说,散播恐华论调。参见 Spence, *The Chan's Great Continent*, pp. 140-141。

29　斯坦倍克在大萧条期间发表了一篇描述中国人如何毁灭西方文明的小说。参见 Steinbeck, "Johnny Bear", in *The Long Valley* (New York, 1938)。

30　在1896年著名的"普莱西诉弗格森案"中,约翰・马歇尔・哈伦是唯一一位对美国黑人种族隔离制度提出反对意见的美国最高法院大法官。然而,他却发表了如下的排华言论:"有一个种族和我们自己的种族差异巨大,因此我们不能容忍属于这个种族的人成为美利坚合众国的公民。属于这个种族的人,除了极少数例外情况,应该被彻底排除出我们的国家。我指的是中国人。"

密斯、莱布尼茨、伏尔泰、马克·吐温、蒲安臣、保罗·克洛岱尔、维克多·谢阁兰、罗素、费诺罗萨、庞德、赛珍珠、狄更生、埃德加·斯诺、李约瑟、德里达、克里斯蒂娃等。无论是贬华派还是颂华派，他们均采用一种主观立场来看待中国，好为他们自己的议程服务，在很多情况下，他们有意识或无意识地促进了也许可以称作"认识论的殖民化"的进程。

中国有一个有名的顺口溜，可以帮助我们更好地理解这种认识论殖民和自我殖民："当权者说你行，你就行，不行也行；说你不行，你就不行，行也不行。"我们也许可以改写一下这个顺口溜，以捕捉认识论殖民和自我殖民的本质特征。依据笔者对汉学主义的探讨，该顺口溜可以重新改写成两个略微不同的版本，一个是西方版；另一个是非西方版。对一些西方人来说，改写的西方版是："我们西方人说你行，你就行，不行也行；我们西方人说你不行，你就不行，行也不行。"对很多中国人而言，改写的非西方版是："西方人说我们行，我们就行，不行也行；西方人说我们不行，我们就不行，行也不行。"笔者的这种改写也许有点过于简单化了，但它却形象地捕捉住了自古以来在东西方关系和现代世界全球化进程中汉学主义在学术界和汉学实践中的工作原理。它也许可以解释中国目前普遍存在的现象：在学术评价上，中国学者总是从西方学者那里寻求最后的权威认定；在学术争论方面，总是将西方学者作为仲裁者，即使在国学研究这个被中国学者视为拿手绝活的领域也是如此。对许多中国学者来说，得到西方学者的赞赏和认可是他们追求和珍惜的最高荣誉，西方学者的评价是最权威的定论。对此，北京大学教授李零先生作了如下深刻的观察："我们有很强的'诺贝尔情结'，死乞白赖想让人家引用和承认，以为只有得到他们的重视，才算为国家挣了脸，也比国内同行高了一大截儿。"[31]

31　李零，《学术"科索沃"：一场围绕巫鸿新作的讨论》，刘东主编《中国学术》，北京：商务印书馆，2000，第二期，第203页。

汉学主义的内在逻辑

笔者已经指出，汉学主义的内在逻辑是一种文化无意识。由于文
103 化的影响，文化无意识转化为一种教化无意识，通过反复的历史和心理积淀，教化无意识又变为一种文化意识。就其可识别和被识别的形式而言，汉学主义的认识论意识形态就是这样一种基于中国意识和有关中国的意识相互作用的文化意识。前者关注的是在意识和无意识层面的中国意识，而后者指的是西方和非西方的外国人的有意识和无意识的思维。汉学主义的核心逻辑就是由这两种意识建构而成，它的形成经历了一个过程，该过程和李泽厚在其“文化积淀”理论或“文化—心理形成”理论中提出的历史—心理过程很相近，即“社会的、理性的和历史的因素不断累积并积淀到个体、感觉和直觉的过程”。[32] 李泽厚的观点最初指的是人类审美能力的长期发展过程，但正如本书在第一章指出的，文化—心理的决定作用形成文化无意识并不一定需要很长时间。笔者将采用重新构思的观点探索汉学主义的中国意识和关于中国的意识。

汉学主义中的中国意识，归根到底是自鸦片战争以来形成的中国人的现代意识。西方和其他非西方人的中国意识指的是一种历史心理形成过程，这一过程自中国为世界所知以来就开始了。中国意识由历史意识和现实政治意识构成。由于中国历史悠久，加之曾经作为世界文化中心之一的地位以及历史上的伟大物质成就，中国意识在相当长的历史时期内被赋予一种强烈的文化优越感。但随着西方的到来，中国在与西方帝国主义的冲突中经历了接二连三的失败。在现实政治层面，中国意识在面对西方人的时候逐渐被一种无意识或潜意识的文化自卑感所笼罩。结果，中国意识形成了一种自相矛盾的悖论。从情感和潜意识层面来讲，中国人不愿承认西方的文化优越性，但从理

32　李泽厚，《李泽厚哲学美学文选》，长沙：湖南人民出版社，1985，第386—387页。

性和知识层面来讲，他们又必须接受这一现实。这种矛盾心理和约瑟夫·列文森眼中现代中国知识分子的矛盾心态极其相似，这些知识分子在理智上接受西方价值观，而在情感上又眷恋中国的历史。[33] 这种历史意识和现实政治意识的冲突，情感和理智的冲突，构成了现代中国人意识的文化悖论。在对西方优越性理智接受而情感抵触的相互作用中，前者逐渐深入到中国人头脑中的无意识层面，进而转化为文化无意识。这一点在鲁迅的中篇小说《阿 Q 正传》中阿 Q 的身上表现得尤为淋漓尽致。李泽厚的文化积淀理论指的是一个历经数百万年的长期的历史一心理过程，但是现代中国历史，尤其是过去三十年的历史似乎表明， 104
笔者重新定义的文化积淀仅仅经历几代人这样一个短期历程就形成了。阿 Q 那句“老子先前比你阔多了”和他面对强权时承认自己是虫豸的滑稽行为为我们提供了一个完美的标本，通过艺术手段加以表现，是现代中国国民意识的历史心理形成过程的缩影。作为中国国民心理的代表，阿 Q 时而狂妄自大，时而又妄自菲薄。他的行为恰恰是中国文化无意识的典型表现形式：即交织在一起的自大和自卑情结。许多批评家指出，阿 Q 自相矛盾的行为正是抵触和接受的两难境地的典型表现，而这一两难境地又是现代中国在面对西方时国民意识的主要特征。

有关中国的意识本身也充满矛盾冲突的心理和反应，但它与现代中国国民意识相去甚远。它主要体现在历史和现实政治层面，而非理性和情感层面。历史上，全世界的非中国人对于中国的灿烂文明无比敬仰，以至于许多西方思想家不假思索地承认中国文化的优越性；但在现实政治层面，西方帝国主义在征服中国的过程中取得接二连三的胜利，中国不得不签订一系列不平等条约，支付巨额战争赔款，甚至割让土地。帝国主义入侵的不断成功和中国政府的反复屈服，不可避免地使得西方人和非西方的外国人把中华文明当作一种劣等文化。这构成了现代有关中国的意识中矛盾的基础，而历史上的景仰和现代的蔑视

33　参见 Joseph R. Levenson, *Liang Ch'i-ch'ao and the Mind of Modern China*, Cambridge, MA: Harvard University Press, 1959; *Confucian China and Its Modern Fate*, 3 vols., Berkeley: University of California Press, 1958—1965。

之间的矛盾正是这一意识的主要特征。这一矛盾成为一种历史—心理积淀,而这种积淀在关于现代中国的意识中的表现主要是无意识的。

汉学主义的核心逻辑是关于中国的现代意识与无意识相互作用的产物。由历史和心理形成的矛盾不仅深入到汉学主义的意识形态意识和文化无意识中,也成了关于中国知识形成的认识论和方法论的运作逻辑。正因为这种内在逻辑如此深入到思想深处,它在很大程度上是一种基于意识形态无意识、认识论无意识以及方法论无意识相互融合的文化无意识。在笔者看来,这一逻辑是汉学主义的问题所在。它可以解释在中国研究中从浪漫的理想化到恐华妖魔化等一系列纷繁复杂的现象。

认识论的意识形态化

汉学主义并非一个仅关注中国知识生产的知性范畴。它全面涵
105 盖了汉学研究中的东方主义、中西研究中的西方中心主义、对待中国人的族群中心主义和逆向族群中心主义,以及中国人和非中国人对于中国和中国人本身的误传、误认和误识。其核心内部逻辑是**认识论的意识形态化**,这种意识形态化孕育了不同阶级、群体、民族的人们的一系列看法,这些看法涵盖目前中国的文化和社会,从知性思想到经济发展乃至生活方式等各个方面。作为一套完整的思想体系,它是全世界普遍存在的现象,而非仅限于西方和中国。无论是从第三世界和发展中国家和地区的看法,还是中国人自身的看法和研究中,都能发现它的存在。它的效应甚至出现在那些思想最开放、开明和学识最渊博的学者身上,就更不用说那些对于中国并无专门了解的普通大众了。杰克·古迪令人信服地指出,即使像李约瑟在其传记中可以看出是一个热爱中国的人,在处理中国的素材时也难免采用汉学主义的方式,即带有目的论和欧洲中心主义研究模式的典型特征。[34]

34　参见 Goody, *The Theft of History*, pp. 125-153。

随着中国经济的日益繁荣和社会的急剧转型，汉学主义的认识论意识形态更趋复杂。所谓“中国中心论”便是一例。这一出现于 20 世纪 90 年代的观点并非来自中国民族主义者，亦非来自中国的文化保守主义知识分子，而是来自美国的中国研究专家柯文。其著作《在中国发现历史》颇具影响，书中批判了西方学者的中国文化研究方法，呼吁中国史研究者跳出西方中心主义歧视与偏见的窠臼，并宣扬以中国自身为中心的中国历史观。该书出版后备受好评，最近也有了新版。[35] 与之类似的是历史学家约翰 · 希莱切（John Schrecher），他在其著作《历史视角下的中国革命》中也倡导一种中国中心主义的研究路径：即基于中国传统史学理论构建一种自足的中国历史，将西方影响纳入中国历史，而不是将中国历史纳入西方的故事。[36] 这些书的认识论程序并不能厘清汉学主义，而是使其愈显复杂。德里克之言可谓一针见血，他认为，以中国为中心的历史这一概念虽然坚持中国历史与他国历史在方法论导向上的差异，但其认识论与东方主义历史观无异：“‘以中国为中心的历史’的有趣之处在于作者明显反欧洲中心主义的中国史观的立场。”[37]无论多么复杂，汉学主义的核心应是中国研究的问题性。有些问题源自可靠信息之缺乏；有些源自学术之政治化与意识形态化；还有 些源自严肃学术研究中认识论、方法论之局限与缺陷。下一章将探讨汉学主义中的方法论意识形态。

认识论意识形态面面观 106

我们在前文中探究了汉学主义的诸种维度和表征，现在尝试从概念化和全球视角两个方面界定汉学主义。汉学主义既是有意识（或无

35　Paul A. Cohen, *Discovering History in China: American Historical Writings on the Recent Chinese Past*, New York: Columbia University Press, 1984, 2010.

36　John Schrecker, *The Chinese Revolution in Historical Perspective*, second edition, New York: Praeger, 2004.

37　Dirlik, “Chinese History and the Question of Orientalism,” in *History and Theory*, Vol. 35, No. 4. 1996, p. 102.

意识)的认识论,又是无意识的意识形态。作为认识论,汉学主义是看待中国和世界的总体方式。作为意识形态,它是西方和非西方世界在认识中国时所持有的一系列观点、信仰、态度和价值的总和。意识形态和认识论两者的关系并非前者决定后者,而是相互影响、相互依存。因此,汉学主义应该在概念上定义为"认识论的意识形态"。它有两个范畴:一个与中国相关联,另一个与世界相关联。在中西研究中,汉学主义的表现有两个方面,一个方面是观察和研究中国的西方学者们全面看待中国的方式。它体现了西方在接触中国时所做的努力,以使他们对令人迷惑的中国文化的见解具有意义,并遏制中国问题相互冲突的复杂性,确保西方文化的优越地位。其概念的核心是西方习惯性地从西方角度,用西方的价值观去观察、建构,以及赋予中国文化以意义。这一核心决定了该概念范畴中具有一种固有的存在,即拒绝或不愿意从中国自身的角度去研究中国。另一个方面则是中国人自己看待中国的方法。

从事中国问题研究的许多西方学者,无论是汉学家,还是对中国某一方面感兴趣的人,都不是从中国自身的角度去研究中国或探查中国自身状况,而是依据西方观察模式采取一种主观的立场,将具有典型西方特色的概念和认识强加于中国的材料之上,并赋予意义,全然不顾这些概念和认识是否符合中国的现实状况。这种看待问题的方式生产出来的中国知识经常大大偏离中国现实,由此而产生的中国学术与其说是对中国的客观研究,不如说是对中国问题西方化了的描述。汉学主义的另一领域与中国人有关,尤其表现在中国知识分子对中国与世界的关系的看法中。这一领域是前一领域的反映或折射,其核心在于许多中国知识分子已经习惯性地用西方的观察、构想和评价来看待中国,以及相应地用西方价值观、西方的首肯或反对来判断和衡量自己文化的价值和成就。在世界范围内,它代表了许多中国知识分子透过西方眼光,即用西方的概念、观察和评价来看待世界的普遍倾向。这一方面的极端表现是20世纪之初所谓的"全盘西化"和21世纪交替时期的"与国际接轨",结果导致了对中国文化的成就和价值丧失自信，使得许多中国人自觉地，大多数中国人不自觉地用西方尺度来衡量自己的文化，造成学术界相当多的学者满足于在西方学术思潮后面亦步亦趋，丧失从事原创性研究的信心和内在动力。从这 107
种意义上讲，汉学主义已成了葛兰西所批判的一种霸权主义：一种虚构的意识形态以及心甘情愿地接受西方作为文化价值仲裁者和学术成就评判者的心态。

在全球范围内，汉学主义指的是一种习惯性思维，一种习惯性地看待世界的方式，一种习惯性地用西方的认识、概念和评价来进行价值判断的惰性，它表现在政治、经济、文化、艺术、学术等跨文化关系和交流的几乎每一方面。笔者的研究只是局限在汉学这样一个狭小的领域。尽管其表现有很多方面，令人目眩，它的工作原理也许可以简化为两个相互关联的方面：(1)有意识和无意识地被西方的认识论殖民；(2)主动或被动地在内心深处接受西方的认识论殖民。剑桥学者杰克·古迪在他不久前出的一本书《偷窃历史》中谈到了这种认识论殖民化的某一方面。他对现代西方学术研究中一个被广泛接受的观念进行了质询，该观念认为，与其他非西方的文化和传统相比，西欧在其历史发展过程中，获取并阐发了某些独特的思想和特性，从而导致民族资本主义的产生和发展，并随之在塑造今天的世界中起到决定性的作用。这一观念的中心原则是一个基于目的论的观点，古迪对此作了如下简明阐述："依据在欧洲，常常是在西欧狭小范围内发生的事件，历史被概念化后加以呈现，然后强加到世界各地。"[38]

这种目的论的概念和方法被广泛运用到世界历史、思想、艺术和人文以及社会科学的研究中。现代时期主要的西方思想家和学者，从卡尔·马克思、马克斯·韦伯和伊曼纽尔·沃勒斯坦，到其他著名知识分子如休·特雷弗—罗珀、李约瑟、费尔南·布罗代尔，均采用了这种途径，他们"从当代的立场来解释历史，将当代的优势投射回早先时

38　Jack Goody, *The Theft of History*, Cambridge: Cambridge University Press, 2006, p. 1.

代,而且经常采用本来并不具有'精神性'的方式"。[39] 尽管他们对世界有广泛的见解和普遍的兴趣,但他们都是单纯地从欧洲中心主义的角度去解释现代欧洲历史和非西方历史的发展。对他们而言,欧洲在了解世界历史中所处的中心地位并未隐含任何内在的欧洲优越性,但他们却假设欧洲为整个世界提供了一个范本。而且,这种目的论的思想和途径也影响了非西方思想家和学者的概念性思维和研究方法,具体在中西方研究领域就演变成了"汉学主义"。

汉学主义的本质

最初,汉学主义指西方的中国认识中一系列认识论思想,这些思
108 想决定了自从马可·波罗首次来华、中西直接接触若干世纪以来的全球化过程中西方人看待世界各地的方式。在全球化中,不管是古代的还是现代的,中国都是一个不可或缺的环节,中国代表了西方的绝对他者,无论从地理、政治、社会、道德还是精神上看都是如此。汉学主义并不是以一切与中国有关的事物为研究对象的学术领域,也不是把中国视为研究目标而研究中国的批评活动,而是一种从西方视角研究中国知识和学术的方式。汉学主义并没有确定的本体论,但却有一种认识论,这种认识论并没有根据中国的情况研究中国,也不完全以科学、学术性和客观的方式研究中国本身,而是有意或无意地使用了西方的套路。

从基本概念上来讲,汉学主义指西方学者坚持以西方观念、概念、抽象、归纳及分析等途径对中国及其文化材料进行研究的方式。汉学主义坚信西方价值的普世性和永恒性,以及西方价值判断的客观性和公正性,因而拒绝或不愿从中国本身出发研究中国事物。在对中国文化的表述中,汉学主义往往以基于西方材料研究的概念模式来削足适履地研究中国。在评估中国材料时,汉学主义往往做出有意或无意为

---

39 Jack Goody, *The Theft of History*, p. 6.

个人的议程或意识形态控制目的而服务的价值判断。在其极端形式中,汉学主义体现了一种或隐或现的知识观念及研究方式,认为唯有西方观察世界的方式才是正确的,并认为唯有西方的知识体系才是客观的知识。

汉学主义还有其次要形式:中国学者和华裔学者内化了西方的视角,有意无意地视西方概念模式和范式为研究中国材料唯一可行的道路;不顾中国材料的历史、概念和文化特点,强行将其置于西方研究框架之中;认为西方学者无所不能,视其为标杆,并寻求西方的认同与支持。在全球语境中,汉学主义是一种心态,这种心态基于非西方人对西方文化优于非西方文化的无奈承认;基于对把西方认识论和研究方法用于非西方材料的有意无意的认可;也基于把西方模式作为唯一正确模式而心甘情愿地接受。这种心态滋生出多种多样的做法,其中包括不加批判地应用西方范式和方法论研究中国和非西方材料;自觉不自觉地运用西方标准评价西方或非西方事物;以及对中国或非西方材料进行自虐式诋毁和贬斥。西方学者把西方模式强加到中国材料上的霸道风格和中国学者对西方模式和西方看法顶礼膜拜的自轻自贱行为构成了汉学主义的一种特殊形式,笔者称之为"汉学主义化"。不管从西方视角还是从非西方视角来看,汉学主义都偏离了汉学本来的目的:即中国知识的生产、传播和消费。因此,汉学主义是一种异化的 109
知识形式,或更准确地讲,是一种异化的汉学和中国学。

对汉学主义的基本特征小结如下:

1)汉学主义是一个特殊的知识系统。确切地说,它是一个从外部探索中国和中国文明的知识系统。它全面涵盖了与中国相关的所有已知知识。从这一点来看,这是一个广义的术语,包含了汉学研究、中国研究以及任何国家的人将中国作为主题所撰写的著述和文字。

2)汉学主义是一个由对待中国的态度以及中国事物的生产方式而构成的一个知识处理系统,受控于以西方为中心的观点、信仰、价值观、认识论、方法论与判断标准。这一方面具有不同的方向,既有颂华的也有贬华的;既有偏见的也有非功利的,既有主观的又有客观的。

3）汉学主义是一种复杂的问题性。它是中国知识生产中一系列问题的总和，产生于对中国进行观察和研究的过程之中。正因为如此，它所面对的问题既与东方主义、欧洲中心主义、西方中心主义、族群中心主义、西方主义的分支以及种族主义他者化有相似之处，又具有这些主义所没有涉及的问题。

4）汉学主义是一种由多个国家和地区的知识分子共同创造的智性产品。由于其能满足全球化语境下不同国家地区和人们对中国知识的需求，它变成了一种以中国为内容并为全球人所消费的智性商品。

5）汉学主义是中西研究中被异化了的知识和学术，其异化状态包含了去异化的反向动机，可使知性的病态转化为健康的创造性力量。

6）汉学主义是一种批评理论。它蕴涵着积极的、建设性的范式转换潜能，可以为一种新范式的建构提供洞见，有可能促成研究范式的转换，以全新的方法来处理关于中国和中国文明的知识生产。

归根结底，汉学主义是一种认识论病态，它之所以能够将自身转化为积极的创造性力量，是因为它就像一个受到相互冲突而又无法知晓的无意识力量左右的神经症患者一样。希腊名言“了解你自己”既是治疗神经症的良方，也是治疗汉学主义之类的认识论疾病的良方。

汉学主义的功能

在探索支撑汉学主义的认识论意识形态和工作逻辑之后，可进一步思考全球化语境中汉学主义的功能与其他有关中国的智性思想之
110 间的联系。根据已有观点，汉学主义看似后殖民话语中欧洲中心主义、西方中心主义和族群中心主义的又一形式。然而，笔者不得不说这并非如此。汉学主义源自西方构建全球知性和物质系统的努力，在其产生伊始并非为殖民服务。其目的也并非完全是西方霸权，最起码汉学家和其他中国研究者所生产的大量中国知识并非如此，西方作家

和思想家对中国的肯定表述更非如此。[40] 从知性角度来讲,汉学主义代表了西方思想家和学者的努力,他们想把中国及其文明纳入他们所设想的知识体系和有关人类的普适性历史体系之中。这一体系的构建并没有内在的不可告人的邪恶动机。事实上,它是作为一种早期的全球化形式而发生的。

对汉学主义的概念性思考应该从更为广阔的视野进行,这一视野除了东方主义,还包括欧洲中心主义、族群中心主义和逆向种族主义。此前章节中笔者认为汉学主义既非东方主义,亦非欧洲中心主义。但是,这里笔者要提出一个看似自相矛盾的观点:汉学主义既两者都是,又两者都不是。依据萨义德的定义,东方主义指的是西方学术和文化中的一种传统,即以局外人的身份对东方文化和民族进行的本质主义的、带有偏见的解释。受18世纪和19世纪欧洲中心主义和殖民主义态度的影响,它的典型特征就是对东方持敌视态度和贬斥的看法。欧洲中心主义指的是从欧洲视角来看待世界的做法,其中暗含着一种信念,即欧洲和欧洲文化是优越的,而非欧洲文化和民族是落后的。通过地理位置的扩大,欧洲中心主义演变为西方中心主义。汉学主义含有以上两种主义的元素,但并不完全从属于其中任何一种。这不仅是因为在相当长的一段历史时期内,欧洲人在中国文明中看到了令他们羡慕不已的成就,或是因为这其中还包括对中国进行理想化的倾向,认为中国文明优于西方文明,而是因为这是一种远为复杂得多的知性体系,涉及殖民者和被殖民者、抵触和接受、生产和消费、西化和中国化以及其他的互动形式。

汉学主义也不是另一种形式的族群中心主义,尽管它也含有族群中心主义的某些成分。族群中心主义指的是对自己所属的"种族"或群体怀有一种固有的优越感,并由此表现为倾向于从自身所处的角度出发去解释或评价别的文化,对其他群体的生活方式、价值观、生存类

40　例如,即使在西方帝国主义列强在19世纪末加速其殖民进程,西方媒体对中国进行完全负面的报导的背景下,一些西方思想家和作家,诸如雨果、戈蒂叶、汤因比、罗素、庞德以及洛威尔等人,仍高度评价中国文明,并向世界展示正面的中国形象。

型表现出普遍的蔑视。正如一位人类学家所言:“所有人类社会均显示出一定程度的族群中心主义,而这种族群中心主义是所属社会成员的个人身份和社会身份的一部分。欧洲中心主义和东方主义是族群中心主义的两大类,但族群中心主义并不纯粹是一种欧洲病症。”[41]西方人或是东方人,印度人或是印度尼西亚人,日本人或是中国人,都可
111 能表达族群中心主义的观点。但在汉学主义和族群中心主义之间存在着显著差异。如果说后者仅仅是指认为某一种族和群体比其他种族或群体优越的话,汉学主义却包含如下范畴,即相当数量的中国人和华裔西方人也会主动承认他们自己母族文化的落后,并接受西方的文化霸权主义。这里存在着一种特殊的现象,看起来跟一些后殖民学者,比如弗朗茨·法农和霍米·芭芭所说的内在的自我殖民很接近。但中国的现象再一次表现出显著的差异。一方面,中国从来没有完全成为西方的殖民地;另一方面,它本身的民族资本主义从来没有像非洲国家的民族资本主义那样,“满足于做西方资产阶级的买办,”用法农的话来说,承担其作为自己国家和一个资本主义国家之间中转线的“历史使命”。[42] 而中国的自我殖民化是一种认识论的殖民化。它具体表现在一些中国知识分子对中国文化所持的自我贬低、自我毁损的奇特态度,我们不妨称之为“逆向族群中心主义”。大致说来,东方主义只能由西方人所持有,欧洲中心主义只能由欧洲人所持有,族群中心主义只能是某一群体贬斥另一个群体,但汉学主义却可能由任何一个种族和族群所持有,包括一些对中国文化持蔑视态度的中国人和华裔西方人。汉学主义含有东方主义和欧洲中心主义的双重成分,却又不同于任何一方,因为它并不总是具备族群中心主义和文化帝国主义的特征。相反,它是一种首先由西方人酝酿产生的,在对待中国文明时所隐含的认识、观点、理论和态度体系,但后来为另外的群体所吸收内化了,甚至相当多的中国人自己也接受了。这是汉学主义和东方主

41　Jack Goody, *The Theft of History*, p. 5.

42　参见 法农的 *The Wretched of the Earth*, 引自 Vincent Leitch, ed., *Norton Anthology of Theory and Criticism*, New York: Norton, 2001, p. 1578。

义、欧洲中心主义和种族中心主义的主要区别之所在。

在功能上，汉学主义和东方主义也有区别。前者被建构成世界体系的一个组成部分，而后者是关于非西方知识的独特体系，与西方体系截然分开，并被视为不可能被西方纳入自身体系之中。这种区别体现在一种隐含的认识中，那就是中国人可以被同化，而穆斯林不可能被同化。汉学主义服务于将中国及其人民带进西方世界体系的目的，具体通过贸易、经济、生活方式和精神生活的融合得以实现。而东方主义作为一种知识分支，却强化了东西方之间的差异。自马可·波罗以来即有源源不断的西方传教士、商人和士兵来到中国，或明或暗地对中国进行领土、经济和宗教的征服，但是在中东我们只看到了殖民征服，却很少看到西方传教士进行的大规模的宗教努力来将穆斯林转变为基督徒。结果我们看到，无论是在中国境内还是境外，成千上万的中国人成了基督徒，但很少有穆斯林转而信仰基督教的报道（西班牙皈依伊斯兰教的穆斯林重新皈依基督教除外）。这明显的差异也许可以部分反映出东方主义和汉学主义的不同性质和功能，也可以部分反映这样一个事实：汉学主义不同于东方主义、欧洲中心主义、族群中心主义，并不总是一种文化主宰，而常常表现为一种在面对中国传统 112
和社会的令人目眩的复杂性时所表现出的充满矛盾的解释方式，一种生产和消费中国知识时既过于简单又有毛病的习惯模式。汉学主义理论的世界性意义在于：一方面可以帮助非西方国家和地区加强自我意识防范，以避免认识论殖民和自我殖民的产生；另一方面，可以帮助全世界的思想家和学者尽可能地对中国进行客观和不带偏见的研究。

第五章

113

方法论的意识形态

汉学主义是建立在有问题的认识论基础之上的,而有问题的认识论衍生出有问题的方法论。从某种意义上说,伯特兰·罗素的一番话颇能揭示汉学主义认识论和方法论问题。他从相反的方向,即把中国和中华文明理想化,走向汉学主义。罗素和发明"白种人的负担"一语的鲁德亚德·吉卜林是同时代的人。然而,罗素与吉卜林不同,他敏锐地意识到西方对待中国的霸权态度是不可取的,他写道:

> 我们深信,我们自己的文明和生活方式远比别人强。所以当碰到像中国这样的国家时,便想当然地认为对他们最大的善举莫过于让他们以我们的方式生活。这简直是天大的错误。[1]

他的批评触及支撑汉学主义认识论的思想基础,界定了汉学主义的核心方法论问题。这种错误的方法论,要为西方关于中国的知识生产中存在的误述和扭曲负很大责任。

1　Russell,"Chinese and Western Civilization Contrasted", in *The Basic Writings of Bertrand Russell*,New York: Simon and Schuster,1967,p. 554.

方法论的鸿沟

与东方主义、欧洲中心主义和西方中心主义及其他带有或明或暗的种族主义、沙文主义或殖民主义动机的意识形态不同的是，汉学主义不具任何明确的不可告人的动机，至少到现代之前是如此。一般而言，早期汉学主义总体上处在纯粹获取中国知识，并且不受政治意识形态和文化霸权影响的黄金时代。即使到了 18 世纪末，当一些西方学者的著作中出现明显曲解和误读的时候，大多数人还声明，他们对中国人和中国文化是不存任何芥蒂的。在现代一些明确表现出沙文主义和霸权主义情绪的学者中，很多人仍然相信，他们对于中国文化的负面看法只是他们客观研究和评价的必然结果。虽然我们可以把他们自我宣称的纯真笼统地归结于他们受文化无意识的影响，我们也 114
应该从他们的学术无意识形成的方法论视角解释他们对中国文明的偏见、曲解和误读。汉学主义是建立在某些中国文明学术研究惯用套路的基础之上的，这些套路形成了各种各样的方法论，而这些方法论则被视为是学术研究所不可或缺的。尽管这些方法论都声称是科学的、客观的、无偏见的，并且对于任何文化材料都具有普遍的适用性，但笔者还是要说，它们因受到意识形态、政治、权力和种族的影响而表现出了主观性的一面。在中国研究中，人们对方法论莫衷一是，是因为没有清楚地觉察到内在的偏见，方法论的无意识推动和操控着中国研究中对中国文明误读和曲解的表现形式。

在福柯极具影响力的著作《知识考古学》的前言部分，他提到博尔赫斯作品中一段有趣的话，后者创制了一部中国百科全书，该书分类奇特，动物被分成了下列几类：

> (a)属于皇帝的，(b)涂过油的，(c)驯化的，(d)乳猪，(e)能发警报的，(f)传说中的，(g)流浪狗，(h)存在于现行分类中的，(i)疯狂的，(j)数不清的，(k)用骆驼毛刷绘制的，

(l)其他,(m)刚刚打破水罐的,(n)远处看着像苍蝇的。[2]

这段话最早出现于博尔赫斯的一篇讲述17世纪英国学者约翰·维尔金斯的短文中。[3] 众所周知,博尔赫斯喜欢在写作中将自己的博学和富于想象的叙述融为一体。他创制的中国百科全书并不是为了展示中国人思考问题是多么荒诞不经,更不是要拿一种异域文化开涮,而是为了说明把世界上的事物分出绝对准确的类别是无益的,因为他认为,决定未知神秘秩序的还是个迷宫。福柯喜欢阅读这样的喜剧作品,并从中获得笑料,这位法国大哲学家也从中获得反思人类知识的新思维的灵感:

> 令人称奇的分类,使我们对理解的事物出现了跳跃,而通过神话的方式加以展示,呈现的是另一种思维系统的奇妙之处,而这正是我们自己的局限,正是我们不可能那样去思维的局限。[4]

虽然经验丰富的读者不会误把博尔赫斯的独创和福柯的引用看作对荒诞思维方式的善意责备,但那些学识尚浅的读者就会将其视为表现
115 中国人特有思维方式的故事,而这种思维方式使得中国的学术研究方法与西方的学术研究方法大相径庭。的确,在已出版的书刊和未发表的私人谈话中,一般认为中国传统的学术路子是依靠直觉的、印象式的、不成系统的,很少重视思辨分析的等等,而这些恰恰与西方重视逻辑推理、系统分析和体系构建的做法形成鲜明对比。

人们感觉到的中西方学术套路存在的差异多得足以构成中西做

---

2 Foucault, *The Order of Things: An Archaeology of the Human Sciences*, a translation of Les Mots et Les Choses, New York: Vintage Books, 1973, p. xv.

3 Jorge Luis Borges, "The Analytical Language of John Wilkins", in Other Inquisitions, 1937-1952, Austin: University of Texas Press, 1964, p. 101.

4 Foucault, *The Order of Things*, p. xv.

学问方法的沟壑，方法论的鸿沟如此之宽，我有不可辩驳的证据证明，由于双方意识形态的倾向性、宗教信仰和审美偏好的差异，有时实在很难进行有意义的对话。在中国研究中，对方法论差异和存在问题的公开讨论十分罕见，而西方的中国学者也很少对怎样进行中国研究作出明确表述，但从赫尔德和黑格尔到韦伯和魏复古，该怎样进行有关中国的学术研究却有过很多含蓄的论述，不过，在研究中国材料方面，从史料编纂到文学研究，其方法却是十分明确的。在下文中，笔者将首先分析用于比较研究中国文学的一个普通研究范式，然后检验自18世纪以来用于中国知识和中国文明生产的一些常用方法论，并剖析构成汉学主义方法论的无意识在方法论上所存在的问题。

东西方鸿沟

在中西研究中，一个常见的做法是以东西方二分法来理解中国和西方，这就在中国和西方研究的传统中有效地建起了一个二元对立的范式，该范式用于中西文学的比较研究时显得特别有效。它呈现的是一个等级层次，西方传统在上，中国传统在下。周蕾试图重新设想后现代时期中国研究领域，她总结出可能被看作中西方文学传统间最基本的二分法，它假定“有一套二元对立的做法”，在哲学基础、表达要素和形象语言的使用等方面把中西方文学传统区分开来。[5] 她十分正确地把这一普遍信念描述为“在文学研究中虚构族群性反应建构”的“经典范例”。笔者要说的是，这个虚构的族群性占据了族群中心主义批评的核心，它就是文学无意识的内在逻辑。

尽管如此，很多学者并不是有意识地认识到，对中国文学的误读、误识以及有问题的评价是由受到无意识的动机和文学感受力控制的心态所决定的，而无意识的动机和文学感受力是因为盲目地把西方文

5　Rey Chow, ed., *Modern Chinese Literary and Cultural Studies in the Age of Theory: Reimagining a Field*, Durham and London: Duke University Press, 2001, p. 10.

116 学理论和方法论作为普适性的评价标准而形成的。因此，笔者有充分的理由把这样的心态称为“文学无意识”。这里选取一些中西学者研究中国文学的方法，以说明文学无意识是如何消极地影响了他们对中国文学的看法和评价，而这些正反映了文学的汉学主义的显著特点。

在语言领域，汉语的书写明显不同于西方的拼音文字，在文学领域，差异还不是那么显著。鉴于盲目接受西方文学理论的实际情况，中国文学研究带上了两个明显的倾向性特点。一方面，研究中国文学的西方学者坚持用西方的思想、概念、术语和理论研究中国文学和理论，拒绝从中国文本自身出发进行研究。他们还倾向于用西方标准，检验中国文学作品和诗学理论所取得的成就。另一方面，中国学者和华裔学者全盘接受西方文学理论的思想，视之为放之四海而皆准的标准，不加甄别地用于中国文学作品的研究中。

在中国小说研究领域，一些汉学家把西方小说理论作为标尺，含蓄地把中国小说所具有的特色统统视为缺陷，甚至是带有可悲局限的艺术缺失。传统中国小说所表现的如下特色在现代主义之前的西方被看作是反常的：小说评论和小说本身一起被印刷出来；叙事者可以随意跳入自己虚构的作品中；作者、叙事者、评论者和读者可能都会出现于同一部小说中；叙事者可以公然声称不真实的叙述是真实地发生于生活中或历史上的；现实主义的故事被用神话般的或者超自然的框架组织起来；在基本上是现实主义的故事和小说里，神仙和动物精灵变为真实角色与人物角色互动；在文类形式上，叙事文本间杂着故事、抒情诗和散文；在叙事焦点上，把广角观照和忠实记录对话和事件的近景结合起来，使互相冲突的观点得到凸显；在组织结构上，扩展的叙事常常根据一系列有趣的事件而组织，但有些看不出之间有什么明显的关联等等。[6] 根据西方小说理论标准的模仿说和现实主义来看，中国小说颇具特色的东西会被看成缺点或局限。这是一些汉学家的观

6　参见拙著 *Chinese Theories of Fiction: A Non-Western Narrative System*, Albany, NY: SUNY Press, 2006, pp. 2-3。

点。夏志清是第一位向西方系统介绍中国小说的人,他告诉我们,与西方小说相比,中国小说为何显得有所欠缺:

> 小说的现代读者是在福楼拜与亨利·詹姆斯的实践和理论影响下成长起来的:他期望得到一个首尾一贯的视角,一个由独具匠心的艺术大师构想设计出来的对人生的一致印象,以及一种完全与作者对待其题材的情感态度相谐和的独特的风格;他厌恶作者的公然说教和枝节话,厌恶作品杂乱无章的结构以及分散其注意力的其他种种笨拙的表现方式。[7]

由于他把西方小说理论作为规范,因而就没有什么武器弹药来保卫中国小说的艺术成就了,因此只好以历史原因为"中国小说没能充分使用小说的写作技巧"而抱歉。[8]

一些使用西方标准的西方学者在评价中国小说时就没有这么客气了。有一名西方学者,他在用西方现实主义小说的评价标准来评价中国小说成就之后,得出的结论是,中国小说有着"难以言表的不足"和"说不清楚的缺憾"。[9] 有趣的是,就同一个叙事问题,中国学者和西方学者可能得出完全不同的见解,即中国学者的意见是肯定的,而西方学者的意见是否定的。更有趣的是,同一名学者即使就同一问题,也可能得出完全不同的结论,关键看他是接受还是排斥西方叙事
技巧的叙事标准。这里,仅以一名中国学者和一名西方学者对中国小 117
说《水浒传》组织结构的评价为例。理查德·欧文也许是在西方最早撰写关于《水浒传》总体评论的一位学者。他的评判认为,该小说因其

7　C. T. Hsia, *The Classic Chinese Novel: A Critical Introduction*, New York: Columbia University Press, 1968, p. 6.

8　同上, p. 17。

9　见 John Bishop, "Some Limitations of Chinese Fiction", in his edited volume, *Studies in Chinese Literature*, Cambridge: Harvard University Press, 1966, pp. 237-247。

“结构缺陷”而不足，显示出“参差不齐的叙事特点”，“不过是一系列故事的拼凑”。[10] 中国学者郑振铎的看法则完全相反。在中国，郑振铎是中国文学的一位权威，他对这部小说的演化作了仔细的文本研究，得出的结论是，它的结构组织严谨，可以用“滴水不漏”来形容。[11] 但郑振铎原本对中国小说的评价并不高，一直到他停止使用西方叙事艺术的评价标准来评价中国小说的成就后，才得出了完全不同的结论。

在中国学者对中国文学的研究中，汉学主义发生了有趣的转向，不妨称之为中国学者和小说作家对西方理论和标准的有意识内化。由于其接受的西方文学理论的教育和训练，一些中国小说学者贬低中国小说的艺术，甚至否认中国小说的本土起源。著名学者和诗人闻一多就表达过这样的看法。他直截了当地说，要不是外来文学形式的引入，中国文学在宋代就会停止发展：“到此，中国文学史可能不必再写，假如不是两种外来的文艺形式——小说与戏剧，早在旁边静候着，准备届时上前来‘接力’。”[12]他把中国小说看作“外来的文艺形式”，与外国宗教一起随着两次外来文化大潮来到中国。先是随着佛教带来印度的影响，然后是随着基督教带来欧洲的影响：“第一度外来影响刚刚扎根，现在又来了第二度的。第一度佛教带来的印度影响是小说戏剧，第二度基督教带来的欧洲影响又是小说戏剧。”[13]在接下来的叙述中，他甚至否认中国传统存在创造和阅读小说的本土内在动力：

> 故事与雏形的歌舞剧，以前在中国本土不是没有，但从未发展成为文学的部门。对于讲故事，听故事，我们似乎一向就不大热心。不是教诲的寓言，就是纪实的历史，我们从

---

10 Richard G. Irwin, *The Evolution of a Chinese Novel: Shui-hu chuan*, Cambridge: Harvard University Press, 1953, p. 5 and p. 23.

11 郑振铎，“《水浒传》的演化”，《中国文学研究》，香港：古文书局，1961，第一卷，第112-113页。

12 闻一多，“文学的历史动向”，《闻一多全集·神话与诗》，上海：开明书店，1948，第一卷，第203页。

13 同上，第204页。

> 未养成单纯的为故事而讲故事、听故事的兴趣。我们至少可说，是那充满故事兴味的佛典之翻译与宣讲，唤醒了本土的故事兴趣的萌芽，使它与那较进步的外来形式相结合，而产生了我们的小说与戏剧。[14]

闻一多事实上等于是说，在佛教的故事引入之前，中国作家缺乏创作故事的激情。同样，读者也缺乏读故事、听故事的兴趣。这两种能力 118
是其他民族天生具有的，而在中国却需要通过佛教来引入。很显然，他完全忽略了世界上小说发生和发展的史料。在世界范围内，中国小说的出现并不算晚，如果欧洲小说可以追溯到12世纪的中世纪传奇文学，短篇小说可以追溯到14世纪，[15]那么，中国短篇小说可溯源到唐代(7—10世纪)。短篇志怪小说要早到魏、晋、南北朝时期(3—6世纪)。除了日本长篇小说《源氏物语》外，中国长篇小说的出现也要早于所有的欧洲国家。

笔者曾经对这样一个问题感到十分迷茫：闻一多是一位睿智的学者和具有创造力的作家，他怎么可能得出这样荒谬的结论呢？人们当然可以把他认为中国小说是外国输入的主张归结于他想强调中国传统文学诗性的本意，但在笔者看来，这只是表面上的原因。他不承认中国小说的民族本源，应该归于他无意识间接受了西方在文学理论上的认识论和方法论，并接受了西方进行学术研究所采用的二元对立的习惯做法。因为他无意识地接受了西方理论，所以就自觉形成了中西文学传统二分的观点。他认为四大古代文明的中国、印度、以色列和希腊是在发展中形成了二分的局面。尽管四个古代文明都是从抒情诗开始的，然而在后来的发展过程中，中国和另外三个文化传统采取

14　闻一多，“文学的历史动向”，《闻一多全集·神话与诗》，上海：开明书店，1948，第一卷，第203页。

15　根据文学史，“传奇最早出现的时期之一是1140年，那时用韵文的形式改编了一些拉丁神话。起初，传奇指的是用白话文进行的充满想象的写作，特别是中世纪法国的韵文。到16世纪，应用于散文作品中”。见 J. A. Cudden's *A Dictionary of Literary Terms and Literary Theory*，Oxford：Blackwell，1991，第802页。

了两条不同的发展路径。他为了建立二分法，就把印度、以色列和希腊归入欧洲文明的范畴。当那三个文化开始走上一条以戏剧和小说为特征的道路时，中国文化传统却走上了一条以抒情诗歌为主导的道路。为了将中国文学文化植入他建立的二分法，他必须否认中国小说的本土根源。根据他的二分法，中国早期的“小说”不能算作小说，早期的虚构写作算不得真正的文学范畴。虽然他对于中国文明是持自豪态度的，但他建立二分法的最终目的清楚地表达在他的结论里：中国文学应该勇敢地向西方学习，并走西方的发展之路。用他自己的话说就是：“让我们的文学更彻底地向小说戏剧发展，等于说要我们死心塌地走人家的路。”[16]

闻一多关于中国文学发展的看法反映了他那个时代的主流观点：佛教引入中国后，对中国文化的很多方面都产生了影响；在文学领域，中国的戏剧和小说如果没有印度哲学的影响和对于印度主题资源的借用，就
119 不会萌发。持这一观点的知名学者很多，如陈寅恪、胡适、陈受颐等人。[17]他们在欧洲和美国都接受过西方教育。这一观点受到了后来的中西学者的追捧。1983 年，美国汉学家梅维恒写了一篇富有挑战性的文章：《中国文学的叙事革命：本体论预设》。该文后来演变成了一场汉学界中有关小说争论的焦点，它使闻一多的观点变得更激进。梅维恒大胆声称：“在唐代之前根本没有什么可以称为‘小说’（即虚构或是想象出来的）的东西。”[18]他的论点是，从印度引入小说是中国叙事发生彻底革命的驱动力。很多学者对此表示反对，认为是站不住脚的，[19]这个例子说明

16　闻一多，《闻一多全集》，第一卷，第 206 页。

17　所有提及的学者都表达了类似的观点，只是强调程度不同而已。闻一多的意见具有代表性：“若非宗教势力带进来那点新鲜刺激，而且自己的歌实在也唱到无可再唱的了，我们可能还继续产生些《韩非说储》，或《燕丹子》一类的故事和《九歌》一类的雏形歌舞剧，但是，元剧和章回小说决不会有。”出处同上。

18　Victor Mair, “The Narrative Revolution in Chinese Literature: Ontological Presuppositions”, 22.

19　For an account of how this view has been repudiated, read Ming Dong Gu's *Chinese Theories of Fiction: A Non-Western Narrative System* (Albany, NY: SUNY Press, 2006), pp. 43-46.

了在文学研究领域完全接受西方方法论能达到何种程度。

在中国学者的中国文学研究中，汉学主义呈现出一种有趣的转向，笔者将其称为中国小说家和学者对西方文学理论和评价标准的无意识内化。由于接受了西方小说艺术的思想，现代中国小说家和批评家认为中国传统小说在整体上劣于西方小说。正如夏志清在他的一本有影响的著作中所说的那样：

> 尽管照例来说，伟大的作品被看作是例外（通常包括这里所讨论的六部作品），但现代学者和中国共产党成立之前的作家却都普遍认为，传统小说作为一个整体是非常令人失望的。这种感情，首先是和他们带有的那种民族耻辱感分不开的，不过它很快发展成为对那种以为中国旧小说同西方小说相比艺术上要低劣的看法的坦率承认。[20]

这种自我贬低的观点不仅见于孤陋寡闻和无知的学者和作家，而且也见于著名学者和作家，至少见于他们学术生涯的早期。茅盾无疑是20世纪中国最伟大的小说家，他在早期写作中所持的观点就很卑微，认为古典小说对他的创作毫无影响。他的这种评价不仅仅是指那些流行的中国旧小说，而且也包括普遍认可的杰作《水浒传》和《红楼梦》。无论是过去还是现在，《红楼梦》都是中国最伟大的小说，现在国际上也认为是世界历史上最伟大的小说之一。由于茅盾早年使用西方叙事技巧和思想评判中国小说的艺术成就，所以，他认为这两部中国小说名著的叙事技巧太差，不值得现代人学习，这并不奇怪。[21]

这样负面的评价，即使在那些志在推动中国古典小说研究的学者身上也能见到，胡适就是一例。他对中国小说表现出了特殊的兴趣，但他仍然毫不犹豫地认为中国小说艺术低劣，并表达了批评的意见。[22]

20　C. T. Hsia, *The Classical Chinese Novel: A Critical Introduction*, p. 5.

21　茅盾，《话匣子》，上海：良友图书公司，1934，第177-184页。

22　胡适，《胡适文存》，台北：世界书局，1957，第三卷，第470-472页，第546-548页。

有趣的是,自从20世纪70年代,无论在中国还是在中国之外,中国小说的研究者们都发现了中国古典小说伟大的叙事艺术和值得钦羡的120 成就,并认为在大致相同的历史时期,中国古典小说与西方小说相比一点也不逊色。[23] 在有些学者的著作中,甚至认为中国古典小说的艺术特色预示了现代主义和后现代主义的萌芽。[24] 颇具讽刺意义的是,中国古典小说的伟大成就直到毛泽东号召中国知识分子发现中国文化的艺术价值、并提出要古为今用的号召时,才得到了认识。结果,对中国传统文学价值的重新认定在去除了西方影响后才得以实现。更具讽刺意义的是,有一点学者们几乎达成了共识,即认为中国现代小说不如西方小说,也不如传统小说。

是什么使评价发生逆转的呢?据我观察,有两个因素。一是以前中国学者不加批判地接受了西方小说理论和文学标准,所以对中国古典小说的成就视而不见,甚至把中国小说的创新看作局限和不足,而郑振铎便是个典型。我在之前提到了他对中国古典小说的相互矛盾的态度。他的矛盾看法分别表现在两个不同的时期。他的负面看法发表于早年,那时他全盘接受了西方小说理论,毫不掩饰地对中国古典小说表示出蔑视,公开斥之为“无穷无尽的浅薄无聊的小说”[25]。他的正面看法是在他改变了偏见并研究了中国小说本身的艺术成就后清楚地表达出来的。夏志清的研究是另一个有趣的例子。他接受了西方小说理论的训练,采用西方的标准,认为中国古典小说艺术缺失。他的这一态度贯穿于他对中国小说的大量研究中,尤其显见于他对《金瓶梅》的批评研究中。现在国际上公认《金瓶梅》是世界小说发展史上的一部伟大作品。该小说的权威学者芮效卫(David T. Roy)评论

23　这些学者包括 Patrick Hanan, David Roy, Anthony C. Yu, Andrew Plaks, Robert Hegel, Andre Levy, David Hawkes, and John Minford。

24　关于中国传统小说的现代主义和后现代主义特征,见拙著,*Chinese Theories of Fiction* (Albany, NY: SUNY Press, 2006)。关于中国传统小说中带有现代主义和后现代主义特征的观点获得了希利斯·米勒教授的首肯,见 J. Hillis Miller, "Commentary" in *Modern Language Quarterly*, 69.1 (2008): 193。

25　郑振铎,《中国文学研究》,北京:作家出版社,1957,第一卷,第478页。

道："可能除了《源氏物语》(1010)和《堂吉诃德》(1615)之外,没有哪部早期小说在世界文学史上堪与其比肩。"[26]但在芮效卫、浦安迪[27]等学者重新发现这部小说的艺术成就之前,夏志清对该小说的评价是很低的。尽管他认识到这部小说在题材和叙事资料方面做出了开创性的工作,他依然斥之为出自有着"低级文化与平庸见识"的作者之手,无论从风格还是结构上,该作品的艺术成就都"令人失望之极"。[28] 他对这部小说的贬低来源于他采用西方小说理论的标准。他不顾该小说中非现实主义的怪诞故事框架和叙事元素,坚持把该小说看成是现实主义和自然主义的,并批评其未能充分实现现实主义的潜在功能。[29]必须说明的是,他后来改变了主张。

习惯性地用西方文学理论评价中国文学作品,表明汉学主义的深层存在着问题,这一问题就是不分具体情况把西方看待世界的方式进行无意识的内化,它也可被看作是自我强加的认识论殖民,它窒息了非西方学者和人民的想象力和创造力。盲目接受西方理论和西方小说写作技巧降低了现代中国小说创作的艺术成就。很多中国作家完全不屑于中国小说和诗歌的丰厚遗产,而愿意追寻西方小说作家的老路往前走。这种情况尤其见于中国在20世纪70年代末开始的改革开放之后。在诗歌领域,"新时期"的中国诗人孜孜不倦地模仿西方的现代派诗歌,意象派是竭力仿效的典范,但是他们很少认识到,意象派的基础理论是受到了中国古典诗歌的启发、并通过学习中国古典诗歌而形成的。在小说领域,不管西方出现什么样的文学流派,很多中国作家都愿意亦步亦趋。他们开始模仿超现实主义、意识流、黑色幽默和法国新小说,后来又模仿拉丁美洲作家的魔幻现实主义以及其他先锋派。具有讽刺意味的是,他们彻底忘记了,所谓魔幻现实主义在 121

26　见 Roy,"Chin P'ing Mei", in *The Indiana Companion to Traditional Chinese Literature*, ed. William Nienhauser, Bloomington: Indiana University Press, 1986, 287。

27　关于小说的这一章见于 Andrew Plaks, *The Four Masterworks of the Ming Novel*, Princeton: Princeton University Press, 1987。

28　C. T. Hsia, *The Classic Chinese Novel: A Critical Introduction*, p. 166.

29　同上, p. 178。

1000 多年前就出现在中国传统文化中，并成为中国古典小说的主要特色。[30] 以中国古典长篇小说为例，在6 大名著中，除了《儒林外史》尚可以被视为现实主义作品外，其他 5 部小说都充满了怪诞离奇的主题、神化的框架、荒诞不经的细节描写和超现实主义、魔幻现实主义的写作技巧。[31]

宏大理论的方法论

在各种有问题的中国研究方法论中，很多思想家和学者采用的一个常见做法是尝试构想一个大理论框架或者创造一个大体系，然后把中国文明和材料塞进去。由于这种方法论涉及一般性和普适性问题，因此可以称为“宏大理论”的方法论。这是很多西方思想家和学者喜欢的做法，魏复古就是其中之一。魏复古在《东方专制主义》1962 年的重印前言中，讨论了指导他研究东方专制主义的认识论原则和方法论策略。他的前言不仅透露了他个人研究中具体存在的认识论和方法论问题，也揭示了西方在研究非西方文化时普遍采用的路数。在这篇前言中，他承认自己对提出重大创意和创立广泛体系很感兴趣：“运用宏大的结构化概念，从而建立识别社会结构及其变化的重要模式。”[32]他强调这种方法的价值，因为西方思想家们从亚里士多德起，就一直在运用着这种方法。但是，在笔者看来，这正是问题症结所在，是西方认识论的问题所在。魏复古的研究方法体现了西方在有关中国和其他文化的知识生产中采用的错误认识论。他的方法以先入为主的概念为指导，以西方形而上学定性的认识论为基础。他强调重大创意的价值，却没有看到其问题：

---

30 见 M. D. Gu，*Chinese Theories of Fiction: A Non-Western Narrative System*，Albany，NY：SUNY Press，2006，pp. 117-120 and 201-205。

31 同上。

32 Wittfogel，“Preface” to *Oriental Despotism*，p. iii.

> 一位认为自己必须重新发明所有工具的科学家也许会 122
> 带着空空的大脑进入实验场景，但是，当他结束研究时大脑也会空空如也。一个经过现实验证的重要概念，如果予以正确应用的话，其扩展潜力是极大的。由于植根于过去的经验和观念之中，它有无数的机会随着可能发现的经验资料而得到发展。[33]

魏复古承认他有关中国经济、社会、历史、文化研究和中西方专制主义对比研究是以“重要概念”或“宏观分析原则”为导向的。他相信通过提出宏大概念并使之付诸现实进行验证，就是在“投身于一种旨在阐明基本科学真理和人类价值的斗争”。[34] 表面上，他是在提倡一种在研究非西方社会时强调所谓客观真理和科学观察的观点，而这种所谓客观真理和科学观察，正是萨义德在《东方主义》中批判过的对象。魏复古对非西方文化的探讨，特别是对中东穆斯林世界文化的研究，带有典型的东方主义色彩。但是，颇令笔者吃惊的是，他的观点在萨义德的书中没有受到批评。

魏复古的研究代表了西方人努力从政治、经济和思想上将中国和中华文明纳入全球系统的过程中出现的问题。这些问题可以简单描述如下：西方学者和思想家倾向于建构一种以西方社会及其资料的观察和研究为基础的模式或系统，并将这个建构起来的模式或系统当作中国社会及其资料研究的指导方针。大多数情况下，他们纯粹是生搬硬套西方化的分析方法来研究中国资料。如果中国资料符合他们的模式或体系，那很好。如果不符合，他们要么认为中国资料在这方面是反常的，要么通过篡改中国资料以适应该模式或系统。他们对这个模式或理论信心十足，将其看作是具有普世价值和普适性的科学体系。他们对西方模式的坚定信仰不仅扭曲了对

33　Wittfogel，“Preface” to *Oriental Despotism*，p. iv.

34　同上，p. v。

非西方文化和资料的认识，而且把认识论的问题转变成了意识形态问题：即把西方范式和方法在知识生产过程中凌驾于非西方的研究资料之上。

“理想类型”方法论

在开展中西对比研究的西方重要思想家中，能够与社会达尔文主义思想保持距离、不对中国文化作出赞美或贬损的价值评判者寥寥无几，马克斯·韦伯便是其中之一。与其他西方思想家一样，他的目的是找出东西文化不同发展轨迹的原因。但是，与同时代其他思想家不同的是，他不对非欧洲文明进行价值判断或评价。他研究中国采用的
123 是一种以他的“理解”(Verstehen)理论(又称之为理解或阐释社会学)和反实证主义理论(又称之为人文主义社会学)为基础的方法论。韦伯似乎意识到了用科学方法研究社会文明有其局限性。他的这种意识体现在他相信社会、经济和历史研究决不能完全靠归纳和描述。但是，他也同时提出，研究者应该始终以一种他称之为“理想类型”的概念工具处理调查对象。理想类型由特定现象的性状和要素构成，但并不意味着要对应任何一个个案的所有特性。他怀着这种意识对中华文明做了较为系统的研究，试图解释在资源丰富、条件有利的情况下，为什么资本主义没有在中国兴起。韦伯考察了中国历史、社会、经济、宗教及政府之间的相互关系，将其与西方的相应元素进行比较，把中国没能发展资本主义的原因归咎为儒家思想的统治、帝制官僚体系、中国城市的自然特性以及精神领域的本质等。韦伯的许多见解经得起时间的考验，《中国宗教》出版后的一个世纪证明了它们的正确性。[35] 20 世纪 90 年代中期，韦伯的许多观点再次被认为是正确的，尽

35　杨庆堃在为韦伯的《中国的宗教》一书所写的序言中指出：“韦伯的研究在复杂社会系统的比较和作为中国社会及社会经济发展模式间产生创新性思想源泉上依然是令人振奋的工作。”参见 C. K. Yang's “preface” to Weber's *The Religion of China: Confucianism and Taoism*, New York: Free Press, 1951, p. xiii。

管“他的许多经验主义言论过时了”。[36]

不过，当我们考察韦伯如何将系统的工业资本主义萌芽理论应用于中国传统时，我们会发现其带有汉学主义特点的问题。他断言：“阻碍资本主义发展的因素，首先要在宗教领域内寻找。”[37]当这个观点应用于既没有基督教也没有新教信仰的文化传统时，就出现了严重的破绽。因为这就等于说生活在东方社会——其主要宗教是儒教、佛教、印度教、伊斯兰教及其他本土宗教——的人们必须信奉基督教，尤其是新教伦理，才能开始工业资本主义的进程。一些东亚社会已经成功地实现了工业资本主义转型，这使他的观点显得有点荒谬。他的论断中所隐含的荒谬性表明，以“理想类型”为基础的方法论存在严重的缺陷。

在韦伯的众多独创观点中，他的“理想类型”是社会科学最重要的概念之一，也是西方思想家构建涵盖所有已知人类文明的所谓“普遍历史”的重要概念之一。但是，这一理论存在严重缺陷，正是汉学主义方法论的不足。韦伯的“理想类型”指的是分析性构建或范式，它们试图赋予社会生活中人们的无序行为以一种人为的连贯性，从而方便找出独特的行为模式。韦伯承认，理想类型并不是现实的写照或复制，而是通过单方面强调现实，从研究者认为具有重要文化意义的材料中抽象出来的“有用的虚构产物”。[38] 韦伯虽然承认“理想类型”的运用是一种抽象过程，却坚持认为：若要了解任何一种特定的社会现象，“理想类型”的运用是必不可少的，因为社会现象与物理现象不同，它们涉及人类行为的只有用“理想类型”才能解释。韦伯自己写道：

36　见 Tu Wei-ming, “Introduction” to *Confucian Traditions in East Asian Modernity: Moral Education and Economic Culture in Japan and the Four Mini-Dragons*, Cambridge: Harvard University Press, 1996, pp. 4-5。

37　Weber, *The Sociology of Religion*, translated by Ephraim Fishschoff, Boston: Beacon Press, 1963, p. 269.

38　韦伯对“理想类型”的讨论，见“Objectivity in social science and social policy”, in his *The Methodology of the Social Sciences*, translated and edited by Edward A. Shils and Henry A. Finch, New York: Free Press, 1949, pp. 49-112。

124 一个理想类型是由单方面对一个或更多观点的强调，以及对大量分散的、孤立的、或多或少存在但偶尔又不存在的、具体的、个别现象的综合而形成的，这些现象按照那些单方面强调的观点纳入一个统一的分析结构中。[39]

为了理解一个个别的现象，人们不仅要描写参加者的行为，而且要做出“解释”。但解释会使情况变得复杂起来，因为必须把行为归到某种“理想类型”中。阐述这个理论时，韦伯犯了一个错误：那就是，从单个概念出发考察一个复杂的文明集合体，而这个概念却是通过归纳分析欧洲传统中的社会现象总结出来的。这样的错误普遍存在于中国研究的学者之中。

韦伯关于资本主义起源的论点，最初是通过分析西方资料抽象出来的，因此，我们有理由把它视为一个“理想类型”。该论点的出处揭示了其主观性质。即使对调查问题有所帮助，当它被用来分析一个与西方资本主义萌芽情形迥异的社会时，依然是一种“人为概念”。我们承认，韦伯把中国未能发展资本主义归咎于几种因素的做法，是一种有效的研究方式。但是，他所指出的失败主因，即缺乏特定的宗教道德规范作为资本主义发展的动力，是不确切的。与他之前的西方思想家一样，韦伯还是陷入了先构建理论，再将其作为概念框架用来研究中国资料的误区。换句话说，他也未能免俗，也试图强行将中国纳入西方理论体系中。在《新教伦理与资本主义精神》一书中，韦伯反驳了马克思主义把资本主义的兴起归因于经济发展状况的观点，认为资本主义的兴起是因为基督教伦理信奉努力工作和为上帝服务、履行现世职责的道德价值。[40] 是宗教而非经济力量，提供了近代西方资本主义特有的思考方式。他那大胆的观点一经发表便引来了无数争议，此后也一直备受攻击；同样，他对中国未能

39 Weber, *The Methodology of the Social Sciences*, p. 88.

40 Weber, *The Protestant Ethic and the Spirit of Capitalism*, New York: Penguin Books, 2002.

发展资本主义的社会宗教学解读也引来激烈的批评。在分析中国未能发展资本主义的最终原因时，韦伯强行将中国纳入了他通过分析西方材料构建起来的理论。

在《西方的东方》这本饶有趣味的书中，杰克·古迪考察了包括韦伯在内的几位社会历史学家和经济历史学家的研究，反驳了他们认为资本主义发展有其内在必要条件的观点，提出东西方在贸易活动方面其实差异甚微。在这本书中，古迪对韦伯提出的中国未能发展资本主义的原因进行了系统批判。[41] 这里，笔者只提供自己的简单评论。在中国传统观念里，中国佛教是印度佛教的汉化形式。佛教是中国历史上信奉最广、实践最多的宗教信仰。如果说儒教和道教思想中没有韦 125
伯视为资本主义萌芽所必需的思想要件，佛教思想无疑并不缺乏宿命、来世、禁欲、功德、履行现世职责等观念。这些都是与加尔文主义相似的理论思想，韦伯将其看作资本主义思维方式形成所必需的精神前提。在《新教伦理与资本主义精神》这部探讨宗教与资本主义社会学的作品中，韦伯几乎将中国佛教排除在考察范围之外，理由是“中国佛教对我们这里关注的问题，即经济思维问题的影响相对较小”。[42] 断言佛教对中国人的经济思维没有产生多大影响，有点过于简单化了。韦伯虽然在讨论儒教和道教问题时简单地提到了佛教机构，但他完全忽视了佛教——尤其是社会上世俗形式的佛教信仰——对中国政治、政府、公众、社区事务、慈善活动、宗教组织以及农民起义的影响。考虑到他在一本关于印度宗教的书中对宗教社会学进行了论述，他避而不谈佛教及其对中国传统社会生活和经济生活的影响，可以说相当令人费解。基于中国佛教含有类似加尔文主义的思想成分，他的疏忽让人不得不怀疑是故意而为之，以免与自己的总体观点发生冲突。即便是被韦伯当作中国未能发展资本主义的罪魁祸首的儒教，也已得到了

41　Goody, *The East in the West*, Cambridge: Cambridge University Press, 1996, pp. 24-48, pp. 77-81, pp. 90-91, pp. 259-260.

42　Weber, *The Religion of China: Confucianism and Taoism*, New York: Free Press, 1968, p. 177.

当今学者的广泛认可。他们认为,儒教推动了远东地区(日本、韩国、新加坡、中国香港和台湾)实现现代化,这些儒教地区取得了令人惊叹的工业化和资本增长。亚洲国家的家庭结构是韦伯心目中资本主义萌芽的另一障碍,如今也被认为有利于培养资本主义企业的团队精神。[43] 儒教是否促进了东亚地区的工业资本主义迅速发展,引起了公众和学术界的极大关注,由此产生了所谓的"儒家假说"。该假说认为:

> 儒家伦理观念体现在政府领导、竞争教育、自律的劳动队伍、平等与自力更生原则、自我修养等方面,为东亚地区的工业化崛起提供了必要的背景和强大动力。[44]

企图从儒家思想中找出与韦伯的新教伦理完全对应的观念,是肤浅而轻率的。但是,忽视儒家伦理在汉字文化圈的工业化和现代化进程中所起的作用,是同样肤浅而轻率的,因为在汉字文化圈里儒家思想的精神影响无处不在。

对普遍范式的迷信

本章旨在探讨汉学主义的方法论问题,因此有必要进一步审视马
126 克斯·韦伯的中国研究。需要说明的是,笔者的目的不是批判韦伯有关中国的错误观点,而是要找出一种能够体现以汉学主义的方式研究知识和学术的模式。韦伯的系列研究成果的出版时间顺序给我们认识这一模式提供了启示。韦伯极富影响的著作是出版于 1905 年的

---

43 关于这些观点,参见 Tu Wei-Ming, ed., *Confucian Traditions in East Asian Modernity: Moral Education and Economic Culture in Japan and the Four Mini-Dragons*, Cambridge, MA: Harvard University Press, 1996;以及 Peter L. Berger, *The Capitalist Revolution: Fifty Propositions about Prosperity, Equality and Liberty*(New York: Basic Books, 1986)以及 Goody, The East in the West。

44 见 Peter Berger and Hsin-Huang Michael Hsiao, eds., *In Search of an East Asian Development Model*, New Brunswick, NJ: Transaction Books, 1988, p. 7。

《新教伦理与资本主义精神》，其中心思想可以用一个大问题来概括：为什么作为主导生活方式的现代工业资本主义只是崛起于现代的西方？系列研究中的其他作品包括《中国的宗教》、《印度的宗教》和《古代犹太教》，都是以不同的方式直接回应这一问题的，但是回应的视角是否定的。这一视角也可以概括为另一个问题：是什么样不同的社会环境阻止了其他文化里资本主义的萌芽？该系列作品的出版时间跨越了1915年到1920年间的5年时间。韦伯所采用的方法正是孟德斯鸠用于形成有关世界历史和构建广泛的智性知识体系的方法。他们两人都首先形成了一个论点（韦伯是有关资本主义萌芽的，孟德斯鸠是有关政府组织形式的），然后把其他文化传统用作分析的材料，从不同的文化视域印证自己的论点。采取比较的方法是为了证明他们的论点具有普遍适用性。韦伯也写过其他一些作品来讨论欧洲文明，均出于同样的目的，但是采取的视角各异。论述欧洲文明的著作是要证明自己观点的正确性，而论述欧洲之外文明的著作是为了同样的目的，采用的是反证法。不管用什么方式，最终目的都是为了证明论点的普遍适用性，也就是他认为可以用于所有不同文化的适用性。

我们宏观回顾韦伯开创性论著以后所写的三部著作可以了解到韦伯对自己的观点、意识形态和方法论的坚持。这种坚持也见于其他研究中国的思想家身上，从赫尔德和黑格尔到马克思和魏复古，在西方学术界形成了一种研究其他文化和传统的模式。这种模式建立在韦伯的“理想类型”之上，明显是欧洲中心主义的，并受到了欧洲主要思想家的追捧。爱德华·萨义德指出：

> 该“类型”的真实情况是，它受到了韦伯、涂尔干、卢卡奇、曼海姆等20世纪知识社会学思想家的认真实践；但是，我想人们还没有讨论过韦伯对新教、犹太教和佛教的研究闯入了（也许不是有意的）原本是东方学家划定和声称拥有的领域。他在19世纪的思想家那里寻找到了动力，因为他们都相信，东西方在经济（也包括宗教的）“心智”间存在着一

种本体论的差异。[45]

从孟德斯鸠到魏复古的西方学者都坚持认为，他们的理论虽然起
127 源于欧洲并带有欧洲文化特性，但是建立在科学的方法论之上的，对欧洲以外的文化具有普遍适用性。韦伯只是坚守自己主张的西方学者之一，在他去世前不久，他写道：

> 任何继承现代欧洲文明传统的人，都会用一套问题来解决世界历史的所有问题，因为这样做既是必然的，也是合理的。这些问题将带来欧洲特有且具有普适价值的文化现象的融合。[46]

作为他自己的宗教社会学研究的总目标，这一声明就是要再次让人相信他的概念和方法论的普遍适用性。这种坚信欧洲理论普适性的信念是汉学主义的逻辑和方法论的理性基础，也是西方构建的世界文明知性体系不可避免地扭曲、误读中国和中国文明的原因，这也可以被视为汉学主义倾向于把欧洲文化和传统作为“理想类型”来衡量其他文化的深层原因。

对西方理论普适性的自信其实建立在一个不稳定的逻辑基础之上。局限在于其陷入了科学主义逻辑：即一旦在某个地方的实验室里取得了科学发现，就能够在所有地方的实验室重复检验，不管文化、传统和社会环境有什么差异。但是，中国知识不是科学发现，汉学主义不是解决知识问题的科学途径，因为它忽略或者根本不充分考虑人文、社会科学和自然科学之间的差异，而中国知识很大程度上并不是理解自然现象的结果，而是在具体的历史发展进程中理解社会存在和

45　Said，*Orientalism*，p. 259.

46　Weber，*Gesammelte Aufsätze zur Religionssoziologie*（Tübingen：J. C. B. Mohr，1920-1921），vol. I，p. 1. 英译文引自 Reinhard Bendix，*Max Weber: An Intellectual Portrait*（New York：Doubleday，1960），p. 212。

人类状况。将中国社会和人文科学的材料植入同一领域内西方材料构建的模型中是很成问题的。

科学主义的方法论

我们可以把汉学主义的一个重要的方法论问题称为研究中国文化的科学主义路数。基于近代自然科学的主导支配地位,许多西方学者借用了自然科学的研究范式,衍生出一系列所谓科学的、客观的中国问题研究方法。这个准科学范式存在的问题是双重的。一方面是对自然科学与社会科学之间的差异认识不足。中国问题研究专家中,很少有人充分注意到一个事实:中国是一个历史、社会、经济和文化的统一体,包含了历史发展进程中不受自然客观规律支配而是通过历史人物主观选择决定的诸多变量。另一方面,这种科学方法在方法论上 128
是不彻底的。近代科学的一个基本原则是:科学研究者对调查对象必须采取客观的态度;研究调查对象时,必须运用归纳和演绎两种方法。概括观察对象的抽象原则需用归纳法,而检验这些抽象原则正确与否则要用演绎法。此外,研究者还需要同时运用归纳法和演绎法进行再观察,对这些原则进行改进和完善。研究中国问题尤其是知识体系和普遍历史的西方思想家们,很少应用归纳法。因为他们之中能读懂汉语的寥寥无几,故而无法接触第一手汉语资料。他们研究中国的学术成就主要是通过演绎法取得的,大多数情况下,他们的研究是一个将现有西方知识应用于或者强加于译成欧洲语言的汉语资料的过程。因此,他们的中国知识往往只是西方知识的影子。在此,我们看到了文化研究中一种有趣的情形。过去,人们相信中国是西方的终极他者,但是在知识生产的过程中,中国变成了西方的第二个自我。在勾画第二个自我的过程中,西方学者往往依据西方的自我形象对中国作出价值评判。

赫尔德的研究方法体现了汉学主义的这种方法论:即相信所有学科皆有科学客观性。他以科学家研究自然界的方式,采用科学方法研究人类文明。自他伊始，研究中国的西方思想家们开始将中国看作西方科学探索的一个固定不变的对象。我们可以在赫尔德对人类历史的定义中看到这种认识论的方法：

> 我年轻的时候，当科学的曙光带着所有的美丽——这种美丽在生命的中午就大大减少了——出现在我的视野中时，我经常想，既然世上一切事物都有其哲学和科学，那么我们最关心的问题，即广义的人类历史问题，是否就没有自己的哲学和科学呢。[47]

赫尔德相信，形而上学、道德、物理、自然历史和宗教都是根据一种伟大的既定计划、以一定的模式而发展的，他有时把这种大计划称之为大自然，有时煞费苦心地解释成上帝"创世的有机力量"。[48] 虽然他谦虚地声称自己的专著还算不上是人类历史哲学，但他相信这样的努力会在19世纪末有所斩获。他的前言实质上是对人类历史书写的理性思考，表现了他对知识生产问题的认识论反思。它向读者传达的信息是："历史的哲学"意指对人类历史的科学客观的描述。他的观点不仅
129 将人文社会科学和自然科学混为一谈，还提出了有关历史撰写的客观性谬论——一种一直以来受到新、旧历史主义强烈抨击的主张。他确信，从上帝设计的大计划出发，能够找到一种人类历史的普遍计划。他的这种观点成为许多西方思想家研究世界文化，包括西方文化和非西方文化的信念基础。

赫尔德研究中国知识的方式凸显出在汉学主义中特别显著、在大多数西方学者对待非西方文化传统的态度中普遍存在的一个基本特征，那就是，按照科学家研究自然界的方式，以科学的方法研究人类文明。此后，更多的欧洲思想家致力于将中国纳入他们预

47　Herder, Preface to *The Outline of a Philosophy of the History of Man*, p. vii.

48　同上，p. ix。

设的科学体系中,并对中国为什么停滞不前、置身于人类历史发展主线之外,提出了许多看法。在英国,亚当·斯密在《国富论》一书中写道:

> 中国一向是世界上最富有,也就是说,土地最肥沃、耕作最精细、人民最勤劳、人口最稠密的国家之一。但是,这个国家似乎长期停滞不前了。五百多年前旅居中国的马可波罗对其耕作、勤奋和人口稠密状况的记述,几乎和当今旅行家们的描写没有什么区别。[49]

斯密试图将中国引入他的政治经济体系,认为中国的经济发展停滞与其人口稠密有关。他依据非常有限的资料,忽视马可波罗时代之后中国文化和社会所发生的巨大变化,就骤下定论,并以马尔萨斯的人口论为依据论断中国落后的根源。这里,我们还可以看到孟德斯鸠对他的影响,因为那位法国思想家也认为中华文明的本质和现状主要是由其庞大的人口所决定的。

人为的二分法

分析过一些主要的西方思想家的作品中有关中国学术思考领域的模型和范式后,接下来要分析汉学研究中使用的一些方法、范式和概念框架,并探索隐藏于理论构想背后的认识论、运行逻辑和原理。笔者的目标不是要评判某些观点的正误,或者只是公布结论,而是为了展示中西研究中的文化无意识如何激发学者们在不同的汉学领域里构建想象中的中西二分法,回应西方世界在历史上对于中国认识的变化。在中西研究领域里,自从欧洲和中国第一次直接接触以来,就

49 Smith, *An Inquiry into the Nature and Causes of the Wealth of Nations*, Chicago: University of Chicago Press, 1776 [1977], I. viii. 24.

有了长期而持久的理想，希望构建具有全能解释力的范式，解释中国
130 历史、语言、文学、艺术、宗教和思想等博大知识。这种理想吸引了无数的中、西方学者，促发了很多假说、推理、设想和理论，从中导出了一些范式或概念框架。

在中西研究领域里，最早试图解释有关中国博大知识的理论框架，可以叫作“包容性范式”。[50] 这个范式的一个基本特点是要发现中西文化之间的相似性和相容性。随着欧洲对中国的了解越来越多，人们发现这个范式解决不了文化差异问题。所以，包容性范式就被能够解释差异的范式所取代。在他们试图应对中国和西方之间显著差异的过程中，学者们诉诸“文化相对主义”的人类学理论，产生的一系列概念框架都把中国理解为西方的对立面。令人称奇的是，无法抗拒的全球化潮流，似乎不能阻止文化相对主义的流行。在后现代时代，当文化相对主义转变为一种激进的形式时，解释差异的范式也变得激进了，然后发展成为一种原型范式，这样的范式把中国看作西方极端形式的“他者”。《亚洲研究杂志》原编辑大卫·巴克认为，在东西方研究中，文化相对主义是如此盛行，以至于“跨越不同学科的认识论和方法论问题涉及是否存在任何概念性工具，可以供人与人之间以有效的途径来理解和阐释人类的行为和意义”。[51]

在这一总范式的影响下，大量观念结构在中西方研究的各个领域相继涌现出来。在文学和艺术领域，产生了一种建立在一系列二分法基础上的范式。从表面上看，这些概念框架似乎完全是学术的，不沾染一点文化优越论和霸权主义思想，但是，这些概念框架绝非无关痛痒的泛泛之谈，也没有完全脱离东方主义的偏见。这在汉学领域内尤为显著。在对中国语言与文学的汉学研究中，存在着建立在一系列二

---

50 这一范式的构建基于17世纪罗马教廷的“包容”立场，该立场因涉及传教士到中国传教的政策分歧而展开争论。

51 David Buck, “Editor’s Introduction” to “Forum on Universalism and Relativism in Asian Studies”, *Journal of Asian Studies* 50.1 (1991): 30.

分法基础之上的范式。周蕾对此做了充分的概括：

> 有关中国差异的种种断言常常倾向于以一系列二元对立的形式进行操作——西方文学传统往往被理解为是隐喻的、比喻的、主题先验的，而且涉及一个超越现实世界的领域；而中国文学传统往往被称为转喻的、字面意义的、内在的，以及自我指涉的（文学符号不是指向超凡脱俗的世界之外的王国，而是回到了包括文学宇宙在内的宇宙秩序）……相应地，如果说有史以来西方写作的主要特点都是模仿，那么非模仿则是中国创作的原则。[52]

这一总范式在中西方研究的其他领域中还创造出了更多的二分法：西方语言是高度抽象的，而中文几乎无法表达抽象；西方文学作品大多具有讽喻意味，而中国文学作品总体上是不带讽喻性的；西方的 131
诗歌源于纯想象的创作，而中国的诗歌往往产生于对现实情况的直接反应；西方文学建立在想象和虚构的基础之上，而中国文学总的来说为历史的忠实性所主宰；西方艺术被认为是人工创作的结果，而中国艺术则是自然发生的；中国美学原理是印象式的、非系统化的，且缺乏经过明确定义的术语，而西方美学原理则是深邃的、成体系的，有着严格的范畴区分；中国哲学依据于直觉的具体化和广泛的普遍化，而西方哲学则植根于具有深邃思想性的抽象和逻辑分析。这种二元对立范式并非由某个理论家或学者所构想出来。实际上，它是由许多学者在学术探讨和形而上学的思考中逐步、甚至是无意识地形成的。这些学者包括哲学家莱布尼茨、孟德斯鸠、伏尔泰、黑格尔、赫尔德、韦伯，学者葛兰言、牟复礼、魏复古、本杰明·史华慈、李约瑟、张光直、葛瑞

52　Rey Chow, ed., *Modern Chinese Literary and Cultural Studies in the Age of Theory: Reimagining a Field*, Durham and London: Duke University Press, 2001, p. 10.

汉、杜维明、吉德炜、郝大维以及其他许多学者。[53] 它在中西方研究以及人类文明的普遍研究中产生了深远的影响，但同时又引起了诸多不满，并且还受到批判性的考察。大部分二分法也被渐渐地证明是存在问题的或者是完全错误、站不住脚的。[54] 例如迈克尔·普明（Michael Puett）令人信服地指出，大量有关中西方的二分法甚至都不能“被视作占主导地位的认识，相反，它们是在大范围的争论内有意识形成的各种主张”。通过对中国早期思想的充分研究后，他得出结论：“说中国早期思想家认为自然与文化、过去与现在之间存在连续性，这种观点并不正确。认为圣人和自然界有着与生俱来的联系，这样的观点同样

53　参见 Leibniz, *Writings on China*, pp. 46-48; Hegel, *Hegel's Philosophy of Right*, p. 220, and *Lectures on the Philosophy of World History*, pp. 112, 198-199, 201; Weber, *The Religion of China*, pp. 152-153, 226-227, 240-248; Granet, *La Pensée chinoise*, pp. 25-29, 279, 476-479; Schwartz, "The Age of Transcendence", p. 3, "Transcendence in Ancient China", pp. 67, 59-60, and *The World of Thought in Ancient China*, pp. 25, 302; Mote, *Intellectual Foundation of China*, pp. 15-17; Hall and Ames, *Anticipating China*, p. xiii, 257; Needham, *Science and Civilization in China*, 2: 216-217, 280-287; K. C. Chang, "Ancient China", pp. 161-165, and *The Archaeology of Ancient China*, pp. 415-416, 418-421; Graham, *Disputers of the Tao*, p. i and pp, 3-22, *Yin-Yang and the Nature of Correlative Thinking*, pp. 8-9; Tu Wei-Ming, *Confucian Thought*, p. 43; Keightly, "Early Civilization in China", pp. 20 and 32; Roetz, *Confucian Ethics of the Axial Age*, pp. 273-274. For a coherent account of this oppositional paradigm, the reader may refer to an excellent critical survey by Michael Puett in his book, *To Become a God: Cosmology, Sacrifice, and Self-Divinization in Early China*, Cambridge, MA: Harvard University Asia Center, 2002, 1-29。

54　关于中西方语言、文学和美学比较研究中批评对立范式的论述，参见 Haun Saussy's *The Problem of A Chinese Aesthetic*, Stanford: Stanford University Press, 1993, 13-73; Longxi Zhang's *Mighty Opposite: From Dichotomies to Differences in the Comparative Study of China*, Stanford: Stanford University Press, 1998, 117-150; Ren Yong's article, "Cosmogony, Fictionality, Poetic Creativity: Western and Traditional Chinese Cultural Perspectives", *Comparative Literature*, 50. 2 (Spring 1998), 98-119; and, Jonathan Chaves, "Forum: From the 1990 AAS Roundtable", in *Chinese Literature: Essays, Articles, Reviews*, 13 (1991), 77-82; Ekström, "Illusion, Lie, and Metaphor: The Paradox of Divergence in Early Chinese Poetics", *Poetics Today* 23. 2 (2002): 251-285. For scholarship that challenges the contrastive paradigm in historical patterns and metaphysical thinking, see Michael Puett's two studies, *The Ambivalence of Creation: Debates Concerning Innovation and Artifice in Early China*, Stanford: Stanford University Press, 199 and *To Become a God: Cosmology, Sacrifice, and Self-Dvinization in Early China*, Cambridge, MA: Harvard University Asia Center, 2002。读者会发现普明书中的结论尤其具有启发性。

是错误的。相反，恰恰是这种试图表明连续性的举动暗示了一种强烈的不连续性。”[55]在另一部著作中，他探讨了古代中国关于宇宙观、世界观、神以及宗教的普遍问题，由此得出结论：“当我们在探索特定语句的历史语境和隐含意思之后就会发现，将早期中国思想断定为相对于西方‘二元’宇宙观的‘一元论’的观点，在每一个层面上都会坍塌。”[56]

从表面上看，这种对立范式可能受文化相对主义的影响而产生，但是从深层结构来看，它产生于关于中西方思想差异的人类发展形式以及形而上学观念的一种历史感知。从历史发展来看，人们坚信中国文明遵循过去与现在之间的一种延续形式，而西方文明则被认为遵循一种断裂形式。从思想的模式来看，人们认为关联思想在中国思想中占据主导地位，而分析思想则是西方思想的特征。从形而上学的角度来看，中国思想总体上被解释为一元论，而西方思 132
想完全是二元对立的。人们认为，西方传统建立在人类与自然界分离的基础之上，而中国传统则建立在人类与自然界紧密联系的基础之上。在西方世界，存在着一个造物主，他创造了芸芸众生；而在中国传统中，普遍认为不存在造物主。结果，西方世界观展现了神与人之间的悲剧式的紧张关系，而中国的宇宙观则体现了人与神之间和谐的合作关系。

这些二分法存在什么问题呢？笔者认为，问题不在于这些二分法是否符合中国传统与资料的真实情况，而在于是否展现一种内在的认识论问题。这里存在着两个相互关联的方面。一方面，它接近于斯皮瓦克所说的对中国传统施加的“认识论暴力”[57]。另一方面，它的产生

55　Puett, *The Ambivalence of Creation: Debates Concerning Innovation and Artifice in Early China*, Stanford: Stanford University Press, 2001, p. 17 and p. 214.

56　Puett, *To Become a God: Cosmology, Sacrifice, and Self-Divinization in Early China*, Cambridge, MA: Harvard University Asia Center, 2002, p. 321.

57　Spivak, “Can the Subaltern Talk?” in Vincent B. Leitch, ed., *Norton Anthology of Theory and Criticism*, p. 2197.

动因是周蕾指出的“屈从于西方视角和范畴的先验性投降”。[58] 前者是西方学者们致力于研究中国资料的结果,而后者则是中国学者和华裔学者自觉所为的结果。在一系列二分法中,我们会发现一些隐藏的、或有意、或无意的动机。文化相对主义旨在反驳经常会导致种族中心主义和文化沙文主义的文化普遍主义,旨在挑战以欧洲为中心的范式,且力求改正西方将自己的观念强加于非西方文化的局面。但诚如一位研究印度文化的学者指出的那样:无论是鲁德亚德·吉卜林所在的殖民主义和帝国主义时代,还是我们如今身处的后殖民时代,那些无论是捍卫还是贬低东方差异的人“都共享着最为重要的描述性假设,只是在评价上稍有区别而已”,即便那些“将自己视为反对帝国主义、种族主义和性别主义的人也与他们公开表明的对手之间共享着大量相应的意识形态信仰”。[59] 诚然,激进的相对主义本应削弱跨文化研究中西方文化的优越感,但结果却往往背道而驰,反而加强了欧洲中心主义和西方优越感。在涉及的中西方已建立的二分法中,中国的术语不管是作为负面的类型遭受批评还是作为正面的价值受到赞颂,一种含蓄的有时甚至是明显的偏见实际上早已深深铭刻于它们内在的结构中,中国体系在其中总是处于低下的位置。如果进一步关注这一系列二元对立,就会发现它们暗示了一种等级制度,认为中国体系总是处于低等位置。在以下对比中,这种偏见清晰可见:西方显示的特点是人为创造,抽象性,隐喻性,无中生有式的创造,先验精神,逻辑分析以及理性系统性;中国表现的特点是自然性,具体性,字面忠实性,刺激反应式抄录,内在的世俗主义,随意的评论,以及印象式的归纳。

在这些二分法中,无论它们是建立在兼容范式还是对立范式的基础之上,最关键的问题不在于它们较之中国传统和资料是否失真或错

58　Rey Chow, ed. , *Modern Chinese Literary and Cultural Studies in the Age of Theory*, p. 10.

59　Parrick C. Hogan and Lalita Pandit, eds. *Literary India: Comparative Studies in Aesthetics, Colonialism, and Culture*, Albany: State University of New York Press, 1995, p. 6 and p. 8.

误,而在于它们展现了中西方遭遇时更深层次的严肃问题而为人们所 133
忽视的结果。一方面,它们反映了西方看待中国的惯有方式,体现了无知、傲慢以及幻想这样的特征。另一方面,它们又反映了西方遏制以及操控中国资料和中国思想的霸权主义方式和帝国主义标准。从西方所构筑全球系统大厦的角度来看,这些二分法至少无意中满足了西方的认识论殖民化议程,导致了非西方人民的自我殖民化。必须承认,上述二分法的构建极少是有意针对性地去证明中国低下和西方优越的,但结果却正是方法论方面文化无意识的杰作。

知性殖民

正如认识论上的意识形态那样,汉学主义方法论方面的意识形态在本质上是西方中心主义的、族群中心主义的和全球性的。汉学主义不仅仅是一个纯西方问题,而且还是一个世界性的问题。在这一方面,其表现是在西方以外的人们的头脑里进行认识论的殖民。在这方面,汉学主义具有两个重要特征。首先,汉学主义表现在,那些已经将西方视角内化的中国学者和华裔学者有意或无意地把西方思想框架看作分析中国材料唯一可行的方式,无视中国材料的历史、思想和文化背景,强行将其纳入西方框架体系。汉学主义的终极形式,表现为一种或明确或隐含的对待知识的观念。这种观念把西方看待世界的方式当作唯一正确的方式,把西方知识体系看作唯一客观的知识。汉学主义是一种从看似客观、公正、普遍、永恒的西方价值观出发的价值评判方式。因此,对于中国和华裔学者来说,汉学主义已经成了中西关系研究中认识论殖民的一种形式。它深深植根于西方和远东(曾经采用汉字作为其书写系统基础的汉字圈)社会与文化的无意识之中,阻碍了中西之间的互相了解。中国和西方的学者以及普通民众都在其可见或不可见的控制之下,除非能够彻底认清这种认识论殖民,否则西方或中国都无法了解对方的本来面貌。汉学主义的外延含义,对归属于所谓汉字领域的远东文化和传统,也是适用的。

其次，汉学主义是一种认识论的惰性。作为一种惯性，汉学主义
134 是遏制第三世界国家及其人民的想象力和创造力的约束力量。其内在逻辑要求第三世界国家的人民向西方寻求学习效仿的榜样和支持。汉学主义暗示，西方的范式和观念，无论是政治的、社会的、宗教的，还是经济的、法律的、审美的等等，都是唯一正确的。即使在中国学术领域内，中国学者也需要寻求西方学术的支持和认同。这种例子很多，本书作者只是分析了其中语言、文学和文化领域具有代表性的几个案例。毫无例外，涉及的人都盲目崇拜西方理论和方法的功效，毫不顾及那些理论和方法生成的具体情况，也不顾及汉语材料的独特性。

中国三十年来的改革开放取得了引人瞩目的成就。随之而来的是对西方认识论及其衍生理论或明或暗的信仰达到了中国历史上的新高度，将20世纪初开始出现的所谓“崇洋媚外”的趋势推向了顶峰。简单回顾一下中国近代史，我们就会明白从清末的“自强”运动、1911年的辛亥革命，到1919年的“五四”新文化运动、国民革命和共产主义革命，从1949年新中国成立，到1979年的改革开放新阶段和1989年以来的新时期后期，无论是张之洞的“中体西用”还是鲁迅的“拿来主义”，无论是毛泽东的“洋为中用”还是李泽厚的“西体中用”，中国人一直专心致力于吸收、消化和抵制西方思想、观念和理论，不屈不挠地探索怎样才是处理西化问题最有效的方式。结果，许多中国人在认识论和方法论上已养成一种历史的惰性，不再愿意用自己的眼睛去观察，不再愿意用自己的耳朵去聆听，不再用自己的大脑去思考，不再用自己的聪明才智去创新。相反，他们完全依赖于西方的眼光和思维以及重复西方的思想和理念，过去一百多年基本上是一个按照西方看待世界的方式进行自我认识论殖民的时期。一名中国观察家说得好：

> 看看过去一百多年，中国对未来方向的辨识和把握，始终都要假借于外人的眼睛和头脑，在迈出脚步之前必须借助

西方的"文明棍"。[60]

可以毫不夸张地说，就西方认识世界的方式而言，过去一百年认 135
识论和方法论的自我殖民，在本质上是文化的自我殖民。有一个极端例子。当香港记者问在什么条件下中国才有可能实现真正的历史变革时，有人答曰：

> 三百年殖民。香港一百年殖民变成今天这样，中国那样大，当然需要三百年殖民才会变成今天香港这样。三百年够不够，我还有怀疑。[61]

这是一个极端例子，但是无意识的自我殖民在很多中国知识分子心里根深蒂固，他们所持观点多种多样，甚至反对上述激进观点。很多中国学者通过所接受的直接、间接的西方教育，内化了西方认识论，他们不仅乐意接受西方文明在文化上的优越性，而且轻视中国古代对世界文明的贡献。这里我只列举几个具有代表性的例子。有些人质疑中国古代四大发明（造纸、指南针、火药和印刷术）的价值和贡献；有人把汉语看成低劣语言，只因汉语是非拼音文字，而这一观点甚至为西方学者所不齿，这些人还因此呼吁汉语的书写拼音化。一个广为人知的案例是，尽管中医在过去两千多年的临床实践上证明是有效的，相当多的一批中国知识分子对其发起激烈的攻击，并曾发起取消中医的运动。[62] 2006年，中国一位大学教授通过互联网发表了一系列耸人听闻的文章，号召人们签名把中医从中国教育计划中剔除，并取消政府的支持。他的主要论点收集在一本书里，其中就包括这样一些极端的观点：

> 我可以负责地说，中医既不是什么积极的文化，更不是

60　《联合早报》，2009年6月6日。

61　《解放月报》，1988年第12期。

62　攻击中医的主要观点先是发表在互联网上，后来收集在一篇题为《告别中医中药》的文章中，刊载于《医学与哲学》，2006年第4期。

> 什么科学，甚至还不够格称“伪科学”，而是中国古代落第文人利用人们“病急乱投医”的心理而刻意做成的骗局。[63]

这场运动来势汹汹，得到了许多名家的支持，其中就包括中科院的一名资深院士。他在接受记者采访时说，中医及其理论基础——阴阳五行，都是伪科学，应该逐步淘汰。[64]

这场运动典型地表现了人们的大脑被西方知识生产的意识形态认识论所殖民的情况。他们坚信，西方科学不能解释的东西就不是科学，就要毫无保留地淘汰。因为中医是建立在完全不同于西医的理论
136 体系之上，临床功效不能得到西医理论的有效解释，所以他们就有了足够的理由斥之为“伪科学”和“骗术”。值得一提的是，他们的攻击只是20世纪30年代围绕中医的一场争论的翻版，当时许多有着西方教育背景的中国学者企图利用政府的权力在社会上取缔中医。毋庸赘言，他们的企图遭到了彻底的失败。最近这场取消中医的运动失败得更惨，在广泛的嘲笑和责骂声中草草收场。

解读中国这部大书的诠释学方法

上文对方法论问题的分析显示了一个令人惊奇的现象：即使学者们决心以科学、客观的方法处理中国知识，他们所创造出的中国知识本质上还是主观的，带有严重偏见。什么是生产真正客观的中国知识和学术的可能和可行的途径呢？我们首先要做的，就是承认意识形态和方法论殖民的无意识性。认识到这一点，需要认识到知识生产不可避免的主观性和个人化特点。在这一方面，斯宾格勒表现出了令人钦佩的智慧。与大多数汉学家和西方学者不同，斯宾格勒坦率地承认思想家的历史哲学带有主观性，思想观念也会因其背景带有鲜明

---

63 见张功耀《告别中医中药》，载《医学与哲学》，2006年第4期。

64 路琰，“何祚庥为何批中医？”，《环球人物》，2006年11月17日。

的个人印记：

> 从长远来看，真理对一个人而言，就是自打出生就已经在其心目中形成的这个世界的形象。真理不是他创造出来的，而是他在自己内心深处发现的。真理是他的自我重现：是其存在的语言表达形式；是构成一种就其生命而言无法更改的原则的个性内涵，因为真理和他的生命是同一的。

斯宾格勒也承认，他在人类历史发展进程中发现的真理总是带有个人色彩，甚至是由个人的存在所决定的：

> 那么，我可以说我所发现的问题实质是“正确的”——也就是说，对我来说是正确的，而且我相信，对下一时代的主流思想来说也是正确的；但是，一旦剥离肉体和具体历史，其自身就不可能是正确的。[65]

他指出任何一种历史都带有片面性，从而进一步反驳了历史的客观性观点：“任何人都不要指望了解曾经发生过的一切。历史只是眼前所能看到的一面，是一种关于历史与命运哲学的新见解——同类见解中的首例。”[66]

真正科学的中国知识生产过程应该与诠释学的循环释义相似。这是因为中国在许多方面，与其他文明一样，不是科学观测的静止客 137
体，而是一部内涵深刻、有待翻阅和理解的巨著。阅读中国这部作品时，我们总是从一种影响阅读与理解的主观立场出发，因此，我们需要采用一种建立在循环释义基础上的诠释学方法。当然，诠释过程也不可能毫无偏见。事实上，正如伽达默尔所说，诠释努力总是从他称之

65　Spengler, Preface to the revised edition of *The Decline of the West*, New York: Knopf, 1932, p. xiii.

66　同上，p. xiv。

为“偏见”的初始概念开始的，而这种偏见是理解的必需条件。[67] 在海德格尔对历史诠释学的探讨中，“偏见”是实现本体论目标的“理解的前结构”，[68]是前景或前理解的一种形式。伽达默尔为了证明“偏见”这一概念的正当性，论证道：“承认一切理解都不可避免地带有一些偏见，赋予了解释问题真正的动力”，偏见“未必意味着错误的判断”。他还说，偏见“可能有积极的价值，也可能有消极的价值”，[69]有合理的，也有不合理的。[70] 他推崇海德格尔重构的施莱尔马赫的循环释义概念：

> 对文本的理解永远取决于前理解的先把握活动。在完满的理解中，整体与部分的循环不是被取消，而是得到彻底的实现。这种循环……既不主观，也不客观，将理解描述成传承物的活动和解释者的之间的相互作用。[71]

在西方的中国知识生产中，学者和思想家们似乎过于相信他们的“偏见”的“合理性”，忽视了伽达默尔的观点，即“现代科学遵循笛卡尔式的怀疑原则，凡是可以质疑的东西，都会存疑”。[72] 他们往往忘记了，一个真正的诠释过程，其内在逻辑是“偏见”或“前理解”逐渐得到修正和改善，最终成为对文本的真实看法。而且，西方对中国的了解，总是从偏见或前理解开始。这种偏见或前理解，是建立在现有的西方知识基础上的。解读中国这部鸿篇巨制，往往不采用循环解释。没有了循环解释，即使那些思想家自认为是在用科学的方法研究中国，其研究方法也算不上是真正科学的。他们相信自己的方法论是正确有效的，当这种信心高涨至一个关键点的时候，认识论问题就转变成了

67　Gadamer, *Truth and Method*, second edition, New York: Continuum, 1999, p. 277.

68　Heidegger, *Sein und Zeit*, pp. 312ff.

69　Gadamer, *Truth and Method*, p. 270.

70　同上，p. 277。

71　同上，p. 293。

72　同上，p. 271。

意识形态问题。

在中国知识生产过程中，摆脱汉学主义唯一可行的办法，就是以
诠释学方法处理知识。这种方法要求我们不断改进和完善自己的中
国知识。中国比一部巨著还要复杂得多。若要通读、理解中国这部巨
著，不管是经典的还是现代的诠释理论，都还稍嫌不足。以伽达默尔 138
的诠释学理论为例。他提出部分与整体的循环解释是可以全面实现
的，因此其观点暗含了一种完成意识。他还提出循环诠释有其“完成
的前概念”，一种“所有理解的形式条件”，进一步证明他的理论存在着
一种完成意识。[73] 但是中国这部大书永远不可能是一次完成构思或创
作的，它随着历史发现和新的发展不断得到完善。如今的中国已经被
纳入全球化进程中，情形更是如此。在全球化的大环境中，我们需要
自觉地意识到超越汉学主义、反对汉学主义化的必要性。摆脱了汉学
主义的影响，中国研究才能真正成为全球知识体系的一个学术分支，
才能推动全球化朝着有益的方向发展。

73　Gadamer, *Truth and Method*, pp. 293-294.

第六章

139

知性无意识

与萨义德的东方主义相比，参与汉学研究的学者在人力资源方面明显不同，从事汉学和中国研究的学者既有中国人，也有西方人。因此，汉学主义所涉及的学术政治要比东方主义显得繁杂得多。柯文在考察中国历史书写问题时指出，汉学研究中“最大的问题……是族群中心主义的歪曲”。[1] 这一问题一方面来自西方，另一方面来自中国。他用“局内人”、“局外人”这样的字眼来分别指称中西方学者。这一族群因素对汉学领域学者的心态产生了知性方面的影响，甚至会演化成带有族群色彩的学术政治，并对学术研究观念和学术范式的使用产生不利影响。由于置身于身份政治的学者很少有人能清醒意识到或愿意承认是族群身份在作祟，这种影响学术的心态可被称为“族群无意识”或“知性无意识”。本章将通过一些个案研究来探讨以下几个问题：族群无意识是如何运作的？它如何演变成“知性无意识”？它对学术研究会产生什么不利影响？它为什么会在即便是清晰可辨的情况下仍被掩盖？

1　Cohen, *Discovering History in China: American Historical Writing on Recent Chinese Past*, New York: Columbia University Press, 1984, p. 1.

族群中心主义的误读

汉学研究中的族群无意识形态各异,体现在中国和西方汉学家的观点、看法和学术之中。比如,薛爱华(Edward Schaffer)在20世纪80年代的中国文学批评家当中发现了一种普遍认识:即只有中国学者或华裔学者才能真正认识中国文学;西方汉学家对中国文学作品的批评很少能洞察中国历史传统的深层结构。他进而对这种族群中心主义论点提出批评,称其为"族群主义批评"。这种论点认为:

> 只有中国人才有能力解读自己的文学,推而论之,不管 140
> 西方批评家的洞见有多高深,都比不上中国历史上有关文学本质和品质的认识。[2]

虽然这位汉学家没有提及这些学者的姓名,但确有中国学者持有这种观点,有些暗怀此心,有些公然表态。笔者就知道一位知名的西方中国诗歌专家在中国一所大学讲演时的经历。有人在提问时明确表达了这样的观点:一个连汉语都说不好的外国学者怎么可能对中国诗歌有深刻见解呢?这是个荒谬的问题,从其自身的逻辑中就可看出这一点。如果真是如此,那就没有中国读者或批评家能充分理解莎士比亚,恐怕我们没有几个人能接受这种说法。

这种族群中心主义的说法自然激起了非华裔学者的强烈抵制和反对。这种反对有时太过激烈,以至于走上与本来要清算中国学术中的族群歧视和偏见背道而驰的道路;有时甚至会不知不觉地产生认识错误,把参与中国研究的学者划分成两个阵营:华裔学者为"文化局内人",而非华裔学者为"文化局外人"。这种种族取向导致无论是华裔

2　Schaffer, "What and How Is Sinology?" Inaugural Lecture for the Department of Oriental Languages and Literatures, University of Colorado, Boulder, 14 October, 1982. p. 12.

学者还是非华裔学者在解读中国知识和学术时都带有族群化的特征，由之产生的误读可被称为族群误读。有时，严重族群化的解读甚至会达到族群政治和学术政治化的程度。

1995 年，芝加哥大学国际知名华裔学者巫鸿出版了《中国早期艺术和建筑中的纪念性》一书。近十位学者在西方报刊上撰写了书评。他们大多持否定态度。其中就有罗伯特·贝格利这位普林斯顿大学著名的上古中国专家。贝格利写了一篇长达 36 页的书评，发表于《哈佛亚洲学报》。文章很长但里面一句肯定的话都没有。这篇评论几乎把巫鸿的作品从概念框架到细节表述、从研究方法到资料阐释批得体无完肤。鉴于两位学者的声望，同时也因为该评论涉及有关中国历史、艺术、考古学和整个中国学的诸多重大问题，这件事在中国艺术和考古领域掀起了轩然大波，引起了中国和世界汉学界学者们的普遍关注。笔者无意评价贝格利的观点是否公正，而是要揭示这些误读背后的族群根源，以及由族群误读演化而来的学术身份政治。

贝格利的评论认为巫鸿最应受到批评的一点是，他在书中以“文化局内人”自居，并把西方学者斥之为“文化局外人”，巫鸿认为这些局
141 外人对中国传统和制造物强加了外来模式。这一批评是贝格利评论的主旨并贯穿全篇。在评论的前半部分，他指出：“巫鸿自视为文化局内人，并宣称可以避免强加于古代事物之上的外来价值。”[3] 在评论的中途，他批评巫鸿一步步把自己自封为局内人而对中国传统器物的研究拥有权威性：

> 第三步，巫鸿声称这些文献给了他一个“中国古代文化”局内人的视角，这种视角可以使他远离传统的偏见（即通常与西方眼界等同的偏见），并在这些器物中发现了独一无二的“中国式”的“纪念性”。[4]

---

3 Robert Bagley, "Review of *Monumentality in Early Chinese Art and Architecture* by Wu Hung", in *Harvard Journal of Asiatic Studies* 58.1 (1998), p. 226.

4 同上，第 231 页。

在这段话中，我们可以清楚看到他把华裔学者视为“文化局内人”，把西方学者视为“文化局外人”的种族划分。贝格利好像还嫌这一区分不够明显，在文章的后面他又说：

> 巫鸿不仅声称他所用的有关新石器时代和青铜时代的文献是可靠的，而且还声称它们给予他古代制造物的研究一种独有的权威性，即文化局内人的权威性（第18—19页）。为了证实他的说法，他说其他学者对这些古代器物强加了“外在分类”，而这些分类和古代使用者的分类是大不一样的。[5]

贝格利在评论的结尾说：

> 它（古代中国研究）应该是开放性的，世界其他地区、其他民族的历史或许会对东亚民族的历史具有启示性。如果开口就说古中国只能由文化局内人根据其自身情况才能理解，那就剥夺了文化局外人对之研究的权利。[6]

毫无疑问，贝格利认为巫鸿之作由于其族群中心主义而受损。没读过巫鸿著作的人或许会认为他确实犯有这样的错误。但是，令人诧异的是，巫鸿在反驳贝格利评论时指出，后者的批评是任意捏造的，贝格利所谓的族群中心主义更是无稽之谈。巫鸿反驳道：

> 比这些歪曲和不负责任的言论更为严重的是，贝格利把我对早期中国器物的讨论重构为“文化局内人”和“文化局外

5　出处同上，第233页。

6　出处同上，第256页。

> 人"之间的对立。这两个词在评论中反复出现了多次(第226、231、233、234、256页)。这些都是贝格利捏造的词,但他从没讲清楚是什么意思。从他对这些词的使用来看,它们不仅指古人,同样也指当代学者的种族身份,这一点从他评论的最后一句话就可以看出来。[7]

142 巫鸿指出贝格利的指责缘于其对他所用的两个考古学概念的误读,"划分社会现象有两种基本方法:由社会内部同时代的人所做的'内部分类'和由该社会之外的人所做的'外部分类',这里所说的那个社会之外的人要么来自其他文化,要么来自后世。"[8]

查证巫鸿的书似乎可以肯定,贝格利对巫鸿族群中心主义的指责大体是一种误读。田晓菲就持此观点,她试图客观公正地对这一争议做出评论。笔者在下文将会谈到田晓菲的观点。巫鸿在逐条批驳了贝格利的歪曲和误解之后,把矛头对准了这个批评他的人,谴责他人为地把学者划分为"两大对立的阵营":

> 华裔学者和西方学者被划分了开来……贝格利的问题是他有意无意地把一个非西方裔的学者强行从西方学术世界中隔离出来,即便这个学者接受的是西方的学术训练,也活跃在西方的学术世界。只有这种心态才能说明他为什么要把"文化局内人"和"文化局外人"区分隔离开来。[9]

在他回应的结尾,巫鸿指责贝格利把学术研究问题扯到了学术政治问题,并虚构了两大阵营之间的冲突:"通过捏造'中国考古学家'这一统一的意识形态和政治团体,贝格利把自己视为'西方考古学家'这

---

7 Wu Hung, "A Response to Robert Bagley's Review of My Book *Monumentality in Early Chinese Art and Architecture*", *Archives of Asian Art* (1998), vol. 51, p. 95.

8 同上,第95页。

9 同上,第96页和第97页。

一虚构战线上的代表。”[10]

贝格利的书评和巫鸿的反驳都被翻译成汉语并发表在《中国学术》上。[11] 引起了中国学者特别是上古中国研究者的极大关注。当中有多人认同巫鸿的观点,其中就有北京大学著名考古学家李零。他在该杂志同期发表了《学术“科索沃”:一场围绕巫鸿新作的讨论》一文。作者以隐喻的方式提到北约对前南斯拉夫的狂轰滥炸,这表明作者隐晦地认为这一辩论有其政治和意识形态性质。的确,他的这种认识贯穿全篇。李零的文章主要从学术角度观察这次辩论,但同样也涉及其中若隐若现的种族和意识形态层面。从我们思考的汉学主义来看,其中值得注意的是,他并没有掩饰中西方学者学术政治化的后果。他的结论是,中西方学者都有政治和意识形态倾向之嫌,并都有意无意地怀有偏见。

这一争论本已十分激烈,田晓菲的加入使其愈加复杂。2001 年同一期刊发表了田晓菲的一篇文章,其中她明确批评贝格利的评论是对
巫鸿著作的偏见与误读。[12] 她一方面称赞巫鸿的回应正确指出了贝格 143
利把中西方学者人为划分为文化局内人和文化局外人两大阵营的错误,另一方面也批评了巫鸿和李零,认为他们落入了贝格利的错误逻辑陷阱,把贝格利的歪曲误认为是整个西方学者对中国学者的挑战。在她看来,我们不应该把某一个西方学者对某一个中国学者的批评泛化为对整个中国学界的批评。[13] 因而,她对贝格利、巫鸿和李零每个人都各打五十大板。她认为这三位学者都把误读的小题做成了种族中心主义的大作。她呼吁用一种非种族、非政治的眼光看待学术差异问题:

---

10 出处同上,第 101 页。

11 刘东编,《中国学术》2001 年第 2 辑。

12 田晓菲,《学术“三岔口”:身份、立场和巴比伦塔的惩罚》,《中国学术》,2001 年第 2 辑,第 259-262 页。

13 同上,第 260-261 页。

> 治学方式的不同虽然是客观存在,但是这些不同是学者本人的取向决定的,不是学者的族裔与文化身份决定的。我们不能用“中外”的对立,来总结不同治学方式的对立。学者毕竟是学者,不是也不应该做一杆大旗下面的士兵。[14]

作为一个认为学术就应该是纯粹的学术的人,笔者是赞同田晓菲的观点的。然而,下面我会说明,汉学界的确有一种把参与中国研究的学者根据其种族根源划分并评价的趋势。笔者称这种不良趋势为“学术族群化”。它人为地把研究者划分为不同的种族群体,这对客观性学术研究是十分有害的。此外,它会压制真正的批评精神并把学术研究引向学术政治,而学术政治是纯粹学术研究的绊脚石。田晓菲呼吁学术研究应该远离政治,这一点值得赞赏,但我不得不说,让人们觉得这一学术争论好像真的没有政治和意识形态的参与,不管它们是学术性的还是族群性的,其实是一种鸵鸟心态。否认学术研究中的族群中心主义就是对中国研究中学术族群化的不良影响视而不见,这些不良影响在有些情况下甚至会恶化为明目张胆的学术意识形态化和政治化。据此,笔者更认同李零对不同种族背景的学者之间的歧见所采取的实事求是的态度:

> 尽管我们不应发泄偏见,侮辱对方,但也不应回避分歧,掩盖真相。因为尽管中外学术,谁也不是铁板一块,但二者在很多问题上看法不同,这却是明摆着的事。否则为什么还有这么大的争论呢?[15]

对种族身份问题视而不见只会自欺欺人,正确的态度应是直面族群差
144 异并对之寻根问底。唯有如此,我们才有望摈弃学术研究中的意识形

14 出处同上,265 页。

15 李零,《学术“科索沃”:一场围绕巫鸿新作的讨论》,《中国学术》,2000 年,第 2 辑,第 214 页。

态和政治干扰。因此，笔者将批判分析更多汉学研究实例，以期揭示 144
汉学主义中由于族群无意识而产生的知性无意识。

方法论中的族群政治

中西方学者都认同汉学源自对中国的学术研究，为中国学研究的一个领域。因此，中国研究中就有了笔者所称的双向霸权。一方面，的确有中国学者自视为“文化局内人”，认为自己因语言优势和对中国传统和材料的熟知而拥有天然的学术优越性。另一方面，因为高本汉、葛兰言、马伯乐等杰出的汉学家以其全新的研究方法对汉学作出了令人称羡的贡献，一些西方汉学家也会认为西方的汉学研究自成一家，且胜于汉学的本来出处中国研究。西方在国际学术界的垄断使得一些中国学者的霸权观念更为复杂。李零形象地描述了这一现象：有些中国学者一边期待西方汉学家的认可，一边又瞧不起西方汉学研究。他挖苦道：“有些中国学者看不起他们的研究，握手归握手，拥抱归拥抱，人一走，扭脸就说，‘话都说不利索，字都认不全，做什么学问？’。”[16]

意味深长的是，虽然从事上古中国研究的中国学者远远多于西方学者，西方汉学的学术霸权却更为强大。李零的文章对此进行了详细论述。他总结了西方汉学家眼中中国汉学研究之不足，并对之作了评析。其结论模棱两可：既承认某些中肯的批评，又暗示其中的偏见、歧视和狭隘。大多研究上古中国的西方汉学家对中国人的研究持批评态度，他们质疑中国上古研究界普遍接受的原则（比如，王国维的“二重史证”，一为考古学证据，二为历史学证据），而单单欣赏顾颉刚的方法和研究。田晓菲就此提出了这样一个问题：西方汉学家为什么单单欣赏顾颉刚呢？她认为这是因为顾氏的思考方式有效性更为持久。 145
李零在对田晓菲评论的回应中提出了不同的看法。他认为，顾颉刚是

16　出处同上，203 页。

胡适的学生,而胡适曾留学西方,因此不能忽视老师给学生带来的西方认识论和方法论上的影响。[17] 田晓菲并未言明顾颉刚的思考方法何以有持久价值,笔者认为应当是其彻底的怀疑主义。从20世纪20年代开始,顾颉刚用高度怀疑的方式研究上古中国的历史,后被称为"疑古"。顾颉刚的追随者们质疑中国上古历史文献,他们认为,中国历史的神话传说时代为汉代所杜撰,夏商周三代或为后人所捏造;只有汉代之后的文献才有可靠性。这种观点与西方某些学者的观点不谋而合。但20世纪30年代之后,考古发现推翻了顾颉刚的很多观点,同时也印证了古代历史文献的可靠性。譬如,顾颉刚认为《老子》成书年代最早不会在秦汉之前,但新近的考古发现表明其存在历史远远早于秦汉。顾颉刚在《古史辩》第一册序言中对中华文化作整体评价时写道:

> 中国的历史,普通都知道有五千年(依了伪书所说已有二百二十七万六千年了),但把伪史和依据了伪书而成立的伪史除去,实在只有二千余年,只算打了一个"对折"![18]

时至今日,中华文明确证已有四千年之历史,亦有考古发现支持五千年历史之说。20世纪30年代,鲁迅在一篇故事中辛辣地讽刺了顾颉刚,后者有一个研究结论是:禹,这位传说中中国上古时代的君主,其实是一条虫。[19] 顾颉刚对上古的怀疑受到了胡适历史哲学的启发,胡适的历史哲学顺应了20世纪初中国新文化运动打破偶像崇拜的需要。在20世纪后半期考古发现证明顾颉刚对上古的许多怀疑站不住脚的情况下,西方汉学家们对顾氏观点的支持似乎另有原因。[20]

17　李零,《答田晓菲》,引自《何枝可依——待兔轩读书记》,北京三联书店,2009,181页。

18　顾颉刚:《古史辨·自序》,上海:上海古籍出版社,1982,第42-43页。

19　鲁迅,《鲁迅文集》,北京:人民文学出版社,2005,卷2,386页。

20　《剑桥上古中国史》体现了一些西方学者的这种观点。参见贝格利、倪德卫等人的文章。

首先，它支持了很多西方学者的观点：大一统的中国文化只是上古时代的神话而已；夏不曾有过；商只是众多林立的小国之一；周也大不到哪去；只有后世的历史材料才可用。其次，它有助于一个隐形的霸权企图：有些研究上古中国的西方汉学家执意要打破“历久不衰”的中国大一统神话，其目的是要谴责他们认为无时不在的中国民族主义，甚或中国沙文主义。很多西方学者认为这些阻碍了中国考古学的发展，甚至阻碍了整个中国学术的发展。

当民族主义和沙文主义开始影响中国学术生产和评价的时候，政 146
治在本应是纯粹学术研究的领域露出了丑恶的面孔。西方汉学家钟情顾颉刚对上古历史的怀疑、批评中国学术的不足，这些都以各种方式证明了笔者构想的汉学主义政治性的一面。其一是一种严重的学术政治化倾向，在魏复古的作品中就可见一斑。任何中国研究，只要说中国历史源远流长就会被扣上民族主义和沙文主义的帽子。其二是一种认识论霸权。跟中国和中国事物相关的一切，不管是好是坏，其价值只能是西方人说了算；中国材料研究的对与错也全凭西方人怎么看。这种文化帝国主义的态度在中国研究的很多领域都能看到。尽管这是关于中国的学术，尽管这是中国人的学术，即使考古发现支持中国人的学术观点，西方学者总是学术研究正确与否的最后仲裁者。

这才是西方汉学家们支持顾颉刚的心照不宣的原因，李零和其他一些学者也持此观点。顾颉刚的历史怀疑主义自有其价值，在当时很有影响并促进了上古中国的研究。然而，这也显示了汉学主义的一个方面：对西方视角和认识论的主动内化，这种内化在 20 世纪前半期达到了顶峰；当时中国社会中一些受过西方学术训练的中国知识分子甚至呼吁要将中国文化全盘西化。时至今日，在中国学术研究的各个领域仍可见这种西化思想的踪影。在很大程度上，这种内化无处不在，就连一些颇具远见卓识的学者也未能幸免。在此仅略举数例。在中国历史和考古学研究中，有一广为接受的方法论原则，那就是胡适先生为学问家提出的名言：“大胆的假设，小心的求证。”这一方法论原则受到西方知识生产认识论的影响，与西方思想中唯心主义的方法论有着类似的认识论取向。这一方法论的问题在于过分强调演绎，忽视归纳，从彻底的怀疑主义出发，提出先入为主的构想，由于忽视归纳的“大胆”，主观猜想的“假设”就常常出错，一旦“大胆的假设”错了，本来没有问题的“小心求证”就成了按图索骥的研究。胡适的名言对中国学者认识论和方法论的形成产生了极大影响。以顾颉刚为代表的“疑古派”视胡适的原则为中国古史研究中不可撼动的指导方针。但是，他们几乎没有认识到这一原则在认识论上并非绝对可靠，也不可能有当下已被广为接受的认识：即便是在自然科学中，观察事物的方法也会影响到研究结果。在疑古运动中，所谓“大胆的假设”说白了就是大胆地怀疑一切已有资料的可靠性，提出不受古代文献束缚的主观猜想。按照这一原则，学者们可以先在头脑中勾画一个古代史观念，然后以此观念为导向进行研究，根据历史文献资料的归纳倒是其次了。中国古代史的资料浩如烟海，要在其中挑挑选选，找到一些材料证据支撑某一假说实在并非难事。顾先生不就是从怀疑大禹是否为历史人物出发、进而从上古资料中考证出禹其实是一条虫吗？疑古派
147 们通过“大胆的假设”而获得的先入之见就是上古中国的历史文献皆为后世的汉代学者所杜撰，他们因而质疑诸多广为流传的历史观点和文献的真实性，并企图重新确定很多历史事件的发生时间，他们认为真实的时间比历史记载的时间要晚得多。但是，20 世纪 30 年代之后的考古发现往往证明了古代文献的可靠性。这引起了人们对疑古派的质疑，也产生了一派依据考古发现进行历史研究的学者，他们呼吁走出疑古时代。[21]

李零注意到，西方汉学家认为中国学者对疑古派的怀疑说明中国学术已经“疯”了，已经失去对文献的批评精神，已经倒退到“疑古时代”以前去了。“倒退”的原因很简单，是意识形态和民族主义的干扰，

21　李学勤是持这一观点的代表性学者。参见李学勤，《走出疑古时代》，沈阳，辽宁大学出版社，1979，第 83-89 页。

且中国学者们孤陋寡闻，对国际学术的“常识”或“规范”一无所知。[22]据此，他们手握西方学术惯用的文化霸权质疑所有中国学术的可信性。这种态度可谓霸气十足，原因如下：首先，在批评反疑古派的学者时，这些批评者（既有中国的也有西方的）完全忘却了怀疑主义这一科学研究精神。这些批评者的逻辑是：疑古可以，但就是不能怀疑疑古者。如果有人胆敢怀疑疑古者，那就应被扣上意识形态和民族主义的帽子，这是他们最有杀伤力的武器。其次，西方汉学家批评中国学者的意识形态和民族情感取向，自己却没有照照镜子。再次，就算有些中国学者受了意识形态的影响，那也不能全盘否定整个中国学术。李零说得好：

> 中国的学术虽不能免于“意识形态”和“民族情绪”的干扰（就像西方学术同样不能免于他们自以为是‘放之四海而皆准’的上述东西的干扰一样），但却绝不应该执此一端，衡量一切。事实上，中国近年的学术反思，它的直接动因还是近三十年来的考古发现而不是对古史的迷信。[23]

西方汉学研究的一些近期著作在一定程度上肯定了李零认为中国研究方法取得进展的观点。《剑桥中国上古史》是一部中国历史研究的权威之作，其中收集了一些顶尖学者的作品，该书的两位编者在 148
力求公正的前提下对不同的中西方学者观点兼容并收。他们在该书的序言中总结了有关上古中国文献的一些相互矛盾的观点：

> 考古发现对传世文献的这类证明导致了一种学术观点

22　李零，《学术‘科索沃’：一场围绕巫鸿新作的讨论》，《中国学术》，2001年第2辑，第204页。

23　Li Ling, “Chinese Studies: A Changing Field of Contention-A Debate on Wu Hung's *Monumentality in Early Chinese Art and Architecture*”, in *Critical Zone 1: A Forum of Chinese and Western Knowledge*, Hong Kong: Hong Kong University Press, 2004, p. 194. 此文由李零中文文章删节翻译而成。

> 的产生,即肯定中国文化最重要的方面有古老性,它特别流行于中国。这种观点现在叫"信古派",即有意同30年代《古史辨》杂志有关的"疑古派"相区别的一派。从它的某些说法看,这种对古代的迷信无疑是说过了头。因为它们更多是出自当代的文化沙文主义,而不是学术证据。但比起很多西方学者对这一观点的否定,此类看法的偏见也未必就更多。尽管有诸如此类的保留,我们还是很难否认这个结论,即近三十年的考古发现,它们主要不是推翻而是肯定了中国古代传统文献记载的可靠性。[24]

十分有趣的是,我们注意到这段文字自相矛盾。一方面,他们批评信古派(主要是中国学者)因民族情感和文化沙文主义而夸大上古中国历史文献的权威性;另一方面,他们的结论又矛盾地认为,过去半个世纪里中国的考古发现证实了这些文献的权威性。有人会说他们的这种自相矛盾的立场出自他们对现有学术包容并蓄、顾此兼彼的意图,但当中确实涉及了众多西方汉学家或隐或现地关心的意识形态问题。他们认为,自中华人民共和国成立以来,几乎所有的学术研究都由政府资助,都为中国政府提高民族自豪感的主旨目标服务,这些研究的学术有效性因而值得怀疑;在很多情况下,这些研究甚至沦为民族主义和沙文主义的工具,应当对之进行批判。

我们应当实事求是地审视当下中国的上古研究,其中到底是客观科学的成分多?还是像西方批评者所认为的那样,因为政治和意识形态干预而可悲地沦落的成分多?中国主流的研究方法甚是复杂,但简而言之可以概括为:在现有文献中找观点,然后用考古发现和其他历史记载中的文献证据对之进行证伪或证实。王国维最早倡导这一方法,名之曰"二重史证"(用历史学和考古学证据考证)。这种做法更

---

24 Machael Loewe and Edward Shaughnessy, eds, *The Cambridge History of Ancient China*, p. 10.

为科学,因其符合科学研究的基本原则:假设有待实证检验,证据越真 149
实,假设越可信。然而,下文将说明,即便是这一研究方法也同样受到西方学者无情的批评。

方法论霸权

上文所做的批评分析揭示了一些西方汉学家有意识或无意识的霸权心态。在李零的文章中,他提到了另一位西方学者所写的一篇文章,这篇文章的译文使很多中国学者深受刺激,其中包括自称作者朋友的李零本人。这就是罗泰(Lothar von Falkenhausen)所写并发表于美国《考古》(*Antiquity*)杂志的文章《中国考古学的史学癖》。作者称该文意在向西方学界介绍中国的考古学。有人会问:一篇介绍性文章怎么会无意中刺激中国学者呢?读过这篇文章之后,笔者觉得该文不是介绍那么简单,它更是对中国考古学和史学方法论的评价。其对中国学术所做的价值判断中隐含的霸权论调和东方主义心态伤害了中国学者的感情。

笔者甘冒以偏概全的风险,把这篇文章刺激中国学者感情的主要观点概括如下:史学和考古学是两个独立的学术领域,各有其目标和原理;但在中国学者手中,考古学沦为史学的"奴仆",被用来为政治服务,这使得中国史学、考古学都处于可悲的境地。罗泰的观点足可代表西方学者对中国考古学和史学的批评。公平地讲,他的说法也不是毫无道理。比如,他对文化大革命之前和期间学术政治化的批评就很中肯。有人曾无限上纲,攻击顾颉刚的疑古说是为日本侵华助纣为虐。但罗泰的文章因其霸权主义的认识论和方法论,一些说法立场矛盾、观点相悖,并因其东方主义心态而带有偏见。罗泰的评论中有这样一段话:

> 考古学向古史学女仆地位的转变与日益反动的政治气候相契合。由于国民党政权的日益独断专行以及20世纪30

年代在日本人的威胁面前中国人的团结,“疑古派”被斥为缺乏爱国精神。[25]

的确,历史或服务于政治,世界各地皆然。但据罗泰所言的口气,这一
150 现象听起来好像贯穿整个中国历史,并为中国独家所有。此外,因其论点涵盖了中国考古学自始至今的全部历史,他事实上是在质疑中国考古学家的学术品格。颇具讽刺意味的是,虽然他像其他西方汉学家一样支持顾颉刚的疑古做法,同时他又不得不承认“这些考古发现在很大程度上表明考古学可以考证历史文献;这些发现使考古学在中国学界获得了合法地位。考古学得以接受是因为它的首次动作就为批驳‘疑古派’提供了一种工具,并被用来延续传统。”[26]

他批评说,中国学者因其民族主义倾向已变得保守、退步和狭隘。这种判断式批评在以下这句话中非常明显:“二战之后的中国历史研究(大陆的和台湾的)与五四时期相比,无论是在视野上还是方法论上都要保守得多。”[27]很少有学者能接受这种说法。他提及新文化运动说明他赞同五四时期打破偶像崇拜的做法。李零反驳道:

尽管西方学者说中国学术已经大大退步,但只要不带偏见,谁都不难发现,无论是在古书年代和体例的认识上,还是在考古文化整体面貌和细节联系的理解上,中国学术都比以前是进步了而不是退步了(相反,西方学者的想法,即使不算“过时”,至少也很“保守”,虽然他们的怀疑态度反而非常大胆)。[28]

罗泰和其他汉学家认为最可悲的是中国学者放弃了顾颉刚和其他疑

---

25 Lothar von Falkenhausen, “On the historical orientation of Chinese archaeology”, *Antiquity*, 67 (1993), p. 843.

26 同上, p. 842。

27 同上, p. 843。

28 李零,《学术“科索沃”:一场围绕巫鸿新作的讨论》,《中国学术》2001 年第 2 辑。

古者的怀疑立场,但颇有讽刺意味的是,他又承认对所谓“疑古”的质疑不无道理:“平心而论,疑古历史学受到责难,部分原因在于其盲目自信,但很多年轻历史学家对待历史材料缺乏批判态度,这一点令人担忧。”[29]在此,我们可以看出一个明显的矛盾,一方面他认为有理由质疑疑古史学,另一方面又批评顾颉刚之后的历史学家放弃了顾氏的范式,因而引起对中国上古研究前途的担忧。为此操心的大都是西方学者和顾氏传人。值得一提的是,罗泰对人们之所以质疑顾颉刚疑古史学的深层原因避而不谈。其实,这一深层原因并非过度自信,因为自信只是一种主观态度而已,也非民族主义泛滥,真正的原因在于推翻了他那些极端论调的实实在在的考古发现。

罗泰对中国考古学所持的评判态度有多面性,但其中多含悖论与 151
偏见。就认识论和方法论而言,他对中国学者将考古学与历史学联系起来并用前者印证后者的做法大为不满。我们可以理解他反对把考古学作为一种政治手段,但我们无法理解为什么不能把历史学和考古学结合研究,以帮助加深我们对中华文明的理解,特别是那模糊不清的上古时代。因为中国学者拒绝对考古和历史分而治之,罗泰就批评中国人缺乏求知欲望:“这种学术好奇心的缺乏表明中国考古学狭隘的史学癖。”[30]这一批评令人费解,因为如果中国人执意考证古代文献是否真实,这种态度本身不就是一种强烈的求知欲吗? 再者说,有什么比考证世代相传的中国远古历史更有趣呢?

如果中国考古学真如罗泰所说,受“爱国主义主观臆想和历史学教条”[31]之累的话,西方学者对中国考古学的评价更不可信,因为他们犯了教条主义考古学的错误。简单地说,教条主义考古学就是:考古学应从历史学的束缚中解放出来;眼见为实,读史为虚。罗泰说:“把考古学从目前狭隘的历史学使命中解放出来,考古学家们就能专心研

29　Falkenhausen, “On the historical orientation of Chinese archaeology”, p. 843.

30　同上,第 842 页。

31　同上,第 844 页。

究材料，也能更大胆地提出新的见解。”[32]然而，这一说法本身就有教条主义之嫌，因为它完全无视这样一个事实：人类对自己远古历史的认识都是通过不同的手段拼凑而成的。对考古学的盲从就像“瞎子摸象”一般，每个盲人都误认为自己摸到了整头大象而不是一小部分。反对考古学与历史学结合的教条主义态度也无视远古知识生产的阐释学本质。历史学知识或许并不可靠，但它起码可以成为研究探索的起点，或成为伽达默尔诠释学中的“前见”(prejudice)这一理解的必备条件。[33] 海德格尔的“前理解”(pre-understanding)、“前知识”(prior knowledge)也能说明中国学者将历史学作为上古研究起点的合理性。海德格尔认为，研究(inquiry)这一概念本身就预设了循环性和前知识，没有所研究问题的前知识，就不会提出问题。海德格尔在《存在与时间》一书开篇就提出了这种观点，称其为“知之探寻”(a knowing search)[34]。他进一步说：“作为一种探索性研究，必须受到研究对象的
152 引导。”[35]中国学者以历史记载为指引，以考古学为有效工具，来考证历史学观点，这是研究古代史的一种很好的阐释学方法。在理论上和实践中，中国学者通过不断修正历史学中的“前见”或“前理解”，可以渐渐接近历史的客观真实。其次，以历史学为起点要比胡适所谓“大胆的假设”更有道理，后者往往被证实为纯粹的主观臆断。

学术中的身份话语

罗泰的文章似乎认为中国的学术是区域性的，尚未达到普世知识的高度。有一处，他批评了“文本知识在传统中国研究中的核心地位”。他和其他一些西方学者认为，古代文献，包括那些古代器物上的

---

32 出处同上，第848页。

33 Gadamer, *Truth and Method*, second edition, New York: Continuum, 1999, p. 277.

34 Martin Heidegger, “Being and Time: Introduction,” in *Basic Writings*, ed. David Farrell Krell, New York: Harper Collins: 1993, p. 45.

35 Martin Heidegger, *Being and Time*, p. 25.

铭文,都是不可靠的。他因此批评中国以文字材料为依据对事物进行分类的做法:

> 只有李济……采用了没有传统涵义负累的新词(比如,他用“鼎形器”而没用“鼎”)……;对事物进行分类应当根据事物内在的物理属性,而不是外来的文字标准,其他学者尚未认识到这一方法论的重要性。正是因为他们这种自满自大,当今的中国考古学虽然有很强的描述性能力,但还是欠缺通行的可用以划分多数主要器物的类型学。[36]

我们很难看出“鼎形器”作为类别何以比“鼎”更有通行价值;我们同样很难看出用‘鼎’这一古词来指称鼎形的器物有何不对。就算要反对“强加”的名称,鼎可算不上一个。毕竟,鼎是在这种器物上的铭文中发现的象形文字,至今还能从中看出器物实际的形状。“通行的类型学”是对本土事物强加人为分类的典型例子。显而易见,“通行”只不过是“西方标准”的翻版而已。在汉语中,“鼎”是一个恰当的类别,因为它同样可以指三足以上的锅形容器。而其英译“tripod”[三足锅]则排除了四足的可能,可见是一个强加的概念。

罗泰在其文章最后的结论部分说得更清楚,

> 中国考古学不缺流行的理论,缺的是中国考古学家对自己的学科的自信。中国学者不能再用前现代的流行学术标准来定义自己的研究。如果真能如此,中国必将像世界其他各地所走过的研究道路一样,迎来适合自身情况的方法论,我们对此持乐观态度。[37]

---

36 Falkenhausen,“On the historical orientation of Chinese archaeology”,p. 842-843.

37 同上,第 848 页。

153 这一段话颇有一种老师训诫学生的味道，一种学术仲裁者居高临下的姿态，创立埃及学和亚述研究的东方主义学者们往往就是如此。一个读者要是敏感，读到这样的含义肯定会不舒服：既然考古学是西方人发明的，所以我们西方人知道该怎样研究考古学；中国学者仍在黑暗中摸索，还没有找到正确的道路。只要中国人听我们的意见，中国考古学会很快走上正途，并学会使用"其他地方"所用的正确方法。这里的其他地方除了西方还会是何处？

这一隐藏的含义使我们对西方人、对考古学和汉学有了新的认识。考古学源于西方，并受西方学者的控制。现代中国考古学的先驱们曾负笈西洋但回国后都根据中国自身的特点扬弃了西方模式。中国历史文献丰富充实，中国学者完全可以创立一种把考古学和史学结合起来的中国式考古学，这要归功于过去几千年间中国人对历史文献的精心保护。一些西方学者并不认同这种模式。罗泰认为：

> 马克思主义教条的核心地位导致的一个严重后果是，以问题基础的研究概念在中国考古学中一直并不存在，直到最近仍是如此。学者们误认为他们已经知道人类的历史，因而没必要就相关假设进行考证，考古学的唯一目的就是证明已有观点的正确性。[38]

庸俗马克思主义历史发展观，特别是其目的论模式，对中国史学和考古学产生了消极影响，对之批评不无道理。事实上，文化大革命之后，中国学者就对基于马克思主义历史发展观的目的论历史模式提出质疑。但是，说中国考古学没有问题研究方法则言过其实了。按照这种说法，中国考古学家只对收集材料感兴趣，而无力提出有明晰目标和假设的研究规划。

此外，罗泰隐晦地指出，中国的考古学由中国人牵头并非好事。

38　出处同上，第 847 页。

他指出：

> 与其他文明古国不同，中国的考古学不是外国探险家的地盘。安德森（20 世纪 20 年代初在中国进行了首次现代考古发掘）本人也是在北京中国地质考察的名义下进行的，中国考古学的引入和创立基本上都是中国专家所完成的。[39]

在另一处他谈到： 154

> 中国考古学的背景是传统历史学家的那一套。考古发现可与书本和铭文中的群体相联系；人们认为，由于中国历史的延续性……考古资料可与当今直接相连，其纽带就是种族和民族身份。与欧洲和美国的考古发掘者相比，中国人在感情上认同研究对象的程度要高得多。[40]

他的看法与其他一些西方学者的观点遥相呼应，他们认为，中国学者因其族群身份而不够公正，因而无力对中国历史进行科学、客观的研究。在此，他重申了中国局内人和外国局外人之间的分界，方法论也与族群身份纠缠不清。

为他者代言的强迫症状

尽管“局内人”和“局外人”的划分受到了中西方学者的批评，但它仍然存在并使所谓中国“局内人”和西方“局外人”之间的明争暗斗持续不断。笔者曾听中西方学者私下里说过两者之间的重大歧见源自对该领域领导地位和话语权的争夺。德里克在思考东方主义时说

39　Falkenhausen，“On the historical orientation of Chinese archaeology”，第 841 页。

40　同上，第 842 页。

过这样一段话：

> 欧洲人站在发展的最前沿，能比本地人更好地认识亚洲，因为他们的历史后见之明能更好地预见未来和俯瞰全局……东方主义不仅仅要谈论亚洲，还要为亚洲代言。这里指的是东方主义内部的不合，但同样引发了有关权力的问题：为他者代言的权力。[41]

在汉学领域，中国学者作为一种政治力量几千年来一直为自己代言，一直拥有作为师长的学术权力，而不像埃及学那样，西方学者对学术权力的控制不容置疑。在对中西方学者之间多次争执的批评分析
155 中，笔者发现了大量的证据说明西方人有强烈的为汉学研究中的他者代言的强迫症状。在此，我将批判审视中国知识思想研究中的几个例子，以说明西方人为其他种族代言的冲动是如何让西方人屡次“发明”或“发现”中国思想和事物的。

莱昂内尔·詹森（Lionel M. Jensen）于1997年出版了《制造儒教》一书，其中有一个备受争议的观点。在用普世主义方法对中国知识思想进行的研究中，他提出对儒学研究进行重新审视。其审视的前提立场是极端性的：“Confucianism 主要是西方人创造的，用来代表儒家、儒教、儒学和儒者所指称的内容。”[42]他也承认孔子为这一西方创造物的思想体系的源头，但他同样明确宣称：

> 我提议，我们应该抗拒将儒学（Confucianism）与儒这些概念等而视之的本能反应，而应认识到，我们所说的孔子不是中国古代的那位圣贤。我想，今日大家所熟知的孔子形象是一个长期刻意制造出来的结果。在这个过程中，西方知识

41 Arif Dirlik, “Chinese History and The Question of Orientalism”, pp. 111-112.

42 Lionel M. Jensen, *Manufacturing Confucianism: Chinese Tradition and Universal Civilization*, Durham: Duke University Press, 1997, p. 5.

> 分子一直居于主导地位。[43]

他的这一论点涉及儒学的主导权问题;不管儒学被视为哲学、宗教还是学术,它都是中华文化的本质性核心。詹森确实也在一定程度上承认了中国知识分子在创造儒学中的作用,但他明确指出:

> 在本世纪的中国,主要由西方人创造的孔子启发了中国人对这位民族偶像的重造,他被中国知识分子当作神话素材,并在其通过历史建构重塑中华民族的努力中扮演了举足轻重的角色。[44]

据此,中西学者联手对孔子进行了改造。有人会问:中国学者具体做了什么事呢?我们可以从詹森对其书目标的描述中找到答案:

> 本书的主要目的是讲述在此再造过程中中西联合的特点:16 世纪的中国人提供以故事形式的孔子原材料,西方孔子研究专家从中受到启发,并将其虚构形式改造成有争议的西方科学和神学表现形式;19 世纪引入中国的西方民族主义、进化论和民族气质等思想使 20 世纪中国人的本土想象有了新的维度,他们将孔子改造为一历史化的宗教人物形象。[45]

答案一目了然,西方知识分子是改造的领袖,而中国知识分子只是位
居其次的追随者。这显示了中国研究领域一种霸权主义观点,在众多 156
知名汉学家的观点中屡见不鲜。这一观点包含诸多元素:首先,中国
学者负责提供材料;西方学者和思想家对这些材料进行系统化、概念

43　出处同上,第 5 页。
44　同上。
45　同上。

化处理，使其成为新的思想和理论。其次，西方思想家缔造中国传统核心观念、理论，并向中国知识分子兜售，而后者被动接受。其三，中国知识分子只是自己文化遗产的二手创造者，即便是在其文化传统的核心层面亦是如此。詹森不是没有意识到有人会批评他文化帝国主义的可能，他略带歉意地提醒读者："不要以为将孔子划为西方所有就意味着某种欺骗……同样也不要认为中国没有本土英雄，只有外国人制造的英雄；也不要攻击西方文化霸权。"[46]他虽然声称孔子的普世性，说是"普世灵感或精神"以及"普世文明"，但他西方的 Confucius 和中国"孔夫子"之间的二元对立再次表明孔子和儒学为西方所创。书中他反复强调儒学作为一种文化传统仅有"三百年的历史"，[47]且为西方人所创，"孔子和儒学是来自异域的观念性产物，被给予了一种凌驾一切的权威，并被用来说明中国文化的本土特征"。[48] 他对西方制造孔子和儒学这一说法的辩解与殖民者的知识和商品生产模式如出一辙：被殖民的第三世界国家提供物质和精神原材料；西方殖民者（资本家和知识分子）对之进行加工并生产出物质和精神商品，这些商品又转而在第三世界被殖民国家和地区的商业市场和文化市场出售。

在对中国宗教的研究中，西方人也有强烈的为他者代言的强迫症状，这同样符合文化生产中的殖民逻辑。道教是中国三大传统思想之一。与儒教和佛教一样，道教是综合了形而上学、宗教和生活方式于一体的思想体系，从战国时期一直发展至今。从公元 2 世纪起，就有一种概念性方式，把道教分为两大流派，分别称为"道家"和"道教"。冯友兰或许是 20 世纪最重要的中国哲学家，他曾说过："道家，它是一个哲学的学派；而道教是宗教，二者有其区别。道家与道教的教义不仅不同，甚至相反。"[49]由于担心读者会混淆这两个概念，他特别提醒读

46　出处同上。

47　同上，第 24 页。

48　同上，第 9 页。

49　Fung Yu-lan, *A Short History of Chinese Philosophy*, edited by Derk Bodde, London: Macmillan, 1948, p. 3.

者注意两者不同的哲学根源:“第六是道德家……第一章已经指出,应 157
当注意它与道教的区别。”[50]道家和道教为两种不同的思想,这一点在很长时间内都是中国内外所接受的共识,但到了 20 世纪末,这一共识为一些西方学者所质疑,他们认为这种区分没必要且没有道理。

施舟人(Kristofer Schipper)被认为是西方呼吁关注道教研究的第一人,他就是对这种共识最早提出挑战的西方学者。他大胆质疑用西方宗教观念来理解中国宗教的有效性,他说:

> 这种否定评价使很多人认为道教的哲学思想与其宗教性实践截然有别,甚至视其为两种迥异的历史、社会现实!这种观点广为流传,我们有必要对之进行反思,特别是因为这种所谓道教道家之间的对立长期以来都被用于否认中国本土宗教,其不良后果人所共知。[51]

在该书的结论中,他又说:“庄子把道教描述成一种没有教义、没有教条或机构的宗教,其传播在世界历史上没有得到记载,促使他提出这一观点的灵感正在于此。”[52]我们注意到这一说法与他全书的关系有些问题。首先,他的著作基本上是对道教的宗教体系、组织机构和宗教仪式的厚描式书写,这与其认为道教没有教义、教条和机构的说法自相矛盾。其次,书中没有出处说明庄子在什么时候及什么情况下提出这一看法。没有点明出处并不仅仅是一个学术失误,而更是有意否认道家和道教的区分。再次,他的观点将作为哲学的道家和作为宗教的道教混为一谈,这给后来的道教研究带来了不小的影响。

贺碧来(Isabelle Robinet)是道教研究的知名学者,她跟随施舟人

---

50 Fung Yu-lan, *A Short History of Chinese Philosophy*, edited by Derk Bodde, London: Macmillan, 1948, 第 31 页。

51 Kristofer Schipper, *The Taoist Body*(1982), translated by Karen C. Duval, Berkeley and London: University of California Press, 1992, p. 192.

52 出处同上,第 215 页。

对道教的共识发起质疑。在她那本备受好评的《道教:一个宗教的成长》中有这样一段话:

> 在此我们将不得不经常提及所谓“道家”和“道教”之间的关系问题……在这个问题上人们花的笔墨已经不少了,但必须承认的一点是,这些人没有仔细研究过“道教”的文献。我们屡次看到,这种区分意义不大。我认同的观点是:这种区分来自表象,子虚乌有,为各种宗教和神学体系所共见……虽然有些西方人用这一差异区分道教的两个不同分支,而在我看来,这种认识的原因是,我们文化中鲜有学者熟知使得神秘经验得以产生的技巧。[53]

158 虽然她笼统地反对前面所讲的共识,却没有从概念化的角度提出有力的论据。她将之归因于他人对道教技巧的知识缺乏,有些太过牵强。

柯克兰(Russell Kirkland)是一位较为年轻的道教研究学者,他批评汉学中的现有道教研究,并旗帜鲜明地反对将道教和道家区分开来:“几代以来,大多数中西方学者经常教条地认为,上古被称为哲学的道学家必须在逻辑上与后世所说的宗教道学家区分开来,而其根据就是后者钟情于‘长生不老术’。”[54]他在此肯定地宣称:“大多认真研究过道教的学者,不管他是亚洲人还是西方人,都已经最终放弃了道家和道教(即作为哲学的道家和作为宗教的道教)这一简单的二分法。”[55]笔者仔细阅读过他的著作,认为他的问题恰恰出在对这一区分的放弃上。在序言中,他批评道:

> 直到近20世纪末,几乎所有论及道教的人,包括亚洲、

53　Isabbelle Robinet, *Taoism: Growth of a Religion* (1992), translated by Phyllis Brooks, Stanford: Stanford University Press, 1997, p. 3.

54　Russell Kirland, *Taosim: The Enduring Tradition*, London: Routledge, 2002, p. 172.

55　同上,第2页。

> 西方的学者，都信守一种对道教的认识，这种认识几乎排除了过去两千年中所有的道教思想家，同时也排除了所有的道教教众。[56]

很明显，他首先混淆了道家和道教，然后批评主流学界把道教思想家和教众从作为哲学的道家中排挤出来而建立的等级制度。

道教的课题在道学研究中向来不受重视。柯克兰和其他持相同观点的学者在批评对作为宗教的道教的歧视这一点上很有道理，他们使人们更清楚地认识到道教作为一种合法研究课题的重要性，他们也对道教研究作出了自己的贡献。我们应当对他们表示尊敬。但他们反对区分作为哲学的道家和作为宗教的道教，其原因在于道家和道教这两个词在古代中国是容易混淆并经常相互混用，也很难对它们进行概念阐释或举例说明。虽然人们就如何定义宗教和哲学看法不同，但有一些普遍认可的基础性概念可以用于区分一种哲学思想和一种宗教思想。关于“哲学”一词的基本词典定义是：“对真实以及存在原则、知识或行为的理性探究。”[57]而同一词典对“宗教”的定义是：“一系列有关宇宙起源、本质和目的的信仰，尤其当宇宙被视为超人类力量的产物时产生的信仰；或者当这种力量通常涉及虔诚的仪式活动而产生的信仰；其中并含有人类行为的道德准则。”[58]宗教的基本元素包括
一位人格神或众神、一套神学、大量教众、敬神场所和神职管理组织， 159
但并不限于此。一个人只要了解道家和道教的基本知识，就可以看出前者没有作为宗教的必备条件，而后者则条件完备。

前面三位学者的研究的确对我们理解道教作出了令人钦佩的贡献，但其研究本身并不能反驳道家和道教之间的区分。公正地看，这三本书记述了道教神学家和教众如何借用道家的观念、思想、著作和

56　出处同上，第 xix 页。

57　参见 *Random House Webster's College Dictionary*, New York: Random House, 1991, p. 1014。

58　出处同上，第 1138 页。

文献及道家大师们，如老子、庄子和列子等来阐述和丰富他们的宗教体系；此外他们主要论及道教的缘起、历史沿革、神学构成、大师传记、道场、礼仪实践、仪式和礼仪。如此看来，这三本书实际上是支持而不是反对二者的区分。那么，我们自然会有这样一个问题：这些学者为何反对区分，甚至视这种反对为既成事实？对这些学者观点做一批评分析就会看出其中的端倪。

贺碧来一书的翻译者布鲁克斯写道："只是由于散布在世界各地（包括中国、法国、日本、美国及其他国家）的几位学者的执着努力才开始了中国本土宗教……道教的重新发现。"[59]明朝之后，由于各种政治、意识形态和知识的原因，道教在中国学术研究中逐渐湮没。1949 年之后的无神论反迷信运动和始于 1966 年的狂热的文化大革命几乎使人们对道教的兴趣在中国大陆销声匿迹。跟儒教和佛教一样，20 世纪 70 年代后期道教得以复兴。在这样的历史背景下，这一复兴被视为"发现"，就跟哥伦布发现新大陆一样。布鲁克斯又说："认为道教只是一种思想或哲学，就否认了其作为一种宗教的本质，作为宗教它能使信徒走上救赎之路。"[60]在此，她又犯了把道家和道教混为一谈的错误。

西方学者一方面反对道家和道教的区别，一方面声称 20 世纪最后二十多年中西方的道教研究说明"道教研究终于成熟了"，[61]这当中有一难以调和的逻辑矛盾。这一矛盾在诺曼·吉瑞德（Norman Girardot）的话中表露无遗：

> 可以说，与得到热衷研究的老子和庄子道家思想不同，道教研究几乎完全是 20 世纪后半期的事，这在很大程度上

59　参见"Preface" to Robinet's *Taoism: Growth of a Religion*, p. xii。

60　同上，p. xiii。

61　有不少西方学者持此观点。吉瑞德就是其一，他在为柯克兰的书所写的序言中说："此书可被视为过去二三十年中道教学家和比较研究学者开创性研究的成果之一，这些是最早基于中国真实并得以广泛流传的研究成果。柯克兰的小书和其他一两本近期的著作使我们看到，道教研究终于有所发展了。"参见他为柯克兰的书所写的序言，Russell Kirland, *Taosim: The Enduring Tradition* (London: Routledge, 2002), p. viii。

要归功于施舟人60年代在台湾的发现。[62]

这句话承认道家向来是热门的研究课题,而道教被贬谪到了中国研究的边缘。如果我们认为道教道家为一体,那我们又如何会认为道 160
教研究是一新近的事物呢?其实,自前汉(公元前206年—公元25年)以来,道家一直是研究的重要课题。

吉瑞德断然否认道家道教之分,认为道教的复兴是少数西方学者的功劳。他特别把道教的重新发现主要归功于施舟人的研究:

> 封闭的道教团体一直潜藏在中国人的日常生活中,处于中国人中央帝国的边缘,同样处于现代工业化世界中中国移民群体的边缘。就在濒临消亡的时刻,它开始向全世界展现自己。这一意外事件的特别之处,也可以说是有趣之处在于,道教在现代社会的公开亮相要归功于年轻的荷兰学者施舟人的幸运发现(着重为引者所加)。[63]

吉瑞德赞赏施舟人深化了我们对道教的理解,但他对后者的成就有言过其实之嫌,同时他也低估了历史上中国学者、日本学者和其他西方学者的贡献。道教被视为中国三大宗教之一,并由历朝历代的道士、教众历尽艰辛保存至今。道教研究虽然历经战乱、迫害、政治以及意识形态的干扰而深受影响,但在中国早期就已开始并流传至今。从历史角度看,视道教为西方研究之“发现”的观点无视道教的源起,这种看法实为殖民主义知识生产模式的产物。西方人类学家惯用这种手段研究他国土著族群,并发现他们生活和宗教的内在逻辑。宣称西方学者开创了道教研究的先河无据可依,因为在他们研究道教之前,中国学者和一些其他西方学者早已在这一学术领域勤勤恳恳劳作了

62　Girardot,“Foreword” to Schipper's *The Taoist Body*, p. x.

63　同上,第x页。

若干个世纪了。

早在公元4世纪,中国学者就已经开始了道教研究。东晋史学家常璩在《华阳国志》(348—354)中详细记载了东汉后期道教五斗米道的创立,被视为中国道教第一份历史文献。此后,中国人对道教的学术兴趣从未中断。20世纪初甚至出现了研究高潮。鲁迅就是最早研究道教的学者之一。他认为道教为中华文化传统之根柢,这一观点影
161 响极广。他在1918年8月20日写给朋友的一封信中说:“前曾言中国根柢全在道教,此说近颇广行。以此读史,有许多问题可以迎刃而解。”[64]鲁迅对道教的立场是褒是贬在此并不重要,重要的是20世纪前半期中国学术界流行道教研究这一事实,当时很多研究中国传统的一流学者对道教进行了或褒或贬的研究。1934年一年内就有两本道教专著问世:许地山的《道教史》和傅勤家的《道教史概论》。傅勤家发表于1937年的《中国道教史》对道教进行了更为系统的研究。有学者认为常璩在《华阳国志》中对五斗米道的记载是最早的道教历史文献,而傅勤家的著作则被视为在现代学术意义上道教研究的第一部专著。

早期的道教研究学者分属两个阵营:一方一味贬斥,一方肯定颂扬。梁启超就属于前者,他认为把道教纳入中国历史简直就是耻辱,但他承认道教对中华传统非常重要,书写历史时不得不提及道教。[65]相反,陈寅恪高度赞扬道教,认为道教是一种心态开放的智性思想,在吸纳外来思想的同时保持了本土的核心,因而优于通过汉化而来的佛教。1933年,他完成了《天师道与滨海地域之关系》一文的手稿,作者通过翔实的历史资料论述了道教在长江以南社会知性生活和日常生活中的重要地位。[66]

中国道教研究权威卿希泰教授在一篇文章中对中国大陆和台湾

64　鲁迅,《致许寿裳(1918年8月20日)》,选自《鲁迅全集》,北京:人民文学出版社,2005,卷11,第365页。

65　梁启超,《中国历史研究法》,上海:华东师范大学出版社,1995。

66　陈寅恪,《天师道和滨海地区之关系》,选自《金明馆丛稿初编》,北京:三联书店,2001,第1-46页。

道教研究的五百年历史进行了系统研究，他把道教研究分为三个主要阶段：起步奠基第一阶段（1900—1949）、起步奠基的第二阶段（1950—1978）和当代阶段（1979—2009）。由于意识形态和知识偏见的影响，在第三阶段之前的道教研究都只是学者们的个人行为。但他的研究表明，即便是在第一阶段，仍有160多位学者对道教进行多方位的研究，写出了200余篇研究论文和十几部研究专著。其中主要有刘师培（1884—1920）、翁独健（1906—1986）、汤用彤（1893—1964）、王明（1911—1992）、蒙文通（1864—1968）、陈国符（1912—　）、陈寅恪（1890—1969）、陈垣、许地山（1893—1941）、傅勤家等人。[67] 仅在20世纪30年代就有大量道教研究专著和论文问世。这些学术成果足以驳斥道教研究是西方“发现”的说法，这种说法带着明显的东方主义和汉学主义无意识的迹象。

学术无意识 162

在以上论及的西方研究中，西方学者对道教研究中的东方主义心态和方法提出批评是很有道理的，正是这些心态和方法几乎使道教在西方汉学研究中被湮没；但具有讽刺意味的是，这些学者反对道家与道教的区别，声称是他们“发现”或“重新发现”了道教，因而不知不觉中他们又参与到了对道教的东方主义式的研究之中。这种悖谬表明了萨义德东方主义与笔者的汉学主义观念之间的又一差异，这一差异可被称为以“原创的焦虑”为核心的知性无意识。

上文批评过现代学者在无意中纵容了汉学主义倾向，在此必须再强调一点，西方学者诸多的歪曲、偏见、讹误并非完全来自有意无意的东方主义倾向，同样也来自西方学术训练所培养的一种学术心态，这一心态的特点就是学术原创性高于一切。这一心态使族群无意识产生了一个新的变化。西方学术中一个基本要求是，如果一名研究

67　卿希泰，《道教研究百年的回顾与展望》，《中国民族报》，2009年9月2日。

者的成果想要发表或得到学界尊重，他的作品必须具有原创性。但当现代学者进入汉学领域之后，他们发现汉学研究跟其他东方研究截然不同。就是说，在其他东方研究中，很多研究分支如埃及学和亚述学研究都是未曾开垦的处女地，西方学者本身就是拓荒者；而在汉学研究中，他们所看到的是已经被中国学者几百年来甚至几千年来反复耕耘过的土地，几无处女地供他们圈占开垦。为了拓展研究领域，他们不得不提出新观点、找到新模式、言前人之所未言。在原创焦虑的驱使下，很多学者有意无意地使用有悖中国材料的新方法、借用出自西方资料的理论框架和假设，有时所用方法甚至歪曲、误读、讹用中国资料。这种方法在一定程度上，体现了汉学主义一个重要方面，即对中国知识的异化。为了追求原创性和新观点，一些汉学家偏离了生产真实知识这一学术研究的第一目标。结果，他们生产的学术变成了刻意产生新解和吸引眼球的异化的中国知识。对道家道教之分的反对就是一个典型例证。前文评述过的三本书都是道教研究的精品之作，它们对道教之起源、兴盛、历史发展和仪式
163 都做了详尽描述，但这些学者试图发出新的声音以颠覆已有共识，却无意中受到了汉学主义逻辑的影响，他们的研究努力不知不觉地导致了学术成果的异化。

西方学者以中国人提供的材料为依据推断出孔子是西方人的产物，这一极端观点是汉学研究和中西研究中中国知识异化的一个缩影。詹森书中一章题为《为题目辩护：‘制造’的涵义》。在该章中，他讨论了中西传统中“制造”一词的本义和衍生义；提及了他作为后来者备受原创焦虑的困扰；也论述了他视孔子为西方所创造的原因之所在。他说：“用制造一词，我指创造、发明或编造，这些词都与汉语中的‘作’一词相通，我用那些词指代‘作’”。[68] 他声称自己的著作“维护创造性”，而他所做研究的成果与其说是学术论著还不如说是虚构叙事。这一点在书的后记中表现得明白无误：

68 Lionel M. Jensen, *Manufacturing Confucianism*, p. 23.

> 我完成了这部对文本、传统、社会和建构的研究，奇怪的是，书中我的思想更倾向于道德政治性而非学术性；更倾向于当代而非古代。虽然我不愿意把自己想象成我们文化中的英雄形象，但这段零碎的历史使我觉得我也是一个发明家。此外，我对生活在中国人中间的耶稣会信徒的研究以及生活在中国人之中的中国人的研究……使我清楚地认识到，我参与了儒/儒教的叙事性构建，并且这一研究是个人性的而不是学术性的。[69]

这段话毫不遮掩地承认为了实现个人目的而把学术搞成虚构叙事的做法。随着这一坦白，有关孔子的知识被彻头彻尾地异化了。

从族群身份到身份政治

汉学主义中的族群无意识是隐而不显的。的确，即便这种无意识的迹象已经非常明显，人们还是坚决否认其与族群身份之间的关系。巫鸿和贝格利之间的争论，以及由此引发的李零与田晓菲之间的交锋都可以说明笔者的这一观点。巫鸿和贝格利都不曾承认他们的争论源自族群差异。李零在评论中坦然指出巫鸿和贝格利之争的一个主要原因是两者认识论上的差异，前者是中国式的，而后者则是西方式的。但他认为这是学术传统上的差异，而不是不同族群的学者之间的种差异。当田晓菲对李零把学术问题和族群及文化身份混为一谈表 164
示关切时，后者在回应时予以坚决否认。[70] 田晓菲进一步强调中西方学者的不同研究方法不会构成两者之间以族群为核心的对立，并就李零倾向于以族群目光看待学术问题的做法提出了批评。颇值得玩味

69　Lionel M. Jensen, *Manufacturing Confucianism*, 第 279-280 页。

70　参见李零，《何枝可依：待兔轩读书记》，北京：三联书店，2009，第 175-184 页。

的是,虽然李零坚信中西方学者各有不同的研究方法,他却坚决反对把争议的根源归结于族群差异:"我并不认为学术传统的差异在于族裔。"[71]罗泰则毫不讳言中西学术传统的差异,甚至公开表态说中国学术研究与西方相比颇有问题且欠缺,但他同样否认问题之根源为族群差异。相反,他将其部分归因于学术传统的差异,部分归咎于意识形态和政治因素。所有参与争论的人都极力否认其中的族群身份问题,这一现象证实了族群政治的无意识本质。学者的族群身份和学术中的身份政治之间仅有一步之遥。族群政治不可避免地引向汉学主义的另一方面:即学术政治化。

71　参见李零,《何枝可依:待兔轩读书记》,北京:三联书店,2009,第181页。

第七章

政治无意识

在本书第一章中，笔者认为，汉学与东方学的一个重大差异是，前者的政治和意识形态倾向性远低于后者，因为汉学研究起初就带有一种抵制政治干预和学术政治化的内在机制。这是否意味着汉学研究不受政治和意识形态的影响呢？政治是关于中国和中国文明的知识生产中的一个重要因素，尤其是中华人民共和国成立之后，中国被宣称为社会主义国家，并在冷战时期被西方视为共产主义阵营的一员。这一认识为西方的中国研究注入了新内容：即逐渐演变成学术政治学和中国知识政治化的一个政治维度。当然这一政治维度不是显性的，事实上，它的存在方式比东方主义和后殖民研究中的政治维度较难捉摸、相对温和。人们往往很少意识到它的政治特性，或者即便人们在学术研究中发现了政治特性，人们也会对其视而不见或者拒绝认识它的本质。因此，这一因素可以说是构成了中西研究中的政治无意识。

笔者关于政治无意识的概念和詹明信（Fredric Jameson）的概念基本类似，但在某些方面又有所不同。本人赞同詹明信的观点，即一切文化产品都是带有政治内容和含义的“社会象征行为”，并且一切对于文学文本的解读都是基于一个有意或无意选择的政治视角。詹明信认为这个政治视角“不是某种补充的方法，不是其他解读方法的选择性辅助……,而是一切阅读和一切解读的绝对视野”。[1] 他的观点对于文学文本的阅读和解读也许是正确的,但并不完全适用于相对中立和客观的知识和学术研究。詹明信所认为的政治无意识主要是在经济生产中压迫者和被压迫者阶级进行斗争而产生的阶级意识,其本质是一种虚假意识:“阶级意识的首要因素是被压迫阶级的意识(他们的结构身份——要么是农民、奴隶、农奴,要么是真正的无产者——明显是源于生产方式)。”[2] 笔者的政治无意识概念也指的是虚假意识,一种
166 意识形态,但在知识和学术生产中,阶级意识是无关紧要的。这一概念的核心是基于民族意识、国家意识以及国际意识的政治意识形态。尽管与詹明信的前提是一致的,即“主张日常生活及个人幻想经历中政治内容的具体性,并将其从只是主观的、心理投射状态中恢复出来”,[3] 但笔者的目标是阐释从属于种族、民族主义和国际差异的虚假意识是如何影响知识和学术研究的生产和评价的。

笔者的政治无意识观点基本上有两个方面。一方面可以称作“学术政治”;而另一方面可以被称作“学术研究的政治”。前者和一切学术领域中的学术政治相同;只是从事中国研究的学者既有中国人也有西方人这一事实使这一现象更为突出。由于这种形式的政治关注的是:应该雇用谁?谁应该得到终身教授职位和晋升?谁应该得到研究基金?谁应该被授予有声望的奖励?等等,它更多的是和学术机构中针对政治正确性和行政决策的少数民族政策有关。而笔者关注的则完全是中西方研究的学术本质问题,“学术政治”因而不在本书讨论范围之内。笔者要探讨的是第二个范畴:学术政治学或学术研究中的政治化。简言之,学术政治学是以包括现实政治、国际政治、地缘文化政治学、身份政治学和民族政治学的政治视角关注中西研究的情况。简要地说,它探讨的是这些形式的政治学如何影响中西研究的学术导向

---

1 Fredric Jameson, *The Political Unconscious: Narrative as a Socially Symbolic Act*, Ithaca and New York: Cornell University Press, 1981, p. 17.

2 同上,p. 289。

3 同上,p. 22。

和结果。

族群政治

汉学主义的政治层面和学术研究中的族群政治密切相关,且部分地体现在来自不同民族的学者的学术研究的政治化中。围绕华裔学者巫鸿的著作《中国早期艺术和建筑中的纪念性》的争议就最清楚地揭示了这个问题。笔者对这一争论有过较为详细的分析,但在分析中,我只是讨论了围绕这本书的学术族群化问题。这里我要探讨那场争议的政治层面。尽管对于巫鸿这本书的批评主要是关于早期中国研究的学术方法,但通过对这场争议进行批判性分析,我们发现在学术争论的外表后面,隐藏着一个不为人们所注意的从属于国际、民族、学术政治的政治层面。汉学家们对巫鸿一书的尖锐批评可以归为相互联系的两类。其一,巫鸿用“纪念性”作为结构概念,把明显不同的历史产物组织成一个统一的古代中国历史知识体系,他们对此大为不满。其二,他们指责巫鸿运用“纪念性”这一西方概念更严重地反映出 167
他试图通过推论构建“整体的”、“永恒的”中国神话,因而暗中推动中国的民族主义,间接地显示了中国沙文主义的迹象。李零把这一批评概括为:

> 西方汉学家批评巫鸿的目标,主要是集中在所谓“解构永恒中国”,即打破我们习惯上爱说的中国文化的“连续性”和“统一性”。他们认为,巫鸿的“纪念性”是为了突出“化外中国”的独特发展,和表现自外于西方学界的沙文主义情愫。[4]

4　Li Ling, "Chinese Studies: A Changing Field of Contention-A Debate on Wu Hung's Monumentality in Early Chinese Art and Architecture" (Excerpts), in Q. S. Tong, Wang Shouren, and Douglas Kerr, eds., *Critical Zone: A Forum of Chinese and Western Knowledge*, vol. 1, Hong Kong: Hong Kong University Press; Nanjing: Nanjing University Press, 2004, p. 192.

李零承认,西方汉学家对于巫鸿著作的批评就具体的学术问题而言有一定的合理之处,但他也强烈反对他们批评中的一个倾向,笔者可以称之为“学术政治化”。李零在回顾他们批评的要点时指出:

> 这四点批评,前三点可能有一定道理,但似乎并未充分考虑作者的初衷,第四点是一面之辞,也未必可以“犯规”视之。我们从最后一点看,当不难发现,西方学者的批评并不仅仅是针对巫鸿,它也包括巫鸿曾经从中受到教育现在也还没有割断联系的学术背景和学术习惯,也包括他还时时引用的中国同行的研究。
>
> 我看,这才是西方学者“骨鲠在喉,不吐不快”的想法。[5]

李零认为,许多学者,包括中国和西方学者,都相信巫鸿由于其中国的意识形态和学术研究习惯创造出一个对早期中国的虚构性描述而受到强烈的围攻。贝格利的长篇评论恰恰强化了这一看法。田晓菲既读过巫鸿的书,也读过贝格利的评论,她针对贝格利的评论提了三点看法:

> 第一,书评太过偏激,令人不适;第二,误读与歪曲太多;第三,在不适之余,未免深感遗憾。因为贝氏的某些意见有其道理,但是或者说得充满恶意,缺乏以学术至上、不受文化身份的偏见所影响的公正无私态度。[6]

田晓菲并未讨论这些观点出现的原因问题。正如李零那样,我们不妨揣测一下,贝格利的“有偏见的”、“带有成见的”观点很可能是由于他

---

5 李零,《学术“科索沃”——一场围绕巫鸿新作的学术讨论》,《中国学术》,2000年第2辑,第209页。

6 田晓菲,《学术“三岔口”:身份、立场和巴比伦塔的惩罚》,《中国学术》,2001年第2辑,第262页。

感受到了巫鸿显示出的源自“有害的中国习惯”[7]的方法论问题。这一批评得到另外一名学者的呼应，他以一种相对和缓的语气，批评巫鸿的书暴露出一些“典型的中国式”[8]问题。

因此，除了内容上的争议，对于巫鸿著作的批评还涉及认识论、方 168
法论，尤其是意识形态。就认识论而言，巫鸿忽略了西方人透过西方汉学家规定的角度看待中国和中国物品的不成文的规则，他们认为，作为政治实体和文化实体的中国是模糊不清而且很不确定的；当今中国在地理上划分成不同的文化区域，并且历经各个历史时期的不断变化；中国不可能存在一个单独的、统一的文化中国，特别是在远古时期；中国历史上的传说时代是后世捏造出来的，夏商周三代完全是虚构出来的，远古时期的历史记录也主要是后世编造的。巫鸿认为，中国艺术和建筑在历史上经历了统一的发展，这很明显违反了某些西方汉学家所崇尚的认识论教条，不经意地促进了中国的民族主义和沙文主义。就方法论而言，巫鸿也违反了某些西方汉学家情有独钟的方法。例如，sinology 这个词是源于汉学，注重考据（考查证据）而非对由一个单一话题所激发的历史发展进行宏大的全面叙述。巫鸿宣称自己的书是主题式研究，源自他早期的借助详细分析的局部话题研究，并且由描述性方式转向概念性方式。这里有一个讽刺。具有讽刺意味的是，考据（考察证据）是源于中国传统的学术方法，在一些年轻学者的眼里，是保守落后的。但在西方的大部分汉学家拥抱和认可这一方法之后，考据就变成了一个精心呵护、不能违反的方法论信条，有时甚至被一些汉学家教条地运用到现代之前的中国研究中。一位知名的汉学研究期刊的主编曾亲口告诉我，他的期刊只欢迎以传统治学方法进行的研究，如果投稿的作者运用受到当代理论影响的方法，则一律拒绝。他特别指出经常有年轻的中国学者给他的期刊投稿，他们从解构主义和后现代主义中得到启发，采用了当代的理论方法。毋庸多

7 引号中为李零的原话，但其中传达的信息却渗透在贝格利的评论中。

8 Lothar von Falkenhausen, Review of *Monumentality in early Chinese Art and Architecture*, in *Early China* 21 (1996): 183-199.

言，他甚至看都不看就直接全部拒绝了。巫鸿接受的是西方教育，受到汉学之外的领域中的西方理论的影响，运用了他在西方学到的综合性主题式方法（comprehensive thematic approach）。西方汉学家对巫鸿的西式方法的排斥和对中国考据研究方法的推崇与汉学主义概念是一致的：运用的是中国方法还是西方方法并不重要；重要的是，这种方法在某一领域内是否为西方学界所接受，本案例中的领域即为早期中国的研究。这一点在汉学研究的其他领域也格外突出。年轻一辈的学者，无论中国的还是西方的，都因接受现代主义和后现代主义理论启发所形成的当代理论方法而受到一些老一辈汉学家的严厉批评。
169 其结果是，越来越多的年轻学者无法从事现代以前的中国研究，转向现代中国的研究，而该领域乐于接纳从当代理论和方法中得到启迪的新的创造性研究。在这一点上，汉学主义在认识论和方法论上是相当保守的。

中国古代研究的政治化

政治在西方学者对巫鸿一书的批评中只是发挥了次要作用。学术政治化的一个突出案例体现在某些西方汉学家对于数百名中国大陆学者所从事的确定中国远古时期起始时间的一个宏大的研究项目的反应上。这就是国际闻名的“夏商周断代工程”，是中国政府 1996 年组织的一项多学科项目，旨在相对准确地确定夏朝、商朝和周朝的地理和时间框架。该工程聘请两百多位专家运用包括碳十四年代测定、考古年代测定、历史文本分析、天文研究以及其他跨学科方法在内的多种方法来实现更加精确的空间和地理的准确性。该工程还咨询了非中国学者，主要为日裔和韩裔学者，并吸收了他们的观点。工程的成果于 2000 年 11 月发布。根据工程报告，

> 该工程由 9 个研究任务和 40 个包含历史学、考古学、文献学、历史地理学、铭文学、天文学、历法演算及年代测定方

> 法在内的40个专门研究主题构成，旨在确定这三个中国朝代——即夏朝、商朝和周朝的起始时间。[9]

正如一切涉及世界上某一文明的远古时期的研究工程一样，争议是意料之中且不可避免的。政治因素使得关于这一工程的争议复杂化了。在评价围绕巫鸿著作的争议时，李零一带而过地谈及它和夏商周断代工程的关联及其中的政治层面：

> 在我看来，（围绕巫鸿著作的）争议背后的真正焦点是西方学界对于中国学术研究的看法以及长久以来两种伟大的学术传统之间的分歧。例如，鉴于"纽约时报"对于夏商周断代工程结果和期刊报告的新闻简报，我认为真正的争议还没开始，此外，争论的焦点也不会是汉学和亚汉学之间的差异，而是汉学和中国学术的差异。我关切的是，由于政治因素的影响，很多可以通过观点交流得以澄清的学术问题会被掩盖起来，进而使情况更加糟糕。[10]

正如李零所预测的那样，政治因素确实引发了巨大的学术风波。 170
尽管断代工程研究人员预料到会有批评的声音，但一些西方学者对于该工程及其成果的强烈反应还是让他们大为吃惊，也让整个中国学界感到震惊。[11] 简要地说，中国以外的反应可以归结为一种价值判断：这一工程不是一场学术工作，而是旨在支持中国政府合法性和推动民族主义以及加强中国在世界上的霸权的一场浩大的政治运动。该工程的结果一经宣布，美国新闻工作者布鲁斯·基莱（Bruce Gilley）援引研

9　见夏商周断代工程专家组，《夏商周断代工程1996—2000年阶段成果报告》，北京：世界图书出版公司，2000年。

10　李零，《答田晓菲》，第178页。

11　西方媒体和学者的反应，见 Erik Ecknolm, "In China, Ancient History Kindles Modern Doubts", *The New York Times*, November 10, 2000; Bruce Gilley, "China: Nationalism. Digging into the future", *Far Eastern Economic Review*, July 20, 2000。

究中国政治和民族问题的政治学家沙伯力(Barry Sautman)的说法:“我们应该对亚洲增长最快的大国推动这种民族主义感到关切……我认为这个工程与其说是一件好事,不如说是一件坏事。”[12]基莱自己也表达了更为惊人的关切,并把这个工程和20世纪30年代日本军国主义者利用虚构历史来实现二战时期的帝国主义扩张和侵略的行为相提并论:

> 那样可能会对未来有重大影响。分析人士担忧这项研究会为中国以族群为中心的民族主义火上浇油,进而造成中国在诸如台湾问题和中国在亚洲领导地位问题上采取更加好战的外交立场。对于夏朝的主张已经被当作国家“神圣”历史的证据加以推广——这和20世纪30年代日本宣称本国历史,为二战时期的侵略铺路的行为遥相呼应。[13]

基莱还引用一位匿名但“密切关注这项工程的杰出的西方古代中国研究学者”的话:“在追求中国历史传统的真相里有一种巨大的情感投入,该情感认为中国是最伟大、最古老、最辉煌的国家。”[14]然而,他们并没有援引具体的来源来指明是哪些中国人狂妄地宣称中国是“最伟大、最古老、最辉煌的国家”。如果说基莱报告明显是为了制造新闻轰动、缺乏学术的严肃性的话,一些研究早期中国及其历史的西方学者对于这项工程也提出了强烈的政治批评。在这些批评中,一种是指责该工程试图为延续六千年的、单一的中国历史的民族主义和沙文主义观念提供学术支撑,其目的是把中国和埃及、美索不达米亚以及印度相提并论。

在下文中,笔者将对该工程的成果正式发布之后出现的激烈反应

12　引自 Bruce Gilley,“China: Nationalism. Digging into the future”, *Far Eastern Economic Review*, July 20, 2000。

13　同上。

14　同上。

进行批判性审视,并且联系较为可靠的学术研究来探究一项学术工程是如何被政治化的,这些批评的合理程度如何,是什么导致了学术政治化。该工程宣布之时,《纽约时报》的一名记者采访了一些研究早期中国历史的美国学者,后来在该报上发表了一篇报道。和前文中引用的新闻报道一样,这篇报道针对的读者群并非专业学者,而是普通大众。两位国际知名学者对该工程的反应颇值得我们注意。据这篇报 171
道,《剑桥中国上古史》的作者之一夏含夷教授(Edward L. Shaughnessy)[15]否认该工程的学术性质,而将其描述为具有沙文主义议程的政治活动。"出于沙文主义的意图而把历史记载推溯至公元前3000年,从而使中国与埃及平起平坐,""与其说这是出于学术意图,倒不如说是出于政治和民族主义意图。"[16]然而,一位中国考古专家,当时是哈佛大学人类学助理教授的李润权(Yun Kuen Lee),在对该工程的一个客观评价中写道:

> 对于这项工程的主要批评之一是它明显被中国新一波的民族主义所推动的。然而,在全世界,历史研究和当代政治的研究有着固有的联系。受民族主义驱动的历史研究并不一定就是有偏见的。没有任何迹象表明断代工程试图把中国上古文明的年代前推;所有提出的年代都有一些合理的证据支撑,尽管证据有时不是太有力。[17]

这一评价和政治判断说形成鲜明的反差。

斯坦福大学荣休教授倪德卫(David S. Nivison)对这项工程也采

---

15 夏含夷教授是我在芝加哥大学的老师之一,我对他的学术成就和个人品格极为崇敬。我对他关于夏商周断代工程是基于政治和沙文主义目的的看法持有异议,但这不代表我对夏含夷教授的丝毫不敬。

16 见 Erik Eckholm, "In China, Ancient History Kindles Modern Doubts", *The New York Times*, Friday, November 10, 2000。以下的引文均出自该文。

17 Yun Kuen Lee, "Building the Chronology of Early Chinese History", *Asian Perspective*, vol. 41, no. 1 (2002), p. 15-16.

取了类似的政治价值取向,斥之为中国政府的工程。据报道,他在关于中国上古朝代的断代问题上说:“这些年代都将被看作中国政府宣称的正确的年代。”[18]这是对 200 多位中国学者工作的何其奇特的评价!并且他还补充道:“国际上的学者可能要把这份工程报告‘撕得粉碎’。”(出处同上)从这些言语中我们可以发现明显的带有知性汉学主义的(intellectual Sinologism)口气,因为我们听到一个响亮清晰的声音:中国学者的成果一文不值,且必须先接受作为最终仲裁者的西方学者的鉴定和批准。据该记者的报道,倪德卫对该工程成果的批评与学术上的个人不同意见有关,争论涉及周朝推翻商朝的年代问题。根据新闻报道,“倪德卫对于把年代确定为 1046 年极为不满,他说这和他向这项工程提交的研究结果不符。他倾向于 1040 年,但他又说,无论谁是谁非,现在看来,坚持认为某个年代是学术不诚实的表现”。(出处同上)他最后这句话肯定是合理的,但他忽略了工程报告不是最终定论这一事实。有报道援引该工程的首席科学家之一李学勤的话:“我认为,我们的研究发现,都是目前可获得的最佳答案。但这并不意味着未来就不会有进一步的改进。”李学勤本人指出,这一工程的结束并不意味着已经取得了明确的结论;相反,它是作为夏商周断代研究新阶段的开端。[19] 李润权的评论也证实了李学勤的观点:“该工程认为就目前可获取的数据而言,所确定的年代都是最佳选择,这种说法是
172 站得住脚的。它毫无疑问地画出了一个比之前断代研究都可靠的年谱。”[20]2002 年 4 月 4 日至 7 日,李润权在华盛顿举行的亚洲研究学会年会上组织了一次专题讨论会,在讨论中,李学勤重申断代工程确定的年代都不是最终结论这一主张。那次专题讨论会题为:“夏商周断代工程:辩护与批评”,组织者的明确目的就是应对围绕该工程的争

18　Eckholm,“In China, Ancient History Kindles Modern Doubts”, *The New York Times*, Friday, November 10, 2000.

19　李学勤,《夏商周年代史札记》,沈阳:辽宁大学出版社,1999 年,第 3 页。

20　Yun Kuen Lee,“Building the Chronology of Early Chinese History”,第 16 页。

议。讨论会汇集了参与争议的主要学者，包括李学勤、倪德卫及其同事。[21] 讨论会吸引了包括本人在内的大批学者到场旁听，笔者目睹了与会者如何提出各自对于该工程的看法并交流意见。具体方式是，美国学者书面列出关于该工程的问题，然后由李学勤及其同事逐一解答。尽管交流的气氛有些许紧张，但李学勤等人对于该工程结论的辩护却给与会者留下了深刻印象。这次讨论会没有受到政治和意识形态争论的干扰，是一次严肃的学术性活动。会上根本没有提及该项工程试图推动中国民族主义和沙文主义的指责，更不用说被批评了。令笔者颇为惊讶的是，那些批评这项断代工程带有政治企图和沙文主义目的的学者并未利用此次机会表达他们的政治关切。

极具讽刺意味的是，许多学者在把学术研究政治化的同时似乎并未意识到这样做对学术研究本身会造成多大伤害，更没有意识到他们自身就有着汉学主义特殊形式之一的学术沙文主义。倪德卫在1997年10月提交给美国东方学会——科罗拉多州博尔德分会的一篇文章中称，他独自澄清了夏商周断代工程中所有的年代问题，并认为他的研究相比于两百多人的中国专家团队的研究更可靠，更优秀。据他这篇文章所说，他在1995年根据自己十五年的研究，写过一本确定中国古代典籍《竹书纪年》年代的著作。他自信地宣称自己破解了其中的奥秘，并且以《竹书纪年》中的朝代周期和年代为分析基础，攻克了夏商周断代工程所要解决的所有年代测定问题：

> 我可以说，我在这本著作中攻克了那个中国工程提出的所有年代测定问题，包括其他问题。我绘出了一个确切的从公元前1189年（我认定的武丁去世的年份）至公元前841年（共和元年）朝代年表。此外，我还提出了比这个更久远的，至公元前2037年的准确的朝代年表，包括整个夏朝和商朝

21　讨论会及个别发言的摘要见亚洲研究学会网址：http://www.asian-studies.org/absts/2002abst/wrld-toc.htm。

以及更多朝代。[22]

这一案例表明了政治无意识在汉学主义中的体现。尽管政治无意识在文化霸权和学术沙文主义间徘徊,它的始作俑者却极少意识到它。其对中国学者研究的驳斥以及对自身的标榜中表达出的语气,简直令人难以置信。他个人基于单部典籍(其可信度一直饱受争议)的研究,如何就能超越由两百多位严谨的、运用多种跨学科方法来确定
173 中国古代年表的专家组成的中国学术团队的研究呢?这自然是不可能的,除非你接受这样一种看法,那就是该工程的结果完全是中国政府授意的。鉴于今天中国社会的开放程度,政府支配学术研究结果的可能性根本不存在,因为工程参与人员坚信这些结论是"通过'学术民主'公正细致地得出的"。认为政府控制了研究结论的想法不仅是冷战思维的余波,而且是对参与这项工程的两百多位学者学术品格的极大侮辱。

西方学者批评该工程唯一的一条看似正当的理由就是该工程是受中国政府委托的。中国政府主管科技政策的一位领导人宋健倡导了这一工程。他在关于该工程的一本书里,回忆了他在出访埃及时的尴尬经历。他发现埃及历史中的上古时期有着精确的年表,而中国上古时期的年表却是模糊不准确的。为了培养中国人民的历史自豪感和爱国情怀,他争取到了中国政府多个部门的支持,成功地将这一工程纳入政府的九五计划。[23] 中国政府发起、肯定这一工程,这也成了西方学者求之不得的把该工程攻击为政治宣传的武器。正如一篇西方期刊文章所说:

---

22 见 D. S. Nivison,"The Riddle of the Bamboo Annals",a paper for October 1997 American Oriental Society-West Branch meeting, Boulder CO, carried on Stanford University website。

23 宋健,《超越疑古,走出迷茫:呼唤夏商周断代工程》,上海:上海科技教育出版社,1999 年。

> 既然中国官员宋健是在访问埃及期间对埃及的皇室宗谱留下深刻印象,进而要求开始夏商周断代工程,为中国早期历史重构一个精确的时间框架(Lee,2002),那么,这项工程很明显就是出于政治宣传的目的。[24]

仅仅因为这项学术工程是由主管中国科教政策的高级官员发起的,就把它定性为政治宣传,笔者认为这种看法是存在问题的。值得一提的是,宋健本人就是一位国际知名的科学家,他在俄罗斯的一所大学获得博士学位并在科技领域荣获过数项国际国内有影响的大奖。他既是中国科学院院士、中国工程院院士,同时也是美国、俄罗斯、瑞典以及其他国家的科学院及工程院的外籍院士。我们知道,美国和欧洲国家大多数的科研和教育项目都是由政府资助的。我们是否也可以得出结论,既然这些项目是政府资助,那么,它们就是政治宣传的工具,而不是学术研究?中国现代文学之父鲁迅,曾就文学与宣传的区别谈到:“一切文学都是宣传,但并不是所有的宣传都是文学。”我想把
鲁迅的话改一下:“一切学术研究都是宣传,但没有一种宣传是学术研 174
究。”决定学术项目性质的应该是其内容和研究结果,而不是看谁赞助和从事了这些项目。既然中国所有大型学术项目都是由政府资助,难道我们就可以得出这样的结论,认为当今中国的所有学术项目都是政治宣传,而不是学术工作?持肯定的看法显然十分荒谬。某些西方学者和在西方接受教育的中国学者得出这种结论,本身就说明了汉学主义认识论对于国内外从事中国研究的学者的思维产生了何其深刻的影响。

人类有史以来,尤其是到了现代,历史总是和政治紧紧纠缠在一起。中国也不例外。两位西方学者,迪亚兹-安德鲁(Margarita Diaz-Andreu)和蒂莫西·钱平(Timothy Champion)在研究了考古学的发展

24　Li Liu and Hong Xu,“Rethinking Erlitou: legend,history and Chinese archaeology”, in *Antiquity* 81 (2007): 899-900.

后,得出了一个令人信服的结论:作为学术领域之一的考古学的兴起要归功于民族主义的出现,民族主义是激发民族自豪感、为针对他国的种族、民族、文化的偏见提供正当理由的有效工具。[25] 我们要做出两个区分。一是民族沙文主义和文化自豪感的区分。所有国家或民族,对于自身历史、传统、文化遗产和成就感到自豪是理所应当的,但是任何国家或民族都不能把自身的文化遗产和历史成就当作证明自己文化优越,可以歧视、压迫、迫害、征服其他国家和民族的工具。在现代历史上,西方国家为人类文明作出了巨大的文化成就,他们对自己的成就感到自豪是正当的。但自 16 世纪以来,西方帝国主义和殖民主义者利用他们伟大的文化成就,鼓吹西方文化优越论,为一系列意识形态问题中的西方主导地位辩解,从吉卜林(Rudyard Kipling)的"白种人的负担"演变为希特勒的法西斯信条"雅利安优越性",并最终导致犹太大屠杀。假如夏商周断代工程被以这样那样的方式用来宣称中国文化比其他文化优越的话,它就应该被视为沙文主义的宣传。但目前看来并无这样的迹象。

第二个区分是纯学术和政治化学术的区分。即便中国政府在沙文主义宣传中利用了这项工程,这也不能被当作是批评这项工程学术性质的证据。毕竟,任何学术研究皆可以为政治和意识形态所用。历史研究和政治之间这一不可避免的联系并不一定意味着断代工程只是中国政治宣传的又一形式。李润权对此有过理性的思考,他指出不能仅因为政治和历史研究之间有着不可避免的联系,断代工程是出于民族自豪感且由中国政府资助的项目,就批评这项工程。据他对这项工程的客观研究:

175 总体来说,中国在过去二十年中,政治对学术研究的干预越来越不多见了。就我个人对夏商周断代工程的观察了解,政

25　Margarita Diaz-Andreu and Timothy Champion, "Nationalism and Archaeology in Europe: An Introduction",选自他们合著的 *Nationalism and Archaeology in Europe*, London: UCL Press, 1996, pp. 1-23。

府对于这项工程的影响是管理层面的,而非意识形态层面的。[26]

此外,他的研究表明,由于政府对断代工程的资助,北京的放射性碳年代测定实验室取得重大技术进展,使对出土文物考古年代的测定更精确,也使得研究结果更为准确。[27]

应该指出的是,李润权撰文分析围绕该工程的争议时,是哈佛大学人类学系的一名学者。他对构建这三个朝代年表可能产生民族主义情绪并非无动于衷。但他一再申明,学术客观性是他的首要关切。李润权在文章中提出了一个关键问题:中国政府是否干涉该工程的工作和结果,研究人员如何保持科学严谨和学术品格。[28] 西方学者的辩驳是,由于意识形态的干涉和民族主义,中国学者往往会把中国古代的纪年比实际情况向前推得更远。例如,詹姆斯·库诺写道:

> 此前,有充分的考古和文献证据表明中国历史的起始年代是公元前 842 年。李学勤的工程运用新的科学分析方法,确立了公元前 1046 年这一更早的年份。但这只是个开始。这一断代工程准备为中华文明起源提出新主张,希望推到一个久远得多的年份。[29]

但是工程参与人员否定了这一说法。工程负责人在驳斥有关他及其团队出于政治原因试图延伸中国历史的年代的说法时表示:"事实并非如此。我们只是想研究中国的发展历程,这和研究古代希腊、埃及、以色列没有区别。"[30]李润权也证实了这一点,笔者已在上文引用他的观点。[31]

---

26 Margarita Diaz-Andreu and Timothy Champion, "Nationalism and Archaeology in Europe: An Introduction",选自他们合著的 *Nationalism and Archaeology in Europe*, London: UCL Press, 1996, pp. 1-23。

27 Yun Kuen Lee, "Building the Chronology of Early Chinese History", p. 26.

28 同上,第 19 页。

29 James Cuno, *Who Owns Antiquity? Museums and The Battle over Our Ancient Heritages*, Princeton: Princeton University Press, 2008, p. xvii.

30 同上,第 xvii 页。

31 Yun Kuen Lee, "Building the Chronology of Early Chinese History", p. 15-16.

西方学者指责该工程把历史年代提前，与此恰恰相反的是，工程结果把一些历史事件的年代做了数次修正，但不是提前，而是比相关历史记载推后了。一个突出的例子就是中国学者推翻了世界史中的三个“第一”。据曾被作为历史证据的一部中国古籍记载，中国是世界上首个记录日食、太阳风暴和月食的国家。但是在断代工程的研究过程中，中国科学家借助历史地理学、天文学、历法演算及其他年份测定技术排除了这种说法。这一结果使得中国不再是人类历史记录中第一个观测日食、太阳风暴和月食的国家，难道这也是断代工程研究在推动民族主义吗？

一些西方学者在批评夏商周断代工程时，几乎从来没有意识到，
176 正是他们自己把注意力放在了学术研究的客观性以外，把学术问题变成了政治问题。另外，他们的批评带有这样的逻辑：中国学者和人民不应该庆祝他们的悠久历史或为他们的古代遗产感到自豪。如果他们这样做的话，即便他们拥有经过历史记载、历史遗迹、考古发现验证过的铁的事实，也会产生民族主义情绪，应该被谴责为沙文主义的表现。和埃及考古学领域的研究一样，中国古代的成就应该由外来者尤其是西方学者来推动，他们才是决定中国古代文明价值和有效度的终极裁判。中国学者的作用就是给他们提供原材料和数据，供他们处理、分析，概念化为想法、观点、理论，再形成新的方法、模式和范例。如果把斯皮瓦克的核心论点改动一下，那就是作为“属下”的中国人即使能说话也不该说。如果说了，就该受到责骂和呵斥。如果他们庆祝自己的文化成就，那就应该因表现出民族主义和沙文主义倾向而受到谴责。

政治无意识的反讽

一些从事中国研究的西方学者坚信，中国政府资助的任何学术项目都有政治推动的性质，因而可以指责政府对学术问题的干预。倪德卫哀叹中国政府在夏商周断代工程中的作用：“因为中国政府发挥了这样的作用会毒害几代人的学术研究。”他似乎在呼吁学术和政治分离。这自然是值得赞赏的。然而，如果欲使学术和政治相分离，就需

要评论这项工程的人关注这几个问题:中国政府是否给研究人员下达了必须遵守的指令和方案?有没有政府官员强迫或鼓励任何研究人员采用某种规定的方法或是确认某种观点?有没有研究人员在多年的调查研究中有允许意识形态干涉他们独立研究工作的表现?有无任何证据显示该工程的最终结果的出台被任何政府官员或机构篡改?最后,工程结果能否经得住普遍接受的评价标准的严格检验?

对于那些对该工程持有怀疑态度的人来说,上述问题似乎是无关紧要的。重要的是该项目受到中国政府资助这一简单事实。基于当时的中国没有独立的非盈利、非政府的基金机构(现在也基本如此),政府资助是唯一的来源这样的事实,怀疑者的观点就等同于认为一切从中国政府那里得到资金来源的研究项目都受制于政府,他们的研究结果因而不足采信,因而也没有价值。这种想法存在两个严重问题。其一,它蕴含着一种推论:既然大多数美国和西方国家一流的研究院校大笔的研究资金是来源于政府投入,他们的研究结果都不是独立获得的,价值也有待推敲。其二,这种态度混淆了政治和学术,本身就是他们自己所不齿和经常谴责的学术政治化。他们努力要把政治和学术分离,却不经意间采取了一种高度政治化的学术研究方式。这真是 177
莫大的讽刺:批判用政治方式研究学术的人反而深陷学术政治化之中。这一讽刺揭示了政治无意识隐藏得何其之深!政治化的内在逻辑蕴含着其他的分支和含义:仅因为一些学者是华裔,他们的学术研究就被视为具有种族中心主义和中国中心主义的特征;就因为一个研究项目由中国政府资助,该项目就必然会受制于意识形态和民族主义。

詹姆斯·库诺(James Cuno)是芝加哥艺术学院院长、美国博物馆界极具影响力的人物,他在《谁拥有文物?》一书中就遵循了这一逻辑。不过他是用不同的方式对断代工程的可信度提出质疑的。为了说明这项断代工程是授意于政治议程,并由民族主义和沙文主义激发,他巧妙地把工程负责人李学勤这位中国上古史的著名学者说成是中国政府的代理人,甚至与军方有着联系。一开始,他像讲轶闻一样描述了文化大革命之前以及期间的一些政治运动。先是讲了在美国接受过教育的中国青铜器及古文字研究专家陈梦家的故事。陈梦家先在1957年被打成右派,后于文化大革命期间自杀身亡。随后,库诺话锋一转,说李学勤曾和陈梦家共事,但后于1957年发表文章声讨陈梦家的甲骨文研究而与陈反目。通过讲述陈梦家后来自杀而"李学勤仍是中国考古学和上古研究领域的主要人物",[32]库诺暗示李学勤与陈梦家的死亡有关。随后,库诺又谈到李学勤在夏商周断代工程中的地位,把李学勤描绘成一个私人博物馆的咨询委员会主任,而按照库诺的说法,该博物馆"和中国人民解放军有联系"。库诺在论述的中间部分插入断代工程的信息。为了摆出公正的姿态,他也陈述了李学勤关于该工程意见的观点。我们要特别注意他提出这两种观点的方式。他先是表示"这项工程在中国国内外存在争议。尽管它为重要的考古工作投入了资金,但还是被认为是出于政治目的,并且许多结论充其量也被认为是虚假的"。[33] 在提出了这样的批评意见之后,库诺才提到李学勤驳斥了有人对于他及其团队出于政治原因而试图延伸中国历史的说法。[34] 既然他已经把李学勤描绘成一个有着不光彩历史的学者和中国政府及军方的代理人,谁还会相信李学勤的话?库诺把李学勤的学术生涯和中国政治运动乃至中国军方联系到一起,其诋毁李学勤这位严谨的中国古代研究专家以及断代工程这一学术事业的动机也就暴露无遗了。这种质疑一个学者可信度的手法何其高超!这种诋毁断代工程的方法又是何其有效!

奥尔梅克争论中的地缘文化政治

笔者前面提到,一些西方汉学家在批评中国学者的学术研究时,
178 公然把该领域的学者分成"当局者"和"旁观者",所谓"当局者"是指
中国学者,而"旁观者"是指西方汉学家。而且他们坚信由于自己处于

---

32 James Cuno, *Who Owns Antiquities*, p. xvi.

33 同上,p. xxx。

34 同上,p. xvii。

“旁观者”这一优势地位，有着公正的动机和客观的态度，且不带有置身其中所产生的偏见，自然比作为“当局者”的中国学者高出一筹。这种说法在某种程度上有其合理成分，正如一句中国谚语所说：“当局者迷，旁观者清。”但是，当说到某个学术领域的研究，其当局者和旁观者的角色颠倒过来时，中国的旁观者就不占有任何优势了。此外，假如中国“旁观者”胆敢在涉及西方“当局者”的学术问题上发表自己的看法，他们就必须因为傲慢和沙文主义的表现而受到谴责。笔者在此要分析一个和汉学研究相关的案例，旨在了解当当局者和旁观者角色交换时，一些西方学者在一个学术问题上的反应。这个问题与古代中国和美洲土著文明的跨文化关系有关。

奥尔梅克文明是美洲大陆上已知的最早的土著文明。据认为是兴盛于公元前1200—前1000年间，时间上和中国商代的最后阶段重合。关于奥尔梅克文明的起源问题有两种对立的观点。占主导地位的是独创派所持的观点，认为这一文明独立地出现于北美大陆；另有一种传播派的观点，认为这一文明起源于欧洲、亚洲或非洲。在中国，早在20世纪70年代，一些学者就对古代中国和美洲土著物品和符号令人惊叹的相似之处产生兴趣，并进行了详尽的对比研究。他们发表了数量可观的论文和长篇研究报告。[35] 1996年，留美中国学者许辉在中国学者的研究基础上发表了他关于奥尔梅克文明起源的观点。许辉认为，大约三千年前，中国的殷商王朝被周武王打败以后，殷商的一些遗民曾东渡太平洋来到中美洲大陆，对奥尔梅克文明的发展产生了重要的影响。

许辉的文章一经发表，立刻引发轰动，包括《美国新闻与世界报

35　这些学者包括王大有、宋宝忠及王双有，他们的研究重点是哥伦布发现新大陆之前的美洲土著文明及其与古代中华文明的渊源。他们运用跨领域的多种研究方法得出结论，将近一万年前，就有数批亚洲及中国人迁徙到美洲。他们的主要著作包括：《中华祖先拓荒美洲》（1992）；《图说美洲图腾》（1998）；《三皇五帝时代》（2000）；《上古中华文明》（2000）等。此外，他们还在包括《人民日报》（海外版）、《新华文摘》、中央电视台、中央人民广播电台及新华通讯社等国内主流媒体上发表了一百多篇文章，他们的研究成果也通过新闻报道传播到世界各地。

道》、《芝加哥太阳时报》、《大西洋月刊》、《发现》杂志、《国家地理》杂志网络、美国广播公司新闻网、日本《读卖新闻》、中国大陆新华社、中国台湾的《光华》杂志在内的国际国内主流媒体先后报导了许辉的文章。大多数中国上古史研究领域的学者对许辉的观点持欣赏、鼓励、支持的态度,而大多数美国考古研究领域的学者则表示怀疑、批评,甚至嗤之以鼻。许辉的观点在该领域引发了大量争议,原因就是他质疑
179 西方的主流观点:一万多年前,印第安人从东北亚跨过白令海峡,分布到北美洲和南美洲的所有地方,自那时起,美洲就和地球上其他地区完全隔绝,并且北美印第安人在哥伦布到来之前,就拥有自己的文明,没有受到世界其他任何文明的影响。

对许辉的质疑是否站得住脚不是本书关注的问题。出于几个和汉学主义有关的原因我们对这一话题感兴趣。首先,质疑观点的支撑是奥尔梅克遗迹中的符号和中国甲骨文的对比研究,后者恰是汉学研究的热门话题。根据中国学者的研究,许辉的观点其实并不新鲜;事实上 20 世纪 80 年代以来就有人提出这样的说法并进行了详实的研究。其次,这一话题和正在发生的全球化进程直接相关。哥伦布发现之前的南北美洲的相互联系是全球化构建世界体系这一话题的内容。第三,透过分析一些美国学者对质疑观点的激烈乃至情绪化的反应,我们可以找出汉学主义的另一维度:地缘文化政治对于中西研究的影响。

从学术角度来看,美国考古和历史界的主流学者对质疑观点的反驳是可以理解的,因为这是学者捍卫既有观点和研究的正常反应。但一些美国学者激烈的情绪和政治化的观点令人不解。耶鲁大学教授、奥尔梅克文明研究的权威迈克尔·库尔(Michael D. Coe)不仅对这一质疑观点嗤之以鼻,还对许辉进行政治攻击,指责他“侮辱了墨西哥的原住民”[36]。和汉学主义直接相关的是两位汉学家尖刻的批评口气。

36　所有关于西方学者的反应都摘自戴开元的中文文章《殷人东渡中美洲?——许辉教授访谈录》,引自《世界周刊》,2001 年 1 月 7 日。

华盛顿大学古汉语教授鲍则岳(William Boltz)看了许辉对奥尔梅克符号和中国商代甲骨文的对比解释后,把许辉的材料斥为“垃圾”(出处同上)。从事中国青铜器研究的中国艺术教授贝格利在写给采访许辉的记者的电子邮件中把质疑观点斥为“最愚蠢的理论”和“疯子的工作”,不值得费时间评论(出处同上)。在所有的批评声音中,库尔似乎是比较冷静的,他承认中国古代文明与美洲文明相互关联并非不可能,只是支撑质疑观点的证据太肤浅,缺乏说服力。尽管其他学者质疑库尔不懂古汉字就草率批评,然而他这种批评却还是比较客观的,仍处于学术讨论的范围。但库尔攻击质疑观点为“种族主义”则太离谱了。这种攻击把学术问题变成了种族问题,又不可避免地变成了政治问题。从鲍则岳的批评中我们也可以发现明显的学术争议政治化
的问题。他认为质疑观点的提出是为了“满足他们的(中国学者)民族 180
自豪感”(出处同上)。贝格利没有提出详细的批评,但他的驳斥的态度也不令人意外。令我意外的是现在他关于“旁观者”有优势的说法不再适用了。

西方学者的激烈反应揭示了西方学术研究中根深蒂固的认识论问题。许辉在接受记者采访时说,他并不坚持认为自己的观点是正确的,他的主要目的是让美国学者看看那些上古时期两个古代文明间可能存在文化交流的证据,促进中美学者的交流。但是美国学者却对提供的证据不屑一顾,认为他们没有必要审视这些证据,更谈不上有任何查看证据的愿望了,因为他们已经形成了自己的结论:北美印第安文明是独立形成的,没有受到任何外来影响。即便有某种影响,那也是可以忽略不计的,或者这种影响本身就是捏造的[37]。美国学者排斥印第安研究领域的学术交流,这和一些汉学家排斥与中国同行的学术交流如出一辙。他们的排斥反映出一种殖民主义态度:拥有西方身份高人一等的西方学者,是研究的主体,而其他被殖民国家的学者注定

37　戴开元,《殷人东渡中美洲?——许辉教授访谈录》,《世界周刊》,2001 年 1 月 7 日。

是他们研究的客体。

新殖民主义的辩护

那些批评夏商周断代工程的人也许本意是要把政治和学术区分开,但结果却适得其反:造成学术研究的高度政治化。这就造成了一种现象,我们可以称之为"非政治意义上的政治化"。这种现象在已产生的中国知识中比比皆是。下文会说明一些西方学者,本意是要把政治和学术分离,却在不经意间为了推动他们高度政治化的议题,采取了许多政治化的行动。更具讽刺意味的是,他们在攻击非西方学者学术研究中的"政治"目的时,清楚地表达了他们自身的意识形态动机。

在殖民主义时期,前殖民地无数的历史遗迹被洗劫一空,无数的文物被窃取、掠夺,最终流落到西方博物馆里。去殖民化开始以来,前殖民地的人民一直要求西方国家归还被掠夺的文物。西方博物馆与前殖民地国家关于这些文物的归属问题的争论旷日持久。詹姆斯·库诺在他不久前出版的《谁拥有文物?》一书中,试图回答谁拥有这些历史文物的问题,这些文物从前殖民地地区被巧取豪夺,现在收藏于西方博物馆中。库诺以冠冕堂皇的保护人类共同遗产为说辞,提出"我们应该共同努力反对各国法律和国际公约与协议中的民族主义原则,推动人类共同遗产共同管理的原则"。[38] 他这种对人类共有文化瑰
181 宝所持的普世主义和人文主义的态度听起来极其崇高和值得赞誉,但是人们读了该书后会发现,在高尚的主张背后,是赤裸裸的借助批判民族主义来维护殖民遗产的目的。

库诺认为,现代民族国家与讨论中的古代文明充其量也只是有着微不足道的联系,这些国家对于文物的兴趣是出于政治目的而非学术目的。他批评他所谓狭隘的"民族主义和持有主义的文化遗产条例",而这些条例都是经联合国教科文组织批准的。他还提出自己的

---

38 Cuno, *Who Owns Antiquity*, p. 154.

主张，该主张就是说这些文物就应该留在西方博物馆里。[39] 客观地说，库诺提议由非政府机构赞助，对文物进行国际托管，这一主张也并非一无是处。但是他对文物的高度政治化的态度就暴露出他真实的动机和目的。他猛烈抨击"民族主义和持有主义的文化遗产条例"，是基于这样一种理解，即这些条例经常被民族国家用来实现政治目的。但他这本书又是不折不扣的受政治目的的主导，而对其他文化传统知之甚少。在涉及中国文物的章节中，他自己的话就反映了他的政治目的：

> 我反对2005年春季中国向美国国务院文化遗产审议委员会提出的要求。中国的要求包括但不限于自旧石器时代至清朝期间的所有金属器皿、陶器、石器、书画作品、纺织品、漆器、骨制品、象牙制品、角制品等——也就是说，现在中国境内这一地理区域上的上千年的人类艺术品。中国在要求中说文物（不分考古发掘和文化物品）的掠夺和走私泛滥，毁坏了中国文化遗产……。我曾在文化遗产审议委员会上指出，中国这一要求实际上是企图让美国政府帮助实施中国的民族主义和持有主义的文化遗产条例。[40]

与这种政治动机一致的是大量以政治为导向的想法、观点、偏见和天方夜谭。纵观全书，库诺对那些从前殖民地窃取文物的西方文化殖民主义者和强盗没有丝毫的谴责，哪怕是温和的批评。相反，他不遗余力地为这些他国文物的劫掠者漂白，几乎把他们说成是拯救全人类文化遗产的英雄。笔者下面仅举几个露骨的例子，先从库诺对兰登・华尔纳（1881—1955）的描述开始。兰登・华尔纳是哈佛大学教授，艺术史学家，同时也是艺术和考古学历史上一个颇具争议的人物。他在中国的活动引发了艺术史学家的强烈争议。他一方面被认为是

39　Cuno, *Who Owns Antiquity*, pp. 147-155.

40　同上，p. 93。

亚洲历史遗迹和艺术品的掠夺者,另一方面又被看作是挺身而出为后世拯救亚洲文明艺术瑰宝的印第安纳·琼斯式的英雄。库诺在书中谈到了1924年华尔纳的敦煌之旅及其留给后世的遗产。根据库诺的
182 描述,华尔纳发现了俄国流放士兵故意毁坏敦煌文物的证据,这些士兵1917年因俄国布尔什维克革命逃到中国,当时被中国政府临时关押在敦煌洞窟中,关押期间在敦煌壁画上涂鸦。华尔纳和当地人协商购买这些壁画,把它们带走以便保存在美国博物馆中。而事实真相是,华尔纳用随身携带的一种剥离壁画的特殊化学溶液,从四个洞窟中揭走十余幅唐代壁画精品。这一做法不仅毁坏了壁画,也给莫高窟造成了破坏。具有讽刺意味的是,华尔纳造成的毁灭性破坏远远超过了那些俄国士兵所为。据一位学者所说,"由于华尔纳剥离方法的破坏,有几幅壁画已经永远无法修复。"[41]华尔纳剥走的壁画现在保存在波士顿美术馆中。今天,被华尔纳毁坏的洞窟已成为证明中国人观点的证据,即美国人掠夺了他们的文化遗产,并且被剥走的壁画应当归还给中国人。[42] 甚至华尔纳的一些家族成员也要求美术馆把这些壁画归还给敦煌莫高窟。

然而,库诺在书中充满同情地描述兰登·华尔纳:

> 哈佛大学中国艺术教授兰登·华尔纳于1924年远赴敦煌,只为给哈佛大学挽救一件莫高窟的艺术品……他在莫高窟通过商谈购买了329号洞窟的唐朝彩塑供养菩萨像。他也颇为笨拙地把一些壁画碎片移走。[43]

我们且注意库诺精心挑选的用辞。兰登到敦煌的洞窟中去"挽救"和

41 见 Sanchita Balachandran, "Object Lessons: The Politics of Preservation and Museum Building in Western China in the Early Twentieth Century", *International Journal of Cultural Property*(2007),14:2。

42 见 Peter Hopkirk, *Foreign Devils on the Silk Road: The Search for the Lost Cities and Treasures of Chinese Central Asia*, Amherst: University of Massachusetts Press, 1984。

43 Cuno, *Who Owns Antiquity*, p. 90.

哈佛大学没有丝毫关联的“艺术品”，听上去就像是去取回一件本属于哈佛大学的物品。华尔纳不是用受到全世界考古学家谴责的破坏性方式毁坏敦煌艺术珍品；他只是“颇为笨拙”移走了“一些碎片”。但铁的事实是，华尔纳用一种胶布盗走了 26 块壁画。至于那个偶然发现藏经洞、并出于个人贪欲以垃圾价格把敦煌瑰宝出卖给斯坦因和伯希和的中国道士王圆箓，库诺是这样写的：“我们走出去看到外面一个小小的建筑，墙壁上全是记载洞窟历史的摄影图片，这就是王圆箓道长的崇高工作，以及斯坦因和伯希和对这些洞窟及其内容的‘发现’。”通过这些奇妙的文字转换，王圆箓可耻的行为变成高尚的德行，斯坦因和伯希和对文化遗产的劫掠被上升到可媲美哥伦布发现美洲大陆的可敬地位。根据库诺自己的叙述，他给美国大学生教授艺术课程时，用的就是华尔纳从敦煌洞窟中盗走的中国菩萨的塑像。经常有学生提出质疑，说这一塑像保存在哈佛大学是不合适的。库诺通过一系列欺骗性的问题质疑中国有权拥有这些雕像以及其他从中国掠夺来的文物，试图以此来打消学生的质疑。笔者在此仅引用几个问题。其 183
中一个问题是这样的：

> 自洞窟建成的许多世纪以来，中国的政治管辖并未延伸到敦煌，而且除汉族文化外，还发现了藏文化、维吾尔文化和于阗文化存在的证据，中国人怎么还可以宣称莫高窟及洞窟内的文物是中国的文化财产呢？[44]

这种滑稽的逻辑就等于说，因为美洲大陆上的国家只是最近两三百年才建立起来的，他们就无权拥有美洲印第安人创造的文化遗产。此外，他还完全无视这样一个历史事实，那就是敦煌一直是在中国不同民族建立的历代王朝的管辖之下。还有更加幼稚的问题：“中华人民共和国的每一个人都认同所谓的中国文化吗？”另一些问题则提出了

44　Cuno, *Who Owns Antiquity*, p. 91.

不同的逻辑:由于中国人自己在文化大革命期间毁坏了许多中国文物,他们无权拥有这些文化遗产。最令人遗憾的是,库诺甚至利用彻头彻尾的民族政治来强化他的观点:“从政治以外的任何角度看,中国都是多元文化的。但从政治的角度看,中国就是汉族人的中国。这对于它的文化财产条例以及它对待‘中国’文物的态度又意味着什么呢?”[45]下面这个问题反映出库诺赤裸裸的政治意图:“在今天中国的西部和东部边区,到处都是文物。但他们同样都是中国人的吗?这就是问题的关键所在。”[46]库诺承认“任何一个简单的回答都会贬低我们对中国和中国文化的理解,”但纵观全书,他却传达了一个暗含的答案:

> 当文物被看作是文化财产时——西周青铜器与清代青铜器——他们都被用于同一目的:通过联系中国古代文化,使现在的中国政府合法化,就好像中华人民共和国是过去数千年中国历代王朝‘名正言顺的’的合法继承人。[47]

如果库诺反对中国人民有权拥有中国领土上的文物用的是冠冕堂皇的言辞:“历史文物是全人类的共同财富”,他有时甚至一点都不遮掩,直接公然批评中国恢复、甚至购回被外国侵略者掠走的文物的努力。圆明园,也称“旧夏宫”或“皇家园林”,是中国最后一个王朝的统治者所建的庞大的宫殿园林建筑群,被入侵的八国联军毁坏、劫掠。它曾两度被洗劫、焚毁,一次是1860年第二次鸦片战争
184 期间,另一次是1900年被完全毁灭。第一次洗劫圆明园的消息传到欧洲时,有良知的欧洲人纷纷予以谴责。法国作家维克多·雨果在他的《远征中国》一文中写道:“两个强盗闯进了一个博物馆,破坏、洗劫、焚烧,背包里装满了财宝,手拉手笑着扬长而去;这两个强盗一个叫法

45　Cuno, *Who Owns Antiquity*, p. 92.

46　出处同上,第120页。

47　Cuno, *Who Owns Antiquity*, p. 105.

国,另一个叫英国。”[48]雨果在一封信中说他希望法国有一天会因心怀内疚而把抢来的东西归还中国。[49] 库诺在书中也提到了火烧圆明园一事,但他的立场却和雨果截然不同,甚至和他自己谴责塔利班“野蛮破坏”巴米扬大佛、掠夺喀布尔博物馆藏品的立场也背道而驰。库诺对毁坏、洗劫圆明园没有丝毫的谴责;也没有任何想要归还被掠走的中国物品的意思。相反,人们倒是读到他对中国国家文物局以及一家博物馆在国际拍卖会上购回被抢走的中国文物的批评。他把这种回购看作是出于推动中国民族主义的政治目的的行为。[50] 至此,库诺的政治态度已表露无遗了。

中国人至今普遍认为火烧圆明园是帝国主义入侵和中国国耻的鲜活象征,其他国家的人民也把这一历史看作是帝国主义者犯下的野蛮罪行的缩影。无论他保护全人类共同文化遗产的借口听起来多么冠冕堂皇,库诺批评中国回购被掠走的文物,不可避免地会被中国人和其他国家的人民认为是在为殖民主义和帝国主义辩护。他关于从其他第三世界国家掠夺的文物的观点也不例外。20 世纪早期,西方人从殖民地国家搜集、拿走甚至抢走文物时最振振有词的借口是“重要的文化遗产在西方机构那里受到最好的保护,被安全地保管、科学地研究,并且出于其美学特质被恰当地观赏”。[51] 但是,这种说法的背后是一种政治动机,目的是强化西方的优势地位,为殖民霸权正名。一些西方学者也发表过很多有说服力的材料,讲述欧美人对中国文物的掠夺和搜集以及对历史遗迹的破坏是如何被用来宣传西方文化优越

48　Victor Hugo, “The Sack of the Summer Palace”, (A Letter to Captain Butler. 25 November, 1861), reprinted in *UNESCO Courier*. November 1985.

49　Angela Tsai *et al*, “Splendors of a Bygone Age”, *Tzu Chi Quarterly*, 9. 1 (Spring 2002). http://taipei.tzuchi.org.tw/tzquart/2002sp/qp5.htm. Accessed on 27 Feb, 2012.

50　Cuno, *Who Owns Antiquity*, p. 99-100.

51　Balachandran, “Object Lessons: The Politics of Preservation and Museum Building in Western China in the Early Twentieth Century”, p. 3.

性、为西方文明使命正名的。[52] 其他学者也广泛讨论了欧美博物馆通过占有某一文化的文物，在建构、生成、决定该文化或该国的特性和情况中有着多大的发言权。[53] 这类学术研究用实例证明了一种应该受到谴责的现象，即学术研究为政治所用。

人们也许会认为，自二战之后去殖民化进程开始以来，尤其是前殖民地国家也建立了他们自己的博物馆和设施保存文物以来，上文的断言形式出现的殖民主义辩解在当前的后殖民主义时代已经荡然无
185 存了，但人们丝毫没有料到，在库诺新近出版的书中（2008），竟然还有另外一种殖民主义辩护士，他们利用反民族主义的政治说辞为掠夺第三世界国家文化瑰宝的十恶不赦的罪行辩护，为西方博物馆拒绝归还被掠走的文物的行为洗白甚至为之正名。库诺批评某些国家声称对一些与本国没有多大联系的文物拥有所有权，这一点是正确的，但是他故意把来源清楚的文物和来源不明的文物混为一谈，完全忽视了一个民族国家在为全人类保护文化遗产方面的作用。伊拉克发生的大规模洗劫博物馆的现象和塔利班对文化古迹的毁坏都是因民族国家崩溃而出现的直接恶果。库诺提出的保护文物的方法充其量只是空想，因为他把人类共享的文化遗产和其所有权混为一谈了。从理想主义的视角看，文物古迹是全人类的共同财富，但是从现实角度来看，文物的所有权却不能共享，这正如库诺对一件文物的所有权（如果他有的话）不能和别人共享一样。而且，这种空想主义的主张，在其反民族主义幌子下，隐藏的是一种后殖民主义时代的新殖民主义思维。在某种程度上，他这种反民族主义可以被看作是“逆向民族主义”。

52　James L. Hevia, *English Lessons: The Pedagogy of Imperialism in Nineteenth-Century China* (Durham: Duke University Press, 2003), pp. 74-118.

53　Eilean Hooper-Greenhill, *Museums and the Shaping of Knowledge*, London: Routledge, 1992; Carol Duncan, "Art Museums and the Ritual of Citizenship", in *Exhibiting Cultures: The Poetics and Politics of Museum Display*, edited by Ivan Karp and Steve D. Lavine, Washington, DC: Smithsonian Institution Press, 1991, pp. 88-103; Claire L. Lyons, and John K. Papadopoulos, "Archaeology and Colonialism", in *The Archaeology of Colonialism*, edited by Claire L. Lyons and John K. Papadopoulos, Los Angeles: Getty Research Institute, 2002, pp. 1-23.

超越学术政治化

笔者对上述问题的批判分析应当为汉学主义的政治维度提出一些见解：越是试图用政治方式把政治与学术分离，学术受政治的影响就越严重。正如我们不能用西方主义来对抗东方主义一样；用政治方式来反对学术政治化也是不合适的。我们对于去政治化应该采取一种简单普通的思维方式：现实政治也好，民族政治也罢，学术就是学术，政治就是政治。我们永远不要混淆这两个范畴。在关于中国的知识生产中，所有学者，无论是中国学者还是外国学者，都有自身的意识形态无意识的表现，这对于真正科学客观的知识生产是极为不利的。我们从事一个文明的知识生产，不能认为自己就不受固定形式的政治无意识的影响，因而每个人都应该警惕工作中有意无意的意识形态的干扰。只有深刻意识到某种政治意识形态的普遍存在，我们才有可能把政治无意识的干扰降到最低程度。

在前面的分析中，笔者说明了中西研究中的政治化与汉学的族群主义有着千丝万缕的联系。斯图尔特·霍尔在《新族群性》一文中指出，我们都是以族裔身份而存在的，族裔身份对于我们的自我意识至关重要。他在探讨种族差异时，一方面承认族裔性是一个颇具争议的范畴，同时又提出一个具有一定意义且可信的新族裔性概念。他提议：

> 我们在*分离*种族性方面还有大量工作要做，因为它在主 186
> 导话语中因其等同于民族主义、帝国主义、种族主义以及国家而发挥作用……。涉及的问题是把种族性的概念划分为两个方面，一方面是占主导地位的、与民族和“种族”相联系的概念，另一方面，我认为是一个正确概念的开端，即边缘或

外围的种族性概念。[54]

同样,中西研究在将其自身与民族国家、民族主义、政府干预及其他现实政治问题分离,破除研究人员的种族、民族背景及政治无意识对学术研究的不利影响方面,还有很长的路要走。在西方,针对有色人种的偏见和歧视使得政治正确的概念成为必要,使涉及种族民族问题的一视同仁的呼吁应运而生。在我们对待中西方学术生产的方式时,也需要采取一种类似的所有民族一视同仁的态度:学术价值的标准应该是它自身的分量,和研究人员的族裔背景无关。为了这一目标,我们作为学者要弱化族裔意识,强化在关于中国和西方的知识生产和知识评价中客观公正的必要性,尽管我们不可能完全把学术和政治分离。在学术自由不受政治和意识形态干扰的问题上,李零虽然持悲观态度,但他还是表达了积极的希望:"我希望有一天我们的学术研究能从[政治]噩梦的诅咒中解脱出来。无论用英文还是用中文,每个人都可以纯粹基于学术的力量平等地发表自己的观点。"[55]笔者相信,这一美好愿望不会是无法实现的乌托邦空想。

---

54 Stuart Hall, "New Ethnicities", in *Race, Culture and Difference*, edited by A. Rattansi and J. Donald, London: Sage Publication, 1992, pp. 252-259.

55 李零,《答田晓菲》,第 184 页。

第八章

语言研究的汉学主义

汉学与古代汉语和现代汉语都息息相关,汉学家们对汉语的语言和文字提出了一系列想法、看法和观点,这些令人眼花缭乱的看法有一个共同的特点,其逻辑刚好符合笔者提出的汉学主义理论:即汉语的情况必须从西方语言学的角度调查研究,汉字的性质必须根据西方字母语言来定性。从中国的视角探讨汉语的人为数不多,而根据汉语自身的情况研究汉语的人,无论是中国人或西方人,一般都遭到贬斥或被不屑一顾。本章试图探索汉学主义在语言研究中的情形,重新审视长期以来在汉语性质,尤其是汉字性质问题上存在的争议,以期揭示学术问题如何发展成话语战争这一处于汉学主义深层结构的现象,并揭示西方形而上学的语音中心主义和逻各斯中心主义如何发展成为一种主导汉语研究的语言学无意识。

汉学主义与语音中心主义

中国文化和文明一直被不少人视为与西方文化和文明有着本质的不同,差异的根源常常被追溯到语言和书写的差异,而这一差异又被进一步追溯至书写符号。自中世纪以来,书写符号的差异一直被认为是区别汉语和西方语言的一种概念性界限。这一观点似乎在语言科学领域找到了支撑。在《普通语言学教程》(*Course in General Linguistics*)一书中,费尔迪南·德·索绪尔把世界上的语言分成两大类:表意文字和表音文字[1]。他把汉语视为表意文字,并进一步指出:在表意系统中"每个书写符号都代表着一个词以及词所表达的意义"[2]。索绪尔是一位理智的理论家,因为他知道他的专长所在以及应在何时适可而止。由于意识到了两类语言存在着差别,他把自己的语
188 言学研究限制在语音系统和西方字母语言范围之内。他含蓄地指出:作为一种表意文字,汉字的视觉性把它与语音系统文字区分开来[3]。这句话中涉及的汉字性质问题在西方学者中引发了广泛争议。一方面,以费诺罗萨和庞德为代表的一派把汉字的视觉性夸大成颇受诟病的"图像本质说"[4]。与之相反,有些汉学家则否认汉字的视觉性及其表意的本质,认为汉语具有与字母语言同样的本质与功能。费诺罗萨和庞德认为汉字像一幅画,颇有点儿堂吉诃德式的荒诞不经。由于对汉语缺乏足够的了解,他们经常歪曲汉字的真实面貌并作出错误的结论。为了驳斥上述错误的观点,有些汉学家走向了另一个极端,忽视了汉字那些区别于语音文字的特征。他们受到西方形而上学的影响,也同样扭曲了汉字的本质。

自柏拉图以来,西方的形而上学在探讨思想与语言之间的关系时构建了一种等级制度:语言表达思想,文字记录语言,语言通过声音传达出来,从而得出口语在本质上高于书面语和文字,这就是备受雅克·德里达批判的语音中心主义。因其认为在场比缺场重要,语音中心主义是西方形而上学的逻各斯中心主义的一种形式。语音中心主义者认为口语是交流的首要和基本的方式;而书面语只是试图去捕捉

1　Ferdinand de Saussure, *Course in General Linguistics*, New York: McGraw-Hill, 1966, p. 26.

2　见 Ernest Fenollosa, *The Chinese Written Character as A Medium for Poetry*, edited by Ezra Pound, San Francisco: City Lights Books, 1968。

3　Ferdinand de Saussure, *Course in General Linguistics*, p. 26.

4　见 Ernest Fenollosa, *The Chinese Written Character as A Medium for Poetry*, edited by Ezra Pound, San Francisco: City Lights Books, 1968。

言语，因此居于次要地位。尽管汉学家们可能不接受语音中心主义或逻各斯中心主义，但他们在汉语性质这一问题上的看法与逻各斯中心主义是不谋而合的。

在强调语音至上的西方形而上学和语言学理论的影响下，许多汉
学家不仅否认汉字的视觉性和表意本质，还宣称汉语同样归属于语音
文字系统，而这就太离谱了。杜彭寿（Du Ponceau）或许是第一个驳斥
汉字表意本质的西方思想家，依据西方的语音中心主义和逻各斯中心
主义，他提出了一个问题：文字和语言，孰先孰后？此问题类同于“先
有鸡还是先有蛋”，人们永远不能找出满意的答复，因为这取决于构成
文字的元素是什么。如果我们把原始人的肢体语言、符号和洞穴壁画
视为早期的书写符号的话，文字符号或许先于语言成为一个体系。此
外，还有一种可能，口头语和书面语在远古时期同时产生与发展。西
方哲学家和文字学家，詹巴蒂斯塔·维柯，倾毕生精力研究语言与文 189
化，他赞同上述观点，认为两者同时产生与发展。经过长期艰辛的研
究，他提出人类的初始语言没有发音，是由手势和象征符号组成的：

> 言语在远古时期是一种心理语言，斯特拉博认为，心理语言先于任何口语形式而存在，这就是为何希腊的逻各斯既是一个词同时又传达一种思想……远古时期使用的初始语言一定与符号、手势或实物相伴而生，而这些符号、手势或实物与它们所表达的思想有着自然而然的联系。[5]

因此，在其鸿篇巨制《新科学》一书中，维柯提出语言和文字是同时产生的，并且断然否定了学者们的其他不同的观点。他说道：“很显然，他们错误的原因是，单纯地假设先出现言语，后产生文字。然而，言语与文字是孪生的并且以同样的步调向前发展。”[6] 在汉语与汉字

5　Vico, from *New Science*, in Vincent Leitch et al, eds., *Norton Anthology of Theory and Criticism*, second edition, New York: Norton, 2010, p. 332.

6　Vico, from *New Science*, p. 320.

问题上，一些中国学者也持完全相同的观点。

杜彭寿好像没听说过维柯的观点。他提出一个带有成见的问题，把汉字的表意性曲解为“语言是为了迎合文字而产生的”[7]，这种谬论是毫无根据的。上述问题与答案说明杜彭寿好像完全不认同汉字表意论。当代语言学家中，对杜彭寿最有力的拥护者是卜弼德（Peter Boodburg）、德范克（John DeFancis）和鲍则岳（William Boltz）。作为一位颇有声望的汉学家，卜弼德坚持认为汉字与西方语言没有什么不同。[8] 尽管一些研究中国哲学的西方学者，如顾立雅和陈汉生，坚持认为汉字具有表意性，[9]但是他们在汉学界只是少数，其他人认为他们同费诺罗萨和庞德一样，是不切实际的空想家。晚至1995年，威廉·哈纳斯（William Hannas）仍明确表示：

> 我们可以否认文字是现实以及心理世界中实物与概念的标识这种不切实际的想法。同时，我们还否认以下毫无根据的假设：汉字具有表意性，也就是说文字与意义无需语言的参与，直接相互联系。[10]

过往争论的回顾

关于汉语的本质，存在两种基本对立的观点。一种观点认为，汉语与字母语言截然不同；而另一种观点则认为，汉语在本质上与其他

7　见 Peter S. Du Ponceau's letter to Captain Basil Hall, in *A Dissertation on the Nature and Character of the Chinese System of Writing: In A Letter to John Vaughan, Esq.*, Philadelphia: American Philosophical Society, 1838, Kessinger Publishing's reprint, Appendix A, p. 108。

8　Peter Boodberg, "Some Proleptical Remarks on the Evolution of Archaic Chinese", p. 332.

9　See Creel, "On The Nature of Chinese Ideography", 160; Chad Hansen, "Chinese Ideographs and Western Idea", *Journal of Asian Studies*, 52. 2 (1993): 375.

10　William Hannas, "The Cart and the Horse", Georgetown University, unpublished manuscript (1995), p. 1.

语言无异。上述两种对立的观点源自于对汉字本质截然不同的认识。一种观点认为汉字是象形和表意文字,其语言符号代表一定的事物和 190
思想。这一观点由来已久,可追溯到中世纪,许多著名的哲学家、语言学家和作家都支持这一观点,例如戈特弗里德·威廉·莱布尼茨、黑格尔、冯·洪堡、索绪尔、费诺罗萨、庞德等;而另一种观点则否认汉字的象形和表意特征,认为这种说法是愚蠢的,歪曲事实的,难以容忍的,主张汉字在本质上同其他语言是一样的,都是一种语音系统。著名汉学家德范克在其 1984 年的研究报告中把汉字表意论视为神话[11]。1989 年德范克又重申了他的这一观点:

> 继续把汉字认为是象形文字令人无法容忍,这就如同用占星术来解说天文学一样。而对汉语的误识在很大程度上导致了对所有书写本质的误识,这同样是令人无法容忍的。[12]

为了支持这一观点,他又宣称:"很显然,完全可以说汉字本质上属于语音书写系统。"(着重号为引者所加)[13]另一位古汉语学家鲍则岳,完全赞同杜彭寿的观点,他在评论德范克的著作时提到:

> 那种认为汉字具有荒诞不经的表意性的老掉牙的说法是人们在客厅里津津乐道的障眼戏法,不能再容许其继续下去了……令人遗憾的是,这种愚蠢而又毫无根据的想法不仅仅表现在 20 世纪 30 年代有人提出的令人哑然失笑的汉字表意论。[14]

11　John DeFrancis, *The Chinese Language: Fact and Fantasy*, Honolulu: University of Hawaii Press, 1984, pp. 130-148.

12　John DeFrancis, *Visible Speech: The Diverse Oneness of Writing Systems*, Honolulu: University of Hawaii Press, 1989, p. xi.

13　DeFrancis, *The Chinese Language: Fact and Fantasy*, p. 111.

14　William Boltz, "Review of *The Chinese Language: Fact and Fantasy* by John DeFrancis", *Journal of the American Oriental Society* 106.2 (1986): pp. 405-407.

鲍则岳他们认为汉字不具有表意性的观点同样也受到了另一派学者的批判。汉语语言哲学家陈汉生(Chad Hansen)无法理解汉字表意论为何会遭受如此无情的攻击。[15] 1993 年,陈汉生在《亚洲研究》上发表文章对鲍则岳的批判进行了反击,坚定地维护汉字表意论。"……汉字的表意性体现了中国人对语言的良好洞察力。因此,我们完全有理由坚持认为汉语具有表意性。"[16]在《亚洲研究》的接下来的一期中,安戈对陈汉生的文章进行了回应,认为这么正规的期刊竟然发表了陈汉生的文章,他感到沮丧与失望,他认为陈汉生的观点如同科学创世论一样荒谬。[17] 对此,陈汉生也予以了回击,他把安戈及其他提出废除汉字表意说的人斥为"禁忌主义者"[18]。

近期的争论可以说是以往争论的重演和延续,在 20 世纪 30 年代
191 晚期,两位知名汉学家,顾立雅(Herrlee Creel)和卜弼德(Peter Boodberg)就汉语和汉字曾进行过激烈的争论。[19] 尽管前后两期争论略有不同,但在本质上都受到了更早有关汉语本质问题的争论的影响,当时批判的一方认为汉语劣于西方字母语言,而支持的一方则认为汉语更加丰富。批判方阵营中有许多备受尊崇的西方哲学家和语

15 Hansen, *Language and Logic in Ancient China*, Ann Arbor: University of Michigan Press, 1983, p. 179.

16 Chad Hansen, "Chinese Ideographs and Western Idea", *Journal of Asian Studies* 52. 2 (1993): 375.

17 J. Marshall Unger, "Communications to the Editor", *Journal of Asian Studies* (1993), vol. 52, no. 4, p. 949.

18 Chad Hansen, "Communications to the Editor: Chad Hansen Replies", *Journal of Asian Studies* (1993), vol. 52, no. 4, pp. 954-957.

19 欲知那场辩论的详情,请参见顾立雅"On the Nature of Chinese Ideography", *T'oung Pao* 32 (1936): 85-161; 卜弼德"Some Proleptical Remarks on the Evolution of Archaic Chinese", *Harvard Journal of Asiatic Studies* 2 (1937): 329-372; 顾立雅"On the Ideographic Element in Ancient Chinese", *T'oung Pao* 34: 265-294; 卜弼德"'Ideography' or Iconolatory?" *T'oung Pao* 35: 266-288。尽管那场辩论热烈而又富有学术性,但结果却是不了了之。1984 年,德范克在其研究汉语的书中重新复活了那场辩论。他采取了卜弼德的立场,却拒绝了顾立雅 的观点,参见德范克著 The Chinese Language: Fact And Fantasy (Honolulu: University of Hawaii Press, 1984), 85-88; 133-148。接着,陈汉生又批评了德范克的观点,参见陈汉生"Chinese Ideographs and Western Idea", *Journal of Asian Studies* 52. 2 (1993): 375。

言学家，例如：黑格尔、施莱格尔、博普、汉弗莱以及梅森。支持方阵营中有莱布尼茨、威尔金斯、费诺罗萨、庞德以及卡西尔，后来的德里达也可以包括在内。[20] 早期的争论很明显地影响了20世纪30年代的争论背景，后期争论的发起者顾立雅坚定地宣称：他的目的就是消除西方学者对汉语表意特征的偏见：

> 更进一步说，我们西方人习惯性地认为任何样式的书写，如果通过图形传达的只有思想，没有声音，那么这种书写在某种程度上缺乏文字原本的功用，因此不是真正意义上的文字。[21]

德里达主张解构语言的语音中心主义和逻各斯中心主义，这种解构的观点在顾立雅的主张中已有明显论及。

汉语书写的汉学主义研究方法

关于汉字本质的争议至今仍悬而未决，今后也将被反复论及。最近一次的争论发生于2009年。[22] 这些争论中值得我们关注的是，许多西方学者采用了东方主义的研究途径。殖民主义时期一些西方人类学家曾用东方主义研究殖民地，他们不顾当地实际和文化传统，把他们的西方观点强加到殖民地人民身上。在关于汉字本质的历次学术论战中，西方学者的两个阵营大动干戈，口诛笔伐，而中国学者却只能作壁上观，除了一两位哲学家，西方学者基本上都漠视中国学者的观点。笔者认为：汉语只是西方思想家在研究世界语言，尤其是欧洲语

---

20 Jacques Derrida, *Of Grammotology*, translated by Gayatri Chakravorty Spivak, Baltimore and London: The Johns Hopkins University Press, 1974, 76-93.

21 Herrlee Creel, "On The Nature of Chinese Ideography", *T'oung Pao* 32 (1936): 85.

22 See Edward Mcdonald, "Getting over the Wall of Discourse: 'Character Fetishization' in Chinese Studies", *Journal of Asian Studies*, Vol. 68, no. 4 (2009), pp. 1189-1213.

系本质时所采用的一种异国情调的陪衬或外来参照物，这一点符合汉学主义这一概念。此外，他们的研究还有其政治、智性和学术目的。

历史上，对汉语进行研究起初是为了推广汉语使之成为世界通用
192 语。西方传教士和学者刚接触日本人、韩国人、越南人以及其他亚洲和东南亚人时，发现这些人尽管不懂汉语却能读懂用汉字写的书。这种现象使他们相信汉字用的是一种视觉交流方式，也就是说，它完全不必借助文字和言语，直接通过视觉把思想传递至大脑。因此，不同于欧洲的语音文字，汉语是表意文字。人们自然而然地认为汉字是通用的书写符号，如果在全世界推广和使用，人们就能够如同读数字和代数符号一样阅读用表意性汉字写的书了。一些传教士甚至认为，应该把圣经翻译成汉语，这样全世界的人即使不会说汉语，只要懂得汉语表意符号就能看懂圣经。

把汉语用作世界通用语的幻想显然是不切实际的，但是认为汉字是概念—文字合一的观点却流传了下来。人们认为，西方语音文字的目的在于模拟、记录语音，汉字则意欲通过意符来表述思想；因此，汉语的根基是表达意义的文字而非字母语言中的语音。这种观点源于中国，在西方也有着悠久的历史。关于它的最早论述可追溯至17世纪。英国哲学家，弗朗西斯·培根可能在西方最早表达了中国书写是概念—文字合一的观点。[23] 培根的观点被那些到过中国并直接接触过汉语的传教士进一步拓展。一位曾到过北京的法国传教士韩国英（Father Cibot），在《中国回忆录》（*Mémores concernant les Chinois*）的第一卷中发表了一段颇受争议的文字，主张汉字具有表意性和象形性：

> 汉字由符号和图像组成，与声音无关，这样说其他语言的人也能够读懂。这些汉字形成一幅智性的、代数性的、形

23 Bacon, *The Advancement of Learning*, ed. G. W. Kitchin, London: J. M. Dent and Sons, 1605, pp. 136ff.

而上学的或概念性的图画，用类比、关联和惯例来表达思想。[24]

上述观点从15世纪发展至今，形成了一种带有异国情调的观点：与其他文字不同，汉字类似数学符号，直接表达思想，少数情况下模拟发音。这种观点甚至还受到了一些知名语言学家的重视，比如：德国语言哲学家洪堡在1836年研究语言和智性发展的关系时，从哲学的角度对这种观点进行了严谨的观察："无人能够否认，古汉语华丽而尊贵；同时，它又丢弃了那些毫无意义的附加成分，变得简单而壮丽；它似乎通过语言来传达纯思想。"[25]

同时期，关于汉语的本质也出现了另外一种截然不同的认识，并 193
且最终发展成为一场声势浩大的运动。1828年7月7日，美国哲学协会会长杜彭寿给巴兹尔·霍尔的信中描述了他是如何遭遇、怀疑、研究并通过逻辑和语言学分析来驳斥汉字表意论的。[26] 1838年，他把自己的研究撰写成论文，题为"汉字的本质与特征研究"，作为美国哲学学会历史和文学委员会会刊（*Transcriptions of the Historical and Literary Committee of the American Philosophical Society*）发表。他在这篇论文中宣称，汉语是概念—字符的前提是错误的，在对汉语了解不足的情况下提出的那种假设经不起考验，而表意文字也不可能独立于言语而单独存在；同世界上的其他语言一样，"汉字也依附于言语，视觉性符号是用来传达听觉性声音的"。在给巴西·霍尔的信中，杜彭寿对论文的大意进行了概括：

24　引自 Peter Peter S. Du Ponceau, *A Dissertation on the Nature and Character of the Chinese System of Writing*, p. 8。

25　Humboldt, *Linguistic Variability and Intellectual Development*, translated by George C. Buck and Frithjof. A. Raven, Coral Cables, FL: University of Miami Press, 1971, p. 124.

26　Peter S. Du Ponceau, *A Dissertation on the Nature and Character of the Chinese System of Writing: In A Letter to John Vaughan, Esq.*, Philadelphia: American Philosophical Society, 1838, Kessinger Publishing's reprint, pp. 1-123.

……汉字是语言的词语,目的在于唤起大脑中对词语的记忆;因此,它不能独立于声音而单独存在,因为词语就是声音。这些声音如字母那样简单和初级也好,如由两三个字母组成的音节那么复杂也好,都没有什么区别。梵文以及其他语言都有音节字母,我们从未想过这些字母是否代表声音。同样,汉语的音节也是词语,也代表声音。但是考虑到汉语与西方语言的不同,我不称汉字为音节而称为语素文字。总之,汉字与汉语口语有着直接的联系,只有熟知汉语口语的人才能读懂汉字。[27]

杜彭寿批判了把汉字与言语完全分离的言论,这显然是合理的;但是他对汉字本质上具有表意性的批判却令人无法信服。更令人无法信服的是,他认为汉字同字母言语一样传达声音,并坚持宣称“只有先理解汉语口语才能理解汉字”,他认为“如果中国周边各国能够读懂汉字,这不是由于汉字具有表意性,而是由于汉语同样也是这些国家的语言或其多种语言之一,还可能是由于他们已学过汉语,已熟知汉
194 字所表达的意义”,[28]实际上,他的这种主张是毫无根据的。因为它不能解释为何无数的日本人、韩国人以及越南人在近现代之前在不会说汉语甚至没有尝试过学汉语的情况下就能够读懂汉语这一现象。因此,尽管杜彭寿为后来的支持者奠定了理论基础,但他否认汉字具有象形性和表意性的观点则易受到反对者的攻击。最站不住脚的是他认为汉字是语音的侍女这一观点。

笔者并不同意汉字是汉语口语的侍女一说,相反认为汉字实际上是掌控言语的主人。了解汉语发展史的人们都会发现,杜彭寿的言论不符合历史事实:汉语口语自古以来一直服从于汉字,文言文和白话

27　Peter S. Du Ponceau, *A Dissertation on the Nature and Character of the Chinese System of Writing*, Appendix A, p. 110.

28　Du Ponceau, “Letter to Captain Basil Hall”, July 7th, 1828, in *A Dissertation on the Nature and Character of the Chinese System of Writing*, Appendix A, p. 115.

文的关系即是如此。中国人认为，汉语书写和口语在其发展初期就已经分离了。即使我们承认汉语发展初期，如在政府规定统一使用汉语的汉朝或以前，汉语文字和汉语口语有所关联，仍有足够的证据说明从那以后汉语就分裂成了文言文和白话文，这两个分支既相互独立又相互联系。虽然两者都具有汉语的基本特征，但两者各不相同，即使把知识分子所写的东西大声地读给那些没接受过教育的人，他们也很难明白写的是什么。因此，20 世纪初爆发了旨在用白话文替代文言文的文学革命，革命的口号之一就是“我手写我口”。若真如杜彭寿所言，汉语同欧洲语言一样“与口语有着直接的联系，熟知汉语口语后方能理解汉字”，文言文和白话文就不会有那么大的差别，后者也就不必取代前者了。

现代英语和古英语大相径庭，但是文言文和白话文之间的巨大差别不仅仅源于语言的发展，更多地是由汉字的特性决定的：相对于语音文字来说，汉字具有较高的视觉性，以语义而非语音为基础。简单地说，两者的不同是由汉字的稳定性或意音性（既表意又表音）造成的。传统汉语语言学的一个重要成就是汉语语言学的研究以汉字为中心，而非以语法为中心。有一种观点认为汉语没有语法，这虽不太准确却有理可循；严格地说，在以非汉语为母语的人看来汉语没有严密的语法，但在中国人看来汉语却有一套完善的语法体系，这一体系被本族语者有意或无意地内化吸收。此说法可在中国历史记载中得到印证。中国的语言学研究已产生诸多著作，例如《说文解字》等，但 195
直至近代，马建忠才利用西方语法理论和方法编撰了第一部与西方语法相类似的汉语语法书。

汉字的表意性使其具有超越汉语口语的内在动因。这种内在动因可以另一种说法表达：汉字不必依赖于汉语口语。事实上，历史发展证明文言文和白话文大相径庭，相互独立却又相互关联。中国学术界普遍认为这两种体系出自同源，但从发展初期伊始就既相关又独立，也就是说，他们虽源于同根，但发展方向不同：文言文由思想向文字发展，而白话文由思想向口语发展。这种巨大差异使得一些西方学者认为,文言文仅是符号系统,而不是健全完善的语言体系。受西方语音中心主义的影响,葛兰言(Granet)率先开始质疑汉字的本质,认为它不是一种语言,仅是一套记号体系:

> 汉语书写和口语之间的巨大差异是系统研究汉语的最大困难,其差异如此之大,以致人们可以反问自己:汉字能否算得上一门真正的语言;它能否准确表达人们的思想(汉语与西方语言唯一的差别在于汉语通过象形传达思想,而不是像字母语言那样通过语音表达思想);它是否是只能够帮助表达思想的记号系统。[29]

葛兰言从一个不同的角度承认了汉字的表意本质以及汉字与口语之间的相互独立性。1974 年,罗思文(Henry Rosemont)也发表过类似的言论,即文言文是记号系统,与口语只有间接的联系。[30] 他们怀疑文言文作为语言系统的本质,虽然这种质疑是偏颇的,但却从侧面证明了文言文和白话文是两个相互独立的系统,前者不是后者的侍女。相反,从文字对言语的控制上看,汉字是主人,而口语是仆人。

许多学者似乎都没有足够理解汉语和欧洲语言的表达价值的不同侧重点。汉语主要的功能不是记录每一言每一语,而是充分传达思想。字母语言主要用来记录言语,而这使得其曾与思想脱离;与之不
196 同的是,汉语旨在传达思想,所以与思想有着直接的联系。由此,一些欧洲学者认为汉语更自然,更贴近上帝。约翰·魏伯或许是第一个明确阐释汉语自然特质的西方学者:

---

29 Granet,"Quelquesparticcularités de la langue et de la pensée chinoise",in his *Etudes sociologiquessur la Chine*,(Paris PUF,1920),p. 99. English is quoted from Christoph Harbsmeier,*Language and Logic in Traditional China*,Cambridge: Cambridge University Press,1998,p. 41.

30 Rosemont,"On Representing Abstractions in Archaic Chinese",*Philosophy East and West*,24 (1974),71-88.

> 此外,中国人的语言不纠结于没有各种各样的词尾变化,词形变化,单复数、人称性别、语态和时态等语法方面的细微之处,完全没有这些令人困惑的偶然因素,他们的语言使用的规则来自大自然给他们规定的准则。因此,他们的语言直白、简单、易学,正像天然言语那样自然而然。[31]

莱布尼茨则更直接地视汉语为上帝所授语言:“上帝若要教授人类语言的话,很可能就是汉语。”[32]这些都是具有浪漫主义色彩的汉学主义表征。

上文提到过杜彭寿提出的鸡生蛋或蛋生鸡的问题,即文字和语言谁先产生的问题。通过对这个问题的探索,杜彭寿似乎认为,他已经完全驳斥了语言具有表意性的观点,但事情远非这么简单。即使假设语言先于文字而产生,文字仍可以通过其他方式,且不止一种方式,得到发展,不断成熟与完善。鉴于中国和埃及象形文字的发展史,我们可以推断:文字发展初期,所有的文字体系在本质上都具有表意性。“表意”一词是由商博良创造的,用来概括埃及文字的本质特征。后来他发现,许多埃及文字表面上看起来表示某种图像,实际上他们表示的是音素而非词素,因此,他认为“表意”一词不太准确。但在笔者看来,埃及象形文字已经经由语音化阶段,形成了一套成熟的语言体系。埃及象形文字中残留的表意成分说明其在发展初期同古汉字一样表意而非表音。中国和埃及文字的发展史说明古老的文字体系在其发展伊始都具有表意性,后来沿着两个不同的方向发展:一种转而传达语音,成为字母语言,另一种继续表意,同时也开始传达语音。汉字属于第二种。

有很多种理由可以解释汉语为何会沿着第二个方向发展。荀子

---

31 John Webb, *An Historical Essay Endeavouring a Probability That the Language of the Empire of China is the Primitive Language*, London: N. Brook, 1669, p. 192.

32 Cf. Lundbaek, *T. S. Bayer(1694-1738)*, *Pioneer Sinologist*, London: Curzon Press, 1986, pp. 97, 83, 103.

曾说过古代很多人都在创造文字，但只有仓颉创造的文字流传下来。[33]这种观点有助于我们研究汉语为何沿着第二个方向发展，汉字又为何会同口语分离。古代中国有很多种语言和文字，人们通常会选择最健全最方便的文字体系来书写语言。每种语言都含有不同的方言，在这种情况下，文字不可能表音只能表意。秦始皇统一汉字就是一个很好
197 的例子。秦朝各诸侯国都有自己的方言，统一的文字就不能表音，否则会天下大乱。因此，文字传达的必须是意义。在这里，不是先有文字而后创造语言，而是通过文字传达包含着不同方言的语言体系的共同意义。日语也可以进一步证明上述观点。古代，日本人有自己的语言却没有文字，他们就借用汉字代表日语。汉字与日语发音不同，所以汉字只能传达日语的意义。只有表达那些在日语中原本不存在的概念时，汉字才与日语发音相近。

讨论完汉字与汉语的关系后，笔者希望澄清以下几点。首先，汉字与汉语是相互分离的；其次，虽然在日语中汉字也用来代表语言，但表述方式与字母表述语言的方式不同。在字母语言中，思想先通过声音而后由文字来传达，而在汉语和日语中，思想则先通过意义而后由声音来传达。这是汉语和字母语言表述方式的根本区别。这种区别是由很多历史因素造成的，其中许多因素已然消失，可能也无法追溯。但其中最关键的一点是汉字更倾向于视觉化，表意而非表音。很多学者都在思考汉字为何没有像大多数现代语言那样，沿着语音方向发展成为字母语言。在这个问题上，洪堡的想法恰好与笔者不谋而合。

洪堡研究多种语言（包括字母语言和非字母语言）的变体时，讨论了汉语为何没有如当今大多数语言那样发展成为字母语言这一问题。他指出了两个原因，这两个原因都以汉语的实际情况和发展历程为依据，驳斥了那些认为从字母语言研究中得出的语言学理论也适用于汉语的学者。这两个原因都认为汉字重在表意，这正好印证了笔者的观点。第一个原因是汉字是基于最简图像表述的，洪堡认为“在历史发

33　荀子，《荀子译注》，上海：上海古籍出版社，1998，第482页。

展中，汉字的独特结构毫无疑问地源自于古人的音素观，他们习惯于把音节分开来读，也不随意地用一种声调代替另一种声调”。[34] 由此，我们可以看出音素在汉字的完善过程中所起的作用很小。洪堡后来 198
又说：“为了使汉语沿着不断反思、创造和推理的哲学、科学的方向发展，就需要重新看待音素问题，需要保持口语中语调的区分，同时还需要确定汉语表达确切思想时需要确立什么，去除什么，有时甚至会需要去除口音、态度与肢体语言。”他认为，这种处理音素的方式在历史早期就已经出现了，因为“历史初期数量不多但不容置疑的图形再现的痕迹就说明了这一点”。[35] 汉语发展进入科学化阶段后，就不能继续使用图像文字了，中国人当时有可能会像大多数民族那样创造一门字母语言，但这种字母转向最终却没有发生，洪堡认为有两个原因，一是由于音素在汉语完善过程中发挥的作用很小，二是汉字更倾向于用图像传达意义。[36] 洪堡的推论合情合理，汉字至今仍具有意象性，中国汉语学家们也会毫无异义地接受汉字表意论。奇怪的是，在这场关于汉字本质的辩论中，争辩双方都没有考虑过中国语言学家的观点。

汉语书写与口语是彼此分离的吗？

在当代汉学和语言对比研究领域，杜彭寿的观点已被西方汉学家所接受，但杜彭寿与他的当代支持者们不同的是，他的观点当时处于

34　Humboldt, *Linguistic Variability and Intellectual Development*, Coral Gables, FL: University of Miami Press, 1971, pp. 211-212.

35　Humboldt, *Linguistic Variability and Intellectual Development*, p. 212.

36　洪堡认为：“音素传入耳朵后形成一种字母图像，为了重现这些图像，文字便应运而生了。中国人以图形文字为基础，并不注重字母标记，创造了一套随意性的艺术化符号体系；此体系中，各符号之间并非毫无关联，但这种关联是概念上的，而非语音上的。整个民族和语言对理解的关注远大于对语音的关注，**所以这些符号演化成了概念标记而非语音标记**［着重号为笔者所加］。同时，概念只有通过文字才能准确表达，因此，每个符号对应的文字仍然是确定的。”见 Humboldt, *Linguistic Variability and Intellectual Development*, p. 212。

守势,而后者则咄咄逼人,试图一劳永逸地推翻汉字表意论。表面上,他们志在推翻那个流传甚广的关于汉字本质问题的语言学观点;实际上,他们企图实现一个更宏伟的目标,即通过消除语音字母语言和表意汉字语言之分使得中西方在语言问题上的观点趋于一致。这种努力值得称赞,但是若把表意性汉语归于西方语音字母语言则恰如方枘圆凿,陷入了汉学主义歧途。

在杜彭寿最忠实的当代支持者中有卜弼德、德范克和鲍则岳。鲍则岳全盘接受杜彭寿的观点,试图通过反驳汉语表意论中薄弱的一面使中西方在语言问题上的观点趋于一致。他们攻击的薄弱环节是认为汉字独立于汉语尤其是口语的乌托邦观点。他们声称:

> 杜彭寿已在其结论中表明:汉字(当被用来书写汉语,而
> 199 不是另一种语言)只能被熟悉汉语口语的人读懂,这一结论是站得住脚的,而且从这一视角来看是合理而又平常的观察。但实际情形是,现在仍然有一些人错误地认为由于某种原因汉字与口语无关。[37]

意识到接受这一乌托邦观点的只是对汉语知之不多的人,他就用一个实例来驳斥表意论的根基。一些日本和韩国读者能理解汉语的五言绝句。鲍则岳细致分析了汉语诗句是如何被理解的:

> 那些支持概念文字假设的人可能继续认为他们的观点没什么错,而是我们错误地再现了他们的试验,他们认为日本和韩国读者不了解汉语时也能读懂汉字。他们的确读得懂,但他们是借助于本国语才读懂的,也许他们只能读懂每个字词,而不明白整句话。若他们碰巧明白整个诗句的意

37 William Boltz, *The Origin and Early Development of the Chinese Writing System*, New Have, CT: American Oriental Society, 1994, p. 7.

> 思，那可能是因为他们学过汉语，或因为整个诗句意思完整不变地传入他们本国。不管是哪种情况，日本人和韩国人只能求助于一种语言实体使本国语言能够与这些汉字意义相通。这只能说明这些汉字仅被用来书写某些日语或韩语字词，早在中世纪这些汉字就已经被借入代表某些日本和韩国的字词。而这与汉字或其他什么反映的观念无关。[38]

我们必须承认，鲍则岳的上述观点不乏常识性洞见，但其结论“这与汉字或其他什么反映的观念无关”却并无说服力，因为没有学过汉语的日本人和韩国人有可能借助母语知识恰巧读懂了汉语五言绝句，这个事例本身有力地证明了汉字在某种程度上可以与语言，尤其是汉语无关。认为日本人和韩国人通过把汉字与本国语言相关联而读懂汉语五言绝句的事例在一定程度上增强了汉字与语言彼此分离这一观点。日本人和韩国人能够读懂汉语五言绝句也有可能不是因为把汉字与本国语言相关联，而是如同儿童学习语言那样与汉字所代表的概念相关联。另一个事实则是来自不同地区的中国人虽听不懂彼此的方言却都能读懂汉语，这充分地证明了汉字与汉语在某种程度上是相互分离的。对于包括笔者在内的大多数讲普通话的中国人来说，粤 200
语几乎等同于一门外语。我们和广州人都可以读懂汉字文本，却无法听懂彼此说的话。这一事实进一步证实了文本与口语有可能是互相分离的。一个不会说汉语的人可以读懂汉语文本，鲍则岳似乎已意识到这一无可辩驳的事实所占的分量，因此他反驳道：

> 无论这种论断多么适用于其他语境，在汉字中它是说不通的，不管是古汉语还是现代汉语都是如此。事实上它不适用于任何一种文字系统，我们接下来会讲到，因为它否认了书写与语言之间的关联，也就是说文字与口语之间的关联，

38　William Boltz, *The Origin and Early Development of the Chinese Writing System*, pp. 7-8.

> 认为一个人不懂某种语言却能读懂该门语言所写成的文本，这种论断显然是自相矛盾的。文字与语言相互独立，这种论断单从表面看就是完全不可能的，然而这却是“概念文字”家们所一直津津乐道的理论。[39]

鲍则岳认为，他提出了强有力的证据来反驳“概念文字”之说，但上文的分析已证明此论据是错误的。另外，他的理论前提也是错误的，因为他混淆了言语与语言，以及文字和书写系统。在日本人和韩国人能够读懂汉字这一例子中，他似乎犯了一个认知性的错误。他把这种能力看成一个翻译问题，但语言学习不仅仅是一个翻译问题，它首先是一个认知问题。我们需要考虑一个日本人是如何学会识别汉字的。当一个日本孩子刚开始学习汉字时，他很可能并不是依赖于日语，而是他对这个字所表示的意思的认知理解。以“学”字为例，当他接触这个汉字时，他并非借助于“学”字在日语中的发音，而是对于“学习”这一行动的理解。当他掌握了“学”的字义时，他头脑中所记住的并不是“学”在日语中的发音，而是“学习”这一行动在他头脑中所形成的认知表征。在一个更大的语篇单位中这一点体现得更加明显。当一位日本读者阅读一串汉字时，他不需要借助日语作为翻译辅助，直接调用储存于头脑中的每个汉字所形成的认知表征。

鲍则岳的错误是由西方语言学理论对语言学习的影响造成的。他认为在字母语言中文字不是直接来自于头脑中的观念，而是首先经过口语的中介。鲍则岳对日本人学习汉字的观点显然是“中介理论”的体现。当然，这时不再是通过口语进行中介，而是通过母语中介。鲍则岳的观点从本质上说是通过翻译法来学习外语。外语学习理论
201 和实践都证实了翻译法并非外语学习的有效途径，原因是母语中介永远无法使我们真正掌握一门外语。要想学好外语，必须用目标语言来进行思考，这意味着我们必须拒绝使用翻译法，而是采用认知法，如今

39 William Boltz, *The Origin and Early Development of the Chinese Writing System*, 第 8 页。

风靡全球取得很大成效的直接教学法就属于其中一种。

上文对杜彭寿的追随者们对“概念文字”的质疑进行了批驳，在此基础上，可以对如何研究汉语文字及口语间的关系进行总结。笔者的结论是，我们必须区分语言和口语。认为汉语书面语和汉语语言毫无关系的观点当然是错误的，但汉语书面语的确可以独立于汉语口语而被人们理解。这一点已被日本人和韩国人可以理解汉字这一事实所证明，同时，广东人和福建人听不懂普通话却能看懂汉字书面语，也为这一观点提供了证据。另外，中西学者对古汉语的文献研究也强有力地证明了口语与书面语之间以及文言和白话之间的相互独立性。

语音中心论与表意论

杜彭寿的当代拥护者们对汉语与西方语言的关系做了详细、恰当的观察。然而，他们在试图消除中西语言的隔阂时却忽视了汉语自身的特性。他们倾向于用西方语言理论来分析汉语，形成了一种理论倾向，笔者称之为“语音中心论”。众所周知，语言符号由三个相互关联但可进行理论分析的元素组成，笔者称之为“三 S”：语音（sound）、字形（shape）与意义（sense）。不同的语言系统会着重强调其中一个或两个构成要素。西方字母语言重音、义，轻形体，而汉语则重形、义，轻语音。反对表意论的人只考虑到了其中两个因素。比如，鲍则岳强调说：“任何一个单词都包含两个方面：声音和意义。”[40]他很显然忽视了语言符号三要素中很重要的“字形”要素。这一疏忽其实不难理解。因为在字母语言中，语言符号的形体并不像汉字字形那么重要。索绪尔曾说过，只要一种符号可被辨别且不与其他符号相混淆就可作为一种语言符号。然而在汉字中，字形起着举足轻重的作用。事实上，纵观中国历史，正是由于汉字字形的魅力才产生了书法艺术，也使得书面语要比口语更具优越性。“音形义”三要素在汉语系统中占据不同

40　William Boltz, *The Origin and Early Development of the Chinese Writing System*, 第 18 页。

的地位。一个人可以在不知道一个汉字的读音情况下靠辨认字形而
202 知道它的大概意思。这种现象其实很普遍,许多中国人认识某些汉字也知道它们的意思,但不知道该怎么读。在笔者看来,在构成汉字的三要素中,形和义是更重要的。字形是一个字之所以成字的基础,意义是字所代表的内容,而声音只是一种口语交流手段。字形和声音都是意义的体现者,前者是通过视觉手段,而后者则是通过听觉手段来发挥交流作用。80% 以上的汉字都是通过形—声结合而成的"形声字",在形声字中,声旁几乎不表示任何意义。在表意方面字形要比声音更有效。因此视觉价值要比听觉价值更重要。

与汉语不同,字母语言更关注听觉价值,这根源是西方的形而上学传统中对虚幻无形之物所体现的先验价值的重视。德里达将西方语言理论中重视声音的现象描述为"语音中心主义"。一些西方学者就是借助这一理论从"语音中心"的角度来研究汉语语言的。早期代表就是杜彭寿,他说:"很明显中国人发明汉字并不是用来代表汉字的字形,当然也不是用来代表汉字所表示的意思,因为字义是从口头表达中抽象出来的(声音才是最重要的)。"[41]鲍则岳也从语音中心的角度对汉语进行了类似的描述:"任何种类的书面汉语都仅仅是口语的一种符号化表达。"[42]鲍则岳唯恐自己没有阐述清楚,又进一步声称:

> 另一方面,当我们说"文字的目的是为了交流观点"时,其实我们真正想表达的是"文字的功能就是交流通过该语言的口语所传达的观点",如果我们意识到这一点,那么,我们就已将书写界定为其意义通过语言中介传达的可视性符号系统。[43]

41　见杜彭寿致巴兹尔·霍尔的信,*A Dissertation on the Nature and Character of the Chinese System of Writing*, Appendix A, p. 109。

42　William Boltz, *The Origin and Early Development of the Chinese Writing System*, 14.

43　同上,第 16 页。

在这里鲍则岳做了一个微妙的转换。他用“言语”代替了“语言”,从而提出了一个语音中心主义的论断:“因此我们可以简单地将书写定义为言语的符号化表达,将文字系统定义为任何系统表达言语的图示手段。”[44]鲍则岳料到会有人反驳他的观点,因此他不得不承认:“像所有定义一样,这一定义只是一种个人判断。文字当然也可以有不同的定义,比如说‘传递或交流意义的任何可视性符号或标记,其与语言没有关系’。”(同上)然而,他仍然更推崇自己语音中心的定义:“根据我的判断,与其他将书写限定于图示符号的定义相比,这一定义并没有更好地澄清我们直觉上所感知的书写的本质或发展史。”(同上)这里他使用的“直觉”一词表明了以字母语言为母语的人的一种偏见:口语先于书面语。

鲍则岳强调语言的声音属性,却忽视了语言的交流功能,同时也 203
低估了中国思想家从远古时期就一直重视用语言来交流所产生的影响。这里只引用两位思想家的观点。庄子的著名寓言“鱼荃与兔蹄”就支持直接交流的观点。这个寓言中常被引用的文本见“外物篇”:

> 荃者所以在鱼,得鱼而忘荃;蹄者所以在兔,得兔而忘蹄;言者所以在意,得意而忘言。吾安得夫忘言之人而与之言哉!?[45]

庄子的寓言给直接交流或无声交流提供了很好的诠释。这则寓言对中国语言理论产生了深远的影响。在很大程度上,它为后人关于语言表述的争论树立了模式。在庄子看来,荃和蹄是捕鱼和抓兔的工具,与此类似,语言符号也只是用来交流思想的工具。从某种意义上来说,这种观点在一定程度上决定了汉语语言表述的语义导向。在魏晋时期,人们激烈地讨论语言表述的实质。王弼强调符号和语言的语义

44　同上,第17页。

45　庄子,《庄子译注》,杨柳桥注译,上海:上海古籍出版社,1991,第576页。

表述。在《周易略例·明象》中,王弼开篇就讨论了象(形象)、意(思想)和言(语言)之间的关系:

夫象者,出意者也。言者,明象者也。尽意莫若象,尽象莫若言。言生于象,故可寻言以观象;象生于意,故可寻象以观意。意以象尽,象以言著。

这段话清楚地显示了中国语言理论和西方强调语音的字母语言理论是截然不同的。王弼在《明象》中借用庄子的寓言,进一步强调了汉语符号体现的语义导向:

故言者所以明象,得象而忘言;象者,所以存意,得意而忘象。犹蹄者所以在兔。得兔而忘蹄;荃者所以在鱼,得鱼而忘筌也。然则,言者,象之蹄也;象者,意之荃也。[46]

204 庄子的寓言以及王弼和其他学者对其所做的进一步阐释都表明,在汉语言哲学中人们强调的是思想、观点和意义,而不是西方语言中强调的声音。反对文字表意论的学者忽视了由庄子和中国思想家所提出的意义导向传统,他们重口语而轻概念,犯了与庄子寓言中所讽刺的那些死盯着竹笼和兔网却忽视了鱼和兔的人一样的错误,买椟还珠,重视言语行为而忽视了所交流的观点。他们之所以犯这个错误就是因为他们将字母语言的语音中心主义套用到了汉语研究上。鲍则岳对此做了进一步说明,他轻视语言的交流功能,强调其作为声音记录的功能:

通过上述定义可以看出,口语是用来传递意义的,文字

46　王弼,《明象》收录于楼宇烈编辑的《王弼集校释》,北京:中华书局,1980,卷2,第609页。

是第二位的，它之所以有交流的功能，只是口语传达意义这一事实的一种自然结果而已。另外，文字系统中单个的符号能否交流意义，取决于这个符号在哪个层面上体现这种语言。比如字母表中的字母并不携带意义，只是可发音而已，因为在大多数字母语言中，大部分的单个音素并没有相关联的意义……但是若要被视为文字，它们也并不需要交流意义，只要能传递声音就可以了。就像我们所说过的那样，文字中意义的传递完全是“文字代表口语”这一事实的一种功能。[47]

很显然，鲍则岳认为字母语言的语音特性对所有语言都是通用的。他忽视了一个事实，那就是汉语使用的是汉字而不是字母，每个汉字表音的同时还表义。事实上，甚至连汉字的组成部分——部首，也可传达意义。鲍则岳引用英语字母的例子来支持他语音中心论的观点，然后他又将这一衍生观点用于反驳汉语中的“概念文字”观点：

然而，这种与意义的联系，也就是汉字的交流功能，仅仅是汉字与声音相联系的结果，换句话说，汉字与语言的字词，或所谓“口语”相联系，才会与意义产生联系。经常发生的情况是，比较随意的语言分析家和批评家们都置汉字与声音间固有的本质联系于不顾，而去强调汉字和意义之间的关联。[48]

通过这一论断，鲍则岳表现出了很明显的语音中心论。他认为汉字能够表达意义理所当然是因为汉字通过声音与口语产生了关联。他没想到还有这样一种可能性：汉字从创立伊始就是用来表示意义而不是代表声音的。他以西方意指理论为框架，通过一种预设的逻辑得出了 205
自己的结论，认为汉字肯定和西方语言的字母一样，用来记录声音，然

47 William Boltz, *The Origin and Early Development of the Chinese Writing System*, pp. 18-19.

48 同上，第 18 页。

后由声音来传递意义。这一点可从他进一步的论述中清晰地显示出来:"一种字符或一个字符系统之所以能称为书写,其必不可少的特征就是语音体现。也就是说,书写必须代表言语。"[49]

鲍则岳的逻辑与汉语的理论和实践是背道而驰的。从历史角度看,古汉语刚开始出现时可能并不是一门口头表述的语言。两位当代学者安乐哲(Roger T. Ames)和罗思文(Henry Rosemont. Jr.)曾开玩笑地说:"古汉语就像是一个听话的小男孩:它创立之初是用来看的而不是用来听的。"在他们之前,高本汉有过类似的描述:"汉语文献是用眼睛来看的,而不是像口语那样靠耳朵和舌头来实现的。它拥有独立的生命,是与口语平行并存的一种现象"。[50] 安乐哲和罗思文接着又用非常严肃的口吻写道:

> 现在和过去的汉语口语都一样,必须要说出来才能被理解;而古汉语创立之初就不是一门口语,它现在不需要,以前也不需要说出来才能被理解;因此,汉语口语和书面语到目前为止可能一直都是两种不同的语言媒介。如果真是如此,那么很明显,汉语书面语就不应被简单地看作是对口语的转述。[51]

在同一份研究中,两位学者直接反驳了鲍则岳的观点并指明了其所带来的后果:"'古汉语本质上是口语的转写'这种观点不但模糊了我们对两者差异的认识,同时也阻断了我们研究中国哲学的道路。"[52] 庄子和王弼的语言理论从哲学角度为反驳鲍则岳的论断提供了概念基础。在其他备受尊崇的古汉语研究者那里,我们同样可以看到反驳

49　William Boltz, *The Origin and Early Development of the Chinese Writing System*, p. 19.

50　Karlgren, *Philology and Ancient China*, Cambridge, MA: Harvard University Press, 1926, p. 41.

51　Roger Ames and Henry Rosemont, "Philosophic and Linguistic Background", *in TheAnalects of Confucius: A Philosophical Translation*, New York: Ballantine Books, 1998, pp. 38-39.

52　同上,第 36 页。

古汉语语音中心论的有力证据。高本汉是最早系统研究古汉语语音的学者之一，他就强调在汉语言发展之初的象形和表意功能：

> 从这个角度看，汉语文字发展第一阶段并不是记录声音，或分析单字各部分是如何发音的，而是一种表意的图形文字，一个符号代表着整个单字的意义而不是其发音。[53]

通过这种表述，高本汉隐约地表达了一种古汉语视觉上的重要性，这一点由费诺罗萨和庞德更直白地表述出来。在同一研究中，高本汉清晰地指明了汉语口语和书面语的区别：

> 因此，中国一方面拥有一种已存在了好几世纪的文字语言，它简短、明了，字与字界限清晰，读者仅仅通过这种表意的字形就可以理解它的意思。总体来讲，这种语言好像在人类出现时就形成了，一直流传至今。而另一方面，在中国还存在着一种口头语言，或更确切地说，许多种不同的方言口语，它们与中国的文字语言相去甚远。[54] 206

简单地研究过迄今可识别的用最古老的汉语写成的甲骨文之后，安乐哲和罗思文重申了其他研究所证实的观点："目前辨认出来的上千个甲骨汉字中有许多在结构上都是象形和表意的。"他们还得出了这样一个结论："最终形态和语音两方面的证据都支持我们的观点，最早的文字形式拥有自己的交流功能，不需要借助口语。在这个发展阶段，许多信息都是通过视觉来交流的。"[55]

53　William Boltz, *The Origin and Early Development of the Chinese Writing System*, New York: The Ronald Press, 1949, p. 9.

54　Karlgren, *The Chinese Language: An Essay on its Nature and History*, New York: The Ronald Press Co., 1949, p. 57.

55　Roger Ames and Henry Rosemont, "Further Remarks on Language, Translation, and Interpretation", *The Analects of Confucius*, p. 290.

语言实践证明,语音中心论不可能存在于汉语之中。汉语普通话有21个声母,38个韵母,通过声韵结合只能产生稍多于400个的音节。就算加上汉语中的四个声调也不过总共不到1300个音节。用如此少的音节来代表世界上词汇量最大的语言之一的汉语,不可避免地会产生大量的同音异义词。很多情况下,没有具体的语境人们就无法确切知道一个字的意思。结果出现了很多有意或无意的双关语。但是一旦汉字被写出来,即便没有语境,意思也是再清楚不过的。大量同音异义词的存在使得汉语的字和词不可能以字母语言的方式来指代声音,同时也排除了汉语被字母化的可能。用库诺马字母来表示汉语并不是当代人最早尝试的。事实上,很早之前人们就开始考虑这种可能性并付诸实践了。宋朝时期的郑樵在接触到梵语之后就意识到汉字的繁琐和字母的简洁。几百年后,耶稣会的传教士利玛窦使用罗马字母来书写汉语,并出版了第一本用罗马化的汉语写成的书——《西志奇迹》。其他西方传教士也做了类似的尝试,他们用罗马文来书写汉语,但是他们的努力没有对汉语产生丝毫的影响,因为他们的书籍都是写给西方人让他们了解汉语和中国文化的。[56] 明末清初,官员兼学者的方以智(1611—1671)着手研究汉字书面语与西方字母语言的关系,自此以后,许多中国学者前仆后继,做出了很多努力。尽管方以智批判了汉语书写的笨重繁琐,也将其复杂性与西方语言书面语的简约方便做了鲜明对比,但他的对比性批判恰好显示出了汉语书面语非语音化或者说是表意的特性:

207 字之纷也,即缘通与借耳。若事属一字,字各一义,为远西因事乃合音。因音而成字,不重不共,不尤愈乎?[57]

---

56 Victor Mair's brief introduction to "Advocates of Script Reform", in *Sources of Chinese Tradition*, vol. 2, pp. 302-303.

57 方以智,《通雅》,卷一,第96-97页,《方以智全书》,上海古籍出版社,1988,英译文节选自 Wm de Bary and Richard Lufrano, eds., *Sources of Chinese Tradition*, vol. 2, New York: Columbia University Press, 2000, p. 303。

又过了两个世纪，在1892年，中国文字改革先驱卢戆章制定了第一套潜在可行的汉语文字罗马化方案。在其著作《一目了然初阶》的序言中，卢戆章对比了中国的低识字率与西方国家及日本的高识字率，并将这种差距归根于文字体系的不同。为什么其他国家识字率高呢？他回答道："以共以切音为字，字话一律，字书简易故也。"那么，中国怎样提高识字率呢？他提出中国应该采用一种汉语的罗马拼音方式，因为"字话一律，则读于口，遂即达于心"。[58] 其对比评价再次证明了现代以前汉语语言文字与语音是分离的，而两者之间紧密联系的产生也仅仅是晚近不到百年来出现的现象。

晚清以来，汉语的拼音化得到了中国为数众多的政治家、思想家、学者以及政府的大力推广。然而，从利玛窦使用罗马化的汉语以帮助西方传教士传教到今天拼音的使用以帮助外国人学习汉语，近五百年汉语语言拼音化的努力绕了一圈又回到了原点，这一回归证明了西方人的语言认知是以语音为中心的，而汉语文字体系是表意而非表音的特性。

语言学汉学主义

与西方字母语言的语音中心论相对，汉语强调形意间的相关性，或许可以称之为表意论。中西文字均传统悠久，对文字体系之声、形各有偏重。西方语音中心论起源于字母语言的语言学发展，又在语言实践的哲学概念化之中得以推广。相比之下，汉语表意论则起源于历史上汉语语言的表意功用，而人与宇宙之间关系的形而上学观念更是强化了这一点。两者的哲学基础是不尽相同的。

在西方形而上学中，语音中心论最早的源起可能要追溯到柏拉图提出关于本质与现象的区分观念。而亚里士多德或许是最早提出语音中心论这一概念的思想家。关于言语与文字的关系，他主张言语优

58　卢戆章，《一目了然初阶》前言，拼音文字史料丛书，北京：文字改革出版社，1956，英译文节选自 Wm de Bary and Richard Lufrano, eds., *Sources of Chinese Tradition*, vol. 2, New York: Columbia University Press, 2000, p. 305。

208 先于文字:“口头言语是心灵经验的符号,而文字则是口头语言的符号。”[59]亚里士多德这一评论可被视为西方语音中心论的肇始。因为表音性在字母语言中的重要地位,西方学者对语言语音中心的重视是根深蒂固的。在现代语言哲学中,所有理论家无一不强调无论是在口语还是在书面语中音都优先于意。早在 1933 年,著名语言学家布隆菲尔德(Leonard Bloomfield)便指出书写的文字必须承载一种与语言形态的“固定关系”[60]。乔治·特雷格(George Trager)将书写的文字体系定义为“任何标记或者图示的规约性系统……代表着这样一种语言的话语表达”。[61] 在与汉语语言直接相关的研究中,司礼义(Paul L. M. Serruys)将汉语真实书写文字中的图形归为“系统必要的构成”,“形成了语言的视觉表征”。[62]

雅克·德里达曾指出西方语音中心论源于西方自柏拉图之后的形而上学,其强调现象与本质、先验观念与具体现实的分离性。以笔者之见,汉字以图形和语意为导向,这是由汉语语言的性质及中国历史上的语言使用所决定的。语音中心论适用于描述西方字母语言,而用它来描述汉语语言却不得当。汉语语言的表意论不仅仅是由汉字特殊的图形感所决定的,在中国玄学思想中,浩瀚宇宙万物全息相关,先验观念存于世间万物,这种对人与宇宙之间关系的思考更是决定了汉语语言的这一特性。或许,我们可以说汉字形象与语义之特性同中国关于宇宙超然存在于万物这种形而上学的思想是有内在联系的。

雅各布逊(Roman Jakobson)在研究语言与诗学之间的关系时,确认了结构语言学存在着两个相关的问题:“沃格林已经明确指出了结

---

59 Aristotle, *Categories and De Interpretatione*, translated by J. L. Ackrill, Oxford: Clarendon Press, 1963, p. 16A3.

60 Bloomfield, *Language*, New York: Henry Holt and Co., 1933, p. 283.

61 George Trager, “Writing and writing systems”, in *Current Trends in Linguistics* 12 (1974): 377.

62 Paul L. M. Serruys, “Basic Problems Under-lying the Process of Identification of the Chinese Graphs of the Shang Oracular Inscriptions”, *BIHPAS*, LIII/3 (1982), p. 455.

构语言学所面临的两个最重要且相互关联的难题,即对'语言大一统假设'的修正与对'同一语言内不同结构的相互依赖'的担忧。"[63]这一洞悉应该给予了我们对汉语语言与文字的性质更为深入的见解。他还指出:

> 毫无疑问,对于任何一个言语社区、任何一个说话者来说,都存在一个统一的语言。但是,这一整体代码是由相互联结的子代码构成的系统,即每一种语言都共存着几种功能各异的形式。(同上)

我们应当会从研究汉语语言中得出结构语言学的体会。汉语经过千年发展,构成了一个完整的自我体系,同时也具备着不断积累的特性。现在,汉语的发展被赋予了一个兼容的趋势,这一趋势可能会让汉语去包容一些新异特点。不管是将汉语定义为完全表音语言还是完全表意语言,都过于简单化。应该说,汉语既表音又含表意因子,而后者更为优先。过分强调一个因子而忽略另一个因子都会导致语言汉学主义。

据笔者观察,在关于汉语文字体系性质的争论中,双方极少考虑 209
在中国语言学界盛行的汉语语言学者的观点,仿佛有关汉语性质的中国语言观根本不存在或者毫不相干。事实上,中国上古时代的记录以及现代中国学者的研究,均为汉语口语与书面语的平行分离性提供了佐证。上古时代尚未出现文字,人们最初使用绳结记事,后来又改用书契。《易经·系辞传》中提到:"上古结绳而治,而后人以书契易之。"[64]陶制器皿和甲骨上的刻画符号是汉语文字的最早形式。因此,有足够多的人类学和考古学证据表明汉字最初并非是为了记录口头语言而存在。汉字最开始是以刻画符号形式出现,而后逐渐演变成文

63　Roman Jakobson,"Closing Statement: Linguistics and Poetics", in T. A. Sebeok, ed. *Style in Language*, Cambridge, MA: MIT Press, 1960, p. 352.

64　孔颖达,《周易正义》,卷八,《十三经注疏》,北京:中华书局,1980,第87页。

字,并形成了书写系统。至于与口头语言有所关联,可能是之后很久一段时间才出现的。现代中国学者再次肯定了汉语书面语与口语的独立发展。梁漱溟曾说,"语言文字浸浸分别并行,初不以文字依附语言,而语言转可收摄于文字"。[65] 李泽厚进行了大量的实证研究以证明汉字并非口头语言的书面记录。他也指出:"汉语语言并未给予音以优先级而是更强调义……最初,汉字的功能便是支配、统率、范导语言,而非记录语言。"[66]这些观点与前文提及的维柯的中心论断不谋而合。

在分析了汉语语言争论双方的观点后,笔者发现尽管表意论的支持者与反对者观点相左,但是他们的定位却相同:对汉语文字的研究更多是出于自己学术和美学目的,而非对汉语语言本身的关心。庞德、费诺罗萨及其他表意说的支持者关注的是发展研究哲学和艺术的新范式以及创新的途径,以推进知识与艺术发展的进程。持反对观点的则专注于以西方理论检验汉语语言,强使表意的汉语同西方字母语言的表音理论协调一致,以否认汉语文字的独特性。双方均受先入之见及预想目的所引导,仅有少数学者摒弃了汉学主义的偏见,承认汉语文字与语言的独特性。

笔者认为,否认汉语文字是表意的一派学者完全忽视了汉语与语音文字体系之间的区别性差异,也极少关注汉字的象形性仍然清晰可察,其以表意为主的性质在中国语言学界是毫无争议的。反之,肯定
210 汉语文字是表意的一派则又夸大了汉语文字的象形性,把它的价值普适化,因而不切实际地忽视了汉语语言的独特性。尽管取向不同,他们都按照以西方为中心的学术习惯来做学术,这种方式却是共通的。故而纵使他们研究的初衷是要提供科学客观的汉语语言知识,却已经在不知不觉中创造了汉学主义的语言形式,扭曲了中国文字体系的真实状况。

65　梁漱溟,《中国文化要义》,北京:学林出版社,1987,第312页。

66　李泽厚《中国古代思想史》,新版,天津:天津社会科学出版社,2008,第274页。

语言汉学主义的内在逻辑

马爱德(Edward McDonald)在刊于《亚洲研究》(2009 年 11 月)的一篇文章中,重新讨论了有关汉语语言的论争,并承认有关中国与亚洲的研究都带有高度的意识形态性。他认为:"当今有关汉字的许多理解都是错误的。"[67]在这篇文章中,马爱德表明,他旨在

> 调查汉语研究内部的不同话语,展现汉学主义的特定形式,我称之为汉字崇拜,即夸大汉字对于理解汉语语言、思想、文化的作用。汉字的这种地位被用来标榜中国人独特的世界观及其与所谓的西方世界观之间的巨大差异。[68]

马爱德把汉字崇拜与东方主义和西方主义相联系,认为这是汉学主义的一种形式。他批判双方均落入了一种"推论过程的陷阱,以片面真理为前提推导出汉语的独一无二性,同时又通过后者强化了这些片面真理"。

马爱德对这场争论的批判涉及两派学者:一派是刘若愚、陈汉生、安乐哲和罗思文,另一派是乔治·A. 肯尼迪(George A. Kennedy)、葛瑞汉(A. C. Graham)和鲍则岳。虽然他声称自己立场中立,但最终还是倾向于后一派的观点,否认汉语文字的表意性。这种倾向性在他对两个片面真理的批判中表露无遗。这两个片面真理构成了他所谓的"汉字崇拜"。马爱德在陈汉生对汉语语言及逻辑的研究中发现了一个片面真理,即"如陈汉生所述,在中国,无论是过去还是现在,人们讲的语言不同,但阅读、书写的文字却是相同的'"。[69] 第二

67　Edward McDonald,"Getting over the Wall of Discourse:'Character Fetishization' in Chinese Studies",*Journal of Asian Studies*,Vol. 68,no. 4 (2009),p. 1195.

68　同上,第 1194 页。

69　同上,第 1196 页。

个片面真理与培根关于汉字是“字元实,整体表达的既非字母亦非字词,而是事物或概念”这一构想。他在刘若愚的表述中找到了集中表现:

> 西方哲学家带着逻各斯中心主义的偏见,通常把汉字视
> 为任意符号。甚至连索绪尔也认为,汉语每个字都是一个音
> 211 的符号,尽管他承认中国书写体系并非是语音的。这种观点
> 显然是错误的,且违背了中国的传统观点……通常情况下,
> 西方那些关注语言本质的思想家认为文字是对口语的一种
> 再现,而口语又被认为是世界与人之间的媒介。而中国人省
> 去了口语这一必要媒介,使世界与书写产生直接的联系。故
> 而有些学者把汉字称作语标是有误导性的,且不说书写一个
> 词有时需要两个汉字这一事实。[70]

刘若愚批评汉语文字体系研究中以语音为中心及以逻各斯为中心的倾向,正如笔者已经指出,这构成了汉学主义的一个方面。他还表述了汉语语言理论中一个公认的真理,即语音文字体系是表音文字,与之相较,汉字则形成了一种表意的文字体系。有意思的是,马爱德转而抨击刘若愚及持这种观点的大陆及台湾地区所有中国学者,批评他们犯下了东方主义或汉学主义又或是他所谓“汉字崇拜主义”的错误。在批评刘若愚、陈汉生及其他崇拜汉字的学者的同时,他认可了汉语书写文字是以语音为中心及以逻各斯为中心的观点。当然,马爱德亦承认汉字具有象形性,但是他提出:

> 一旦这种图像用作图形,也就是文字体系中的视觉形式,它必须代表语言的某个单位,才能够充当文字体系的一

---

70 James Liu, *Language Paradox Poetics: A Chinese Perspective*, Princeton: Princeton University Press, 1988, pp. 17-18.

> 部分发挥作用。换言之，它第一指向的不是外部世界，而是某一特定的音形或者字形。[71]

马爱德的观点与其他语言学家的不同之处在于，他认为汉字指向“音形”或者“字形”，而其他语言学家则认为汉字是在描述语言中的口语词。人们或许会疑惑：“音形”或“字形”是什么样？汉字如何指向的不是外部世界而是“音形”或“字形”？鲍则岳反对汉字是表意的象形字这种观点，从马爱德对他观点的认可上我们可以有所领会：

> 鲍则岳强烈地表明了自己的立场：“任何被发明的图像从来都不可能直接代表着观点；他们往往主要是表示语言的声音，只有与声音结合在一起才能进行表意”(1994，59)——这是对刘若愚表意优先地位的漂亮逆转。[72]

他在结论中对鲍则岳立场的倾斜暴露得更为明显：“如果鲍则岳的论点被接受，这就说明汉字终究未构成特例，因为它们很显然与世界上其他所有文字体系遵循着相同的原则。”[73]可以理解，这里所提到 212
的其他文字体系是指语音文字体系，西方语言学家及学者制定出了它们的原则。因此，它清晰地阐明了一种汉学主义的方法，即如果其他文字体系是以声音为基础，那么，汉语文字体系亦当如此。

争论中有一个核心问题，表意反对者躲之不及，而支持者却以之为据。陈汉生指出：“对于目前的争论，有一点很重要，中国人自己把他们的书面语言视作规约性语义内容(图画或者图表)的表现。”[74]令

---

71 Edward McDonald，“Getting over the Wall of Discourse：‘Character Fetishization’ in Chinese Studies”，p. 1198.

72 同上，第 1204 页。

73 同上，第 1205 页。

74 Hansen，*Language and Logic in Ancient China*，Ann Arbor：University of Michigan Press，1983，p. 179.

人好奇的是，几乎没有表意反对者曾提及过这一传统观点，他们甚至都不屑批驳，完全无视这种观点的存在。马爱德是个例外，他清楚地意识到自己在做什么：

> 或许刘若愚及陈汉生等学者仅仅是要对中国传统汉字本质观的认可进行辩护……我想，我们应该怀疑中国传统观是否至少整体上如刘若愚所说的那样；然而，不管是在资料来源还是在他们的著作中，刘若愚及陈汉生等学者均未能区分论述与编造神话。[75]

为了证实中国传统观的虚假性，他援引肯尼迪对一些复合词的研究，暗示这种公认的观点在很大程度上只是个"神话"。[76]

马爱德发起了正面攻击，指出陈汉生在论述中所提及的中国人不包括许慎，因为如果那样的话，其六书("六种造字方法")会被缩减为三种。然而，马爱德却忽视了一个事实：中国许多语言学家指出，六种造字方法中的"转注"和"假借"是另外四种基本造字法的延伸用法。例如，刘若愚说道：

> 尽管传统汉语词源学创造了六书，然而，其中两种是有关异体字及假借字的，因而事实上只有四书，即简单象形字、简单形意字、复合象形字及复合表音字。[77]

以笔者之见，刘若愚将六书的第四种方法"形声"表述为英语中的"复合表音字"并不恰当，因为这种方法是音、形的结合，其中形代表义。直译"形声结合字"可以充分反映该造字法的本质。因此，有位学者认

75　McDonald, "Getting over the Wall of Discourse: 'Character Fetishization' in Chinese Studies," p. 1206.

76　同上，第 1205-1206 页。

77　James Liu, *Language Paradox Poetics: A Chinese Perspective*, p. 16.

为，所有的这四种基本造字法都基于意象，第四种方法也基于声音。[78]

为了找到概念上的佐证，马爱德引用葛兰言的话来反驳刘若愚及 213
陈汉生的观点。葛兰言说：

> 中国文字并非以往所认为的那般是表意的；不同单音节词，不管有多近义，写法都是不同的，像小品词一类的也有自己的书写素。形富音贫的结合就导致了一个词的词源及其与近音单音节词的关系体现在了书写而非发音的结构上。[79]

葛兰言否认中国文字是表意符，我们把他列入表意反对者的阵营。所以，马爱德认为自己找到了汉语以语音为中心的有力证据。但是，细读上述引语，我们会发现，葛兰言对"形富"与"音贫"的描述不仅表明表意先于表音是一历史事实，同时也给予表意支持者那所谓的"汉字崇拜"以有力的佐证。

尽管马爱德博览了有关中国文字研究的书籍材料，他仍然遗漏了笔者写的一篇关于汉语书写性质的文章，拙文提出了一个不同的看法。即表意支持者与反对者都仅仅抓住了声音—意义大棒的一端而忘了另一端。在从语音学、符号学、神经科学这三方面对六种造字原则进行了全面研究之后，笔者解释了为何表意论支持者和反对者的观点都是片面的：

> 由于汉语语言符号既是视觉的又是听觉的，在本质上既是意象的又是概念的，因而汉语文字体系也是既表意又表音。至于表意表音的程度大小，取决于如何看待它。如果一

78　Ming Dong Gu, "Reconceptualizing the Linguistic Divide: Chinese and Western Theories of the Written Sign", *Comparative Literature Studies* (2000), vol. 37, no. 2, pp. 118-121.

79　Graham, "The Relations of Chinese Thought to the Chinese Language", in *Disputers of the Tao: Philosophical Argument in Ancient China*, La Salle, IL: Open Court, 1989, p. 389.

> 个人强调汉字表音,那么他会认同高本汉(还有卜弼德)的言论:十之八九的汉字都是表音的。如果强调表意,则会支持顾立雅的观点:九成的汉字都是表意的。或者,如果他接受郑樵的观点,认为这六种造字原则都源自对象形文字的模仿,那么他或许会主张所有的汉字都是象形的。[80]

马爱德声称不会参与这些争论,他试图提供另外一种方法以打破这一僵局。但是,他对刘若愚、陈汉生、安乐哲和罗思文持批评态度,而对卜弼德、德范克、鲍则岳和其他表意论反对者持赞同意见。由此,他清楚地表明自己跟那些认为汉语与其他语言无异的人站在了同一立场上。他认为“刘若愚和陈汉生的汉学主义阐释太过宽泛”,而“肯尼迪和葛兰言对汉学的解释细致入微”[81],这一对比无疑表明了他的立场。他文章的标题《跨越话语的城墙:汉语研究中的“字符拜物教”》也同样表明了他的立场。他批判表意论时将其称为“汉字拜物
214 教”,这也说明他并没有像他说的那样保持中立的立场,而是跨越了话语的城墙,站到了抨击表意论的阵营。具有讽刺意味的是,他似乎并没有注意到汉学中的汉学主义,也没有意识到,就像其他所有表意论反对者一样,他自己也完全陷入了汉学主义的陷阱:因为他没能研究汉语材料自身而是套用了西方理论。马爱德以后殖民研究的修辞为依托,发表了这一评论,虽对一些西方学者关于中国文字的观点提出了挑战,但并未有任何跳出原有窠臼的迹象,相反,本来浑浊的水面被搅得更加浑浊不堪了。

关于汉语语言的这场论战将继续下去,关于汉字本质的争论也不会轻易尘埃落定。造成这种情况的原因有很多。首要的原因与汉学主义相关。笔者还从未见过这样的中国学者:生于中国,母语

---

80 Ming Dong Gu, “Reconceptualizing the Linguistic Divide: Chinese and Western Theories of the Written Sign”, p. 119.

81 McDonald, “Getting over the Wall of Discourse: ‘Character Fetishization’ in Chinese Studies,” p. 1207.

为汉语,却拒绝接受汉字有表意性和视觉性这一传统观点。这与汉学研究中的情况形成了鲜明对比:在汉学研究中,很多西方汉学家拒绝接受这种公认的汉字观点。在反对汉字象形性和表意性的争论中,这些西方学者鲜有提及中国人关于中国文字系统的观点,就好像中国人的观点不存在一样。我们很难推测其中缘由,但说其与汉学主义的原则有些许瓜葛则不为过:中国人的观点并不重要;判断一个观点正确与否的最终标准在于基于西方语言材料而推演出来的概念框架。这或者可以解释有关汉语语言的所有喧嚣与争论。

另一个原因则是深深植根于汉学主义内在逻辑的一个方面,这与中国知识生产中的人力资源因素有关。诺姆·乔姆斯基曾经提出了著名的语言习得机制(Language Acquisition Device)的概念,这一概念形成了本土语言理论的核心。根据这一理论,人类生来就具有习得语言的“先天设备”。虽然乔姆斯基逐渐放弃了这一想法,转而支持参数设置的语言习得模型,但是坚信临界期假说的语言学家们认为,在达到一定年龄后语言习得机制将不可用,而且一个人要完全掌握一门外语或者形成一种母语般的语感是永远不可能的。[82] 这一理论可为这种争论提供一种全新的理解视角。像中国学者那样生来就学习汉语的西方汉学家极少,能够像中国人一样对汉语形成语感,达到母语水平的西方汉学家就少之又少了。正如一个对英语没有母语语感的中国学者不能完全理解英语语音的细微之处一样,非本土的汉学家也无法充分体会汉字中象形的价值。因为西方汉学家是生长在语音文字的 215
环境中的,他们有意无意地从语音中心或语言中心的角度来理解中国汉字也很正常。我们可以将高本汉对理解古汉语语音所作出的巨大贡献归功于很多因素,但是我们不得不说,这与他的语音文字的背景以及语音中心主义的背景有很大关系。尽管德里达对语音中心主义

82 Eric Heinz Lenneberg, *Biological Foundations of Language*, New York: John Wiley & Sons, 1967, p. 180.

持批判态度,但在本研究中,语音中心主义并不是一个贬义词。笔者也反对将中国文字在中国文化中处于中心地位视为一种拜物教。中国语言和欧洲语言都有其各自的历史源起和演变,也都有其各自的性质和特点。所谓东方主义抑或西方主义与字母语言或字符语言本不相干,只有当有人将源于字母语言的理论套用到字符语言上时,汉学主义才会产生,反之亦然。

在研究文字在无意识中的作用时,雅克·拉康用一则趣闻阐释了他对索绪尔符号观念的重新构思。一对兄妹乘坐火车,他们面对面地坐在窗边。当火车到达一个火车站时,停靠的站台边正好有一个洗手间。透过火车车窗,男孩看到了女洗手间的标识,于是说,“我们在女洗手间”。但是女孩看到了男洗手间的标识,便反驳道,“白痴! 你没看见我们在男洗手间?!”这则寓言般的趣闻向我们揭示了一个深奥的道理,不仅涉及能指与所指之间的关系,还涉及在不同性别、种族和文化背景下理解他者的困难。正如雅克·拉康所言,

> 对这两个孩子而言,男女洗手间将是两个国度,他们的灵魂将张开各自的翅膀奋力飞向各自的国度。这两个国家要休战基本上是不可能的,因为他们实际上是一个国家,在没有削减他方荣耀的情况下,任何一方都不会对其自身的优势作出妥协。[83]

这也许能够解释关于汉字本质的争论以及无法找到令双方都满意的答案的原因。但是,一旦我们自觉地意识到了这个认识论陷阱,我们就已经踏上了找到走出中国语言话语之争出路的正确道路。

83　Lacan, *Écrits: A Selection*, translated by Alan Sheridan, New York: Norton, 1977, p. 152.

结论

一个自觉反思的理论

汉学主义是异化的知识

人类所有的知识本质上都具有假想臆测性，只是程度不同而已；知识是人类在面对具体历史文化情境中所出现的特定需求时运用创造性想象生产出来的东西。[1] 作为人类想象力的知性产品，知识在本质上无一例外都具有主观性。在现代中国被带入全球资本主义体系之后，汉学和中国研究的主观性特征愈加明显。在跨国资本主导的全球化语境下，中西研究中有关中国的知识和学术呈现出知性商品化的趋势，知识的商品化使中国知识极大地偏离了其本来目的。然而，这一领域的学者们并没有自觉认识到其学术研究的主观性，这导致了汉学主义和汉学主义化的产生。汉学主义和汉学主义化作为知性商品都偏离了汉学，都不是真正的汉学和中国学。笔者认为，它们是汉学、中国知识和知识生产的异化。因此，广而言之，汉学主义是知识的异化；具体而言，汉学主义是汉学和中西研究的异化。

1　这样的观点在爱因斯坦的相对论、海森堡的测不准原理、卡尔·波普的证伪说以及托马斯·库恩的范式理论之后已逐渐成为广为接受的常识。

汉学主义何以成为异化的知识呢？这得从异化的根源谈起。雷蒙德·威廉斯认为，“异化是语言中极为晦涩难懂的一个词语”，有多重的内涵和外延。在知性思想中，一般意义上的异化指“人类与其原初本性之间被割裂、疏离的过程”[2]，“人类创造了世界，而世界视人类为陌路人和敌对者；人类给了世界力量，而这种力量反过来控制了人类。”[3]笔者沿袭黑格尔、费尔巴哈和马克思的思想路线，将汉学主义重新定义为异化的知识。在黑格尔有关文化异化的理论中，人类的行为创造了文化，而文化成了与人类敌对的异己力量。[4] 在费尔巴哈有关宗教异化的理论中[5]，人类创造了神这一概念，而这一概念转化成了一种异化力量，使人类对神顶礼膜拜，并由此控制了人类。马克思受到黑格尔和费尔巴哈的影响，也提出了自己的有关劳动异化的理论：

> 人类通过创造世界创造了自己；但在阶级社会中，人的
> 217 这一本质特征被异化。劳动分工、私有财产和资本主义生产
> 方式都是这一异化的具体形式。在这种异化中，工人同时失
> 去了自己的劳动成果和对自己生产活动的感知，资本随之剥
> 夺了这两种东西。[6]

在《1844年经济学哲学手稿》中，马克思论述了什么不是异化和私有劳动与资本主义商品生产模式何以导致异化产生的问题：

> 我们重新审视一下我们假设中的不同元素：我的工作应

---

2 Raymond Williams, *Keywords: A Vocabulary of Culture and Society*, Oxford: Oxford University Press, 1983, p. 34.

3 Williams, *Keywords*, p. 35.

4 G. W. F. Hegel, "The World of Self-alienated Spirit", *Phenomenology of Spirit*, trans. A. V. Miller, Oxford: Oxford University Press, 1977, pp. 297-302.

5 Ludwig Feuerbach, *The Essence of Christianity* (1841), New York: Prometheus Books, 1989.

6 Raymond Williams, *Keywords: A Vocabulary of Culture and Society*, p. 35.

> 当是对生命的自由体现,因而是一种对生命的享受。但如假定我的工作是一种私有财产,那么它就成了一种对生命的异化,因为我之所以工作是因为我要生活,工作成了我的谋生手段。因而我的工作并不是我的生活。[7]

在黑格尔、费尔巴哈和马克思看来,异化在本质上是一种自我的异化,被异化就意味着与自身本质和工作的分离。

笔者认为汉学主义是一种异化的知性产品,这一观点在根本上与马克思关于劳动异化和商品崇拜的思想密切相关。在劳动中,工作的本来目的是生产产品以满足人类需求,让人类过上更为富足的生活。但因为谋取利润是资本主义生产模式的唯一目标,人类的原初目的被置于脑后,生产出来的产品也只有市场才能加以控制。与此类似的是,汉学和中国学的本意是要生产有关中国的学术和知识,目的是提供信息和用于教育,让人们了解认识中国和中国文化。但是出于各种各样政治、意识形态、族群和学术的原因,有关中国的知识和学术变成了与本意相去甚远的知性商品。而且,生产的知识和学术总是与生产者的本意相悖或相异。

马克思认为,异化源于资本主义。笔者认为,汉学开始偏离知识生产的本意并走向汉学主义,与资本主义生产模式开始寻求拓展全球市场、并使一切事物商品化这两种现象大致同时发生。这并非巧合。马克思认为,恢复真正的人与劳动的关系可以解决异化问题;如果人们视工作为一种表达人性和实现潜能的途径,异化问题就会得到解决。同样,汉学主义作为一种汉学和中西研究的异化形式,也蕴含了使中国知识生产和学术研究回归真正知识和学术的健康状态的可能。

笔者对汉学主义的研究基本上是一种探讨中西研究中知识异化的文化批评。黑格尔、费尔巴哈和马克思认为,人类文化史有异化的

---

7 Marx, "Comments on James Mill's *Elements of Political Economy*", in Jon Elster, ed., *Karl Marx: A Reader*, New York: Cambridge University Press, 1986, pp. 31 - 35.

显性特征,而异化在本质上主要是无意识的。与此相似,汉学主义的
218 内在逻辑在两大方面是无意识的:其一,汉学主义问题超出了我们的意识。很少有从事汉学和中国研究的学者认识到,他们受控于一种操纵他们学术研究的认识论和方法论的无意识动力。其二,即便我们清楚地认识到在各种问题现象中汉学主义的存在,我们也出于族群、政治和学术种种原因,刻意回避或否认这一问题的存在,因为谁也不愿承认自己在套用西方中心主义的文化理论和模式进行认识论和方法论的殖民化。充满悖论意味的一点是,中西研究中的误解、谬见和歪曲通常都是学者们在没有意识到自身的偏见、歧视和误解的情况下的自觉行为。笔者在已经发表的研究中做过大量的个案研究分析。根据那些个案研究,汉学主义的内在逻辑作为一种文化无意识的形式既是有意识的又是无意识的。其表征是有意识的,而其动机却是无意识的。就像一种心理病症一样,汉学主义在本质上是各种相互冲突对立的动机、欲望、原因、原理和目标妥协整合的结果。杜绝其现象相对容易,而要根除其深层病因则较难。

作为一种异化了的知识,汉学主义阻碍了中西研究中科学、客观和可靠的知识和学术的生产,并影响了跨文化研究中健康的和有意义的交流与对话。我们必须跨越这一障碍。但是,怎样才能做到呢?汉学主义受控于一种文化无意识的内在逻辑。在精神分析中,通过特殊的治疗程序,无意识可被转化为有意识。由于汉学主义的内在逻辑是文化无意识,因此解决这一问题的最有效办法就是采用一种类似于精神分析的策略,精神分析的依据是使无意识的欲望和恐惧、害怕和焦虑、压抑和强迫症转化为有意识的原理。笔者所做的研究就是围绕这一中心目标。那些分析主要聚焦于如何认识文化无意识的内在逻辑,以及批评不同学术领域中形形色色的汉学主义现象。在本章中,笔者打算更加深入地思考汉学主义,并就汉学主义的发展方向和我们该如何使异化了的汉学主义转变为知识生产中的健康和创造性的能量提出粗浅的见解。

将无意识文化转化为有意识文化

归根结底,汉学主义是一种无意识文化,其根基是使知识和学术生产异化的文化无意识逻辑。要消除汉学主义的异化现象,首先需要发起去汉学主义化和去意识形态化,并就如何使文化无意识转向文化有意识及如何使汉学主义从一种解构性理论转化为一种建构性学术批评理论进行批判性思考。要实现去汉学主义化,第一步就是充分认识汉学主义化的后果。笔者已探讨了汉学主义化的各种现象,但并未对这个概念进行准确定义。笔者在这里将尝试做出定义。汉学主义化是一种未经明言但心照不宣的观察、研究中国的方法的体制化,这种方法以西方认识论视角观察中国并拒绝或不愿根据中国自身情况 219
认识中国;这种方式根据西方方法论研究中国材料并生产有关中国文明的知识。西方方法论往往无视中国现实并简约包罗万象的中华文明,使之能被纳入以西方模式为蓝本的简单化发展模式。汉学主义化在中国文化和社会的各个方面都产生了严重后果。

作为一个文学和文化学者,笔者的研究主要围绕文学、语言、思想和其他人文学科领域中的汉学主义。因为汉学主义的逻辑是一种文化无意识,这种无意识已经渗入人们的意识深处,几乎存在于学术研究和知识生产的各个领域。因此,对汉学主义的研究将来应当拓展到社会和自然科学的其他领域。这些领域中的汉学主义现象几乎无人关注。把汉学主义的理念引入这些领域的研究定会带来全新的发现和洞见,并将启发我们跨越汉学主义。抵制汉学主义化就是有意识地抵制观察中国和研究中国材料时所用的汉学主义方法的体制化。这涉及两大方面:一方面与中国学者相关,另一方面与非中国学者相关。对于中国学者而言,去汉学主义化就是要认识到汉学主义学术研究方法的缺陷与不足;认识到西方概念和概念化结果的范围和局限;克服对西方理论的盲目崇拜;也要有意识地拒绝使用在特定的西方文化中产生的模式和方法论进行学术研究的知性习惯。归根结底,这是一次让思想从西方的感知、概念和抽象的禁锢中解脱出来的知性解放过程;在精神上恢复对自我能力和创造力的信心,重新燃起追求原创的热情。对于非中国学者而言,去汉学主义化意味着要清醒认识自己观察中国时所用视角不可避免的主观性,敏锐地注意以西方模式研究中国学术的问题,并尽可能地以客观和科学的方法生产中国知识和进行中国研究。

有人或许会说,笔者关于知识去意识形态和去政治化的想法是不切实际的空想。毕竟,特里·伊格尔顿、詹明信和其他很多理论家都令人信服地证明,一切批评都是政治批评,一切知识都有意识形态性。[8] 然而,这是否意味着呼吁非政治性的中国知识生产就不切实际呢?笔者认为并非如此。本人认为,恰恰是因为政治影响的无所不在,知识生产的去政治化才显得如此重要。在很大程度上,去汉学主义化的成功取决于知识和学术的去政治化。

学术和知识生产的去政治化意图是区分汉学主义观念和东方主
220 义及西方主义的一个根本性问题。虽然在学术研究中彻底撇开政治并不完全可能,我们仍需努力实现纯粹客观的学术生产,并将为知识而生产知识作为理想,而不是生产顺应意识形态要求的异化知识。同样,我们虽不能彻底清除学术研究中的政治影响,但我们应尽可能使学术去政治化,并倡导为学术而学术的理念。接近这一理想的一条可行途径就是知识生产和学术研究的阐释学方法,这一方法基于这样一种认识:中国是一部大书,需要反复研读并予以全新的阐释。

汉学主义向何处去?

汉学主义在很大程度上是一个全新的概念范畴,其研究尚未形成一个完整的体系。本人的研究只是做了尝试性的初步探讨。那么,将来的汉学主义研究应当走向何处呢?首先,我们要继续探讨汉学主义的兴

8　Terry Eagleton, *Literary Theory: An Introduction*, Oxford: Blackwell, 1983, pp. 194-217; Fredric Jameson, *The Political Unconscious: Narrative as Socially Symbolic Act*, Ithaca and New York: Cornell University Press, 1981, pp. 17-23.

起、根源、历史演变、特征、现状及其内在逻辑，并将这一研究延伸到人文社会科学之外的领域。本人研究目前仅聚焦于语言、文学、思想和文化。将来要拓展研究领域，进一步涵盖政治、经济、外交、医学、社会、科技和自然科学，以及其他与中国知识生产和跨文化研究直接相关的一些领域。

其次，汉学主义的研究不应仅仅局限在揭示对中国的偏见和歧视、纠正对中国文明的歪曲和讹传、辩驳对中国资料的误识和误读这些目标上，当然，这些都是汉学主义分析研究过程中的必要目标。我们研究的一个重大取向应是在问题表象之后和之下找出这些现象所以产生的动机、精神框架、态度以及原理。换句话说，一个更重要的目标是揭示导致这些中西研究中学术问题产生的内在逻辑。用概念性的语言来说，汉学主义研究的基本目标是探究"汉学主义"这一标题之下形形色色现象的认识论和方法论根源。

再次，我们应当帮助人们提高对汉学主义知识生产中的陷阱的认识，并说明汉学主义的知识生产在全球化语境下的严重后果，如阻碍跨文化交流、导致认知惰性、致使非西方民族的原创性萎缩等，类似的后果还有很多。汉学主义理论应有助于厘清在汉学和中西研究中应用萨义德的东方主义理论所引起的学术问题。

最后一点同样重要，因为汉学主义理论首先关注的是知识和学术，汉学主义的批评应当提出一种中西研究的新范式，应当能促使我
们思考世界范围内全球化语境下中国知识生产的现状、问题和将来的 221
进步。具体而言，汉学主义理论应反思基于西方中心主义理论和科学主义目的论的现有范式和方法，并发起一场中国研究现有范式的可行转变，使其从西方中心主义的模式和伪科学目的论走向真正科学的中国知识生产的道路。汉学主义研究的终极目标是鼓励和促进客观的中国知识生产，使其远离歧视、偏见、主观态度以及任何形式的政治影响。这一目标似有乌托邦之嫌，因为人们普遍接受的观点是：知识是建构的产物，而真理，即便是自然科学的真理，也难逃主观性的嫌疑。尽管如此，笔者仍愿坚持认为，虽然没有绝对客观的知识，但有相对客观的知识，而且力求知识的客观性总是一种值得追求的目标。

在非学术领域，汉学主义是一种知性商品，由各行各业的西方人、中国人还有其他人生产，用以满足世界不同国家和地区对中国知识的需求。欲想使一件商品满足市场需求，就要对其内容、样式、质量和包装进行修饰和改进。同样，汉学主义作为一种知性商品也根据不同历史阶段和不同地理环境的需求而发生改变。在历史上，为了满足欧洲人对浪漫主义异国情调的追求，中国就成了马可波罗笔下大汗帝国的浪漫图景；为了对抗欧洲专制的政治制度，中国就成了莱布尼茨和伏尔泰眼中圣贤明君统治下的理想王国；为了说明欧洲历史的不断进步，中国就成了黑格尔和赫尔德笔下木乃伊般僵死的文明；为了冷战的需要，现代中国曾被描绘成如“黄祸”一样面目狰狞的赤色中国。近二十年来，为了适应全球化的需要和跨国资本的扩张，当今中国又有了两幅截然不同的面孔：一方面是跨国资本赞成接纳中国的一翼，把中国塑造成全球化的先锋和动力；另一方面是跨国资本排斥中国的一翼，把中国描绘成正在步老牌帝国主义后尘的新殖民主义，甚至是新帝国主义。有关中国知识的知性商品包装常变，但在其核心运作的内在逻辑不变，那就是西方中心主义的知性消费主义的逻辑。

我们如何才能摆脱无所不在的知性消费主义呢？笔者已将汉学主义重新定义为汉学和知识生产的异化形式。这一定义蕴含了走出作为异化知性商品的汉学主义以及恢复汉学和知识本来目的和功能的思考。但我们如何才能克服汉学主义的异化现象呢？一条可行的途径是脱离汉学主义思考的常规道路，并就如何从一种真正学术性的视角进行中西研究做出认识论和方法论的思考。汉学主义作为一种批评理论势必与东方主义和后殖民主义有重叠之处，但如笔者此前所述，它们之间有一些显著的不同。东方主义在批评西方帝国主义和殖民主义方面有其优势，但极少涉及被殖民者在东方主义创立中的作
222 用。后殖民主义稍微弥补了这一缺陷，但仍是一种意识形态主导下的政治批评。在笔者看来，汉学主义理论不应成为一种意识形态批评的理论，而应努力成为一种批判思考如何在政治和意识形态影响相对较少的条件下进行学术研究和知识生产的理论。例如，中西方从事中西研究的

学者可以先批判分析自马可·波罗时代以来所生产的中国知识中的问题,以及中国人自己对待中国文明的观点、态度、评价中的问题,然后对其研究的指导原则、方法论、概念范式和研究成果进行自觉的反思,这样就可望找到更科学、客观、公正的中国学术研究方法,也可以对中国学术研究去殖民化、去政治化和去意识形态化的问题得到启发和灵感。

自觉反思的批评理论

汉学主义的意识形态不仅阻碍了中西方学者对中国的认知和表述,也阻碍了对西方的认知和表述。它反过来蒙蔽了西方和非西方人对自己文化的认识和理解,原因是,对自身文化的正确理解有赖于其他文化所提供的镜像。因此,西方人和非西方人一样都亟需进行自觉反思。中国人同样需要做到这一点才能理解自身的文化。因为汉学主义已经渗透到了中国学术界的各个层次和社会生活的方方面面,对中国社会的健康发展已然构成了威胁。20 世纪 70 年代改革开放初期,西方思想和学术大量涌入中国,使中国学术界的思想解放成为可能,但同时强化了以知性殖民为中心的文化无意识,也强化了中国人思想中的认识论和方法论惰性,并使其学术创造性和原创性萎缩加剧。目前中国学术的繁荣靠的是引入、模仿、复制和重复,这已是不争的事实。众多学者对中国学术界原创性和创造性的低下感到痛心疾首。几乎所有的学术领域都满足于对西方学术成果的低层次复制。人文社会科学领域尤其如此。在中国的人文社科领域,引入流行的西方理论已成了获取声望荣誉、走上成功之道的不二法门。中国人创造的“山寨”[9]一词形象生动地反映了学术现状和社会心态——无意创新,满足于搬用。令人十分不安的是,“山寨”一词自问世以来,逐渐失去其本来的贬义,似乎已成为一个中性词。这从语言角度证实了笔者

9 山寨一词起初被用以指称假冒伪劣商品。现在用作名词时意为“盗版”,用作形容词时为“假冒的”,用作动词时为“造假”,等等。

所发现的认识论和方法论的惰性问题，而这种惰性在自然科学和科技
领域同样泛滥，在大部分科技领域，中国学者极少有原创性的研究和
成就。只有在那些没有西方模式和范本可以“山寨”的领域，中国学者
才做出了令世人钦佩的原创性和创造性工作。中国社会有着浓厚的
223 诺贝尔奖情节，但我们可以肯定地说，汉学主义心态一日不除，中国科
技界就无望获得诺贝尔奖的桂冠，因为汉学主义的思考方式是原创性
的天敌，无论“山寨”出来的东西多么优秀，没有哪个科技大奖会授予杰
出的“山寨家”或山寨大师的。中国学界亟需改革开放以来的第二次思
想解放。汉学主义的批评理论及其思考范式将有助于实现这一解放。

换个角度来看，具体而言，汉学主义对中西之间富有成效的对话造成障碍，广而言之，则对不同文化间的文化交流设置了障碍。汉学主义化对第三世界文化具有更大的毁灭性，因为它会导致非西方国家和民族的认识论惰性和原创性萎缩。在全球语境中，汉学主义的批评理论有助于全球知性和精神的去殖民化事业。它会帮助第三世界国家的人们认识到“精神殖民”和“自我殖民”的严重后果、克服知性和学术惰性，并带来学术和文化领域中的原创性和创造性成果。最重要的是，它有助于消除汉学、中国知识和跨文化研究知识生产中的异化现象。

中西研究和跨文化研究中汉学主义的核心问题是文化无意识，这是由对族群、民族、国家之间和文化之间差异的错误认识以及意识形态干预所引起的。詹明信在对政治无意识的研究中说：“新弗洛伊德主义者怀念一种**治愈**的最终时刻，在这一刻，无意识本身的动态运行进入了光天化日和有意识境地，并被进一步以某种方式整合成为关于我们自身的清晰认识，并决定我们的欲望和行为。这种想法是一种神话。”他又说：“马克思的意识形态分析，即预见有这样的时刻，个人主体通过某种方式会完全意识到自己是由阶级所决定的，并能通过纯粹而又清晰的思辨完成意识形态决定所不能做的事，”这也是一种幻觉。[10] 笔者认同政治在所有话语中无处不在的说法，但无法认同纯粹

10 Jameson, *The Political Unconscious: Narrative as a Socially Symbolic Act*, p. 283.

的知识和学术生产无路可走的观点。谨以一例来说明原因。斯皮瓦克有一篇著名的文章《属下能说话吗?》,文中作者对“知识分子本身可能共谋将他者塑造成自我的阴影”[11]的问题表示关切。斯皮瓦克以英帝国宣布“萨蒂”(Sati)(印度寡妇殉夫的习俗)为非法的案例来说明这一问题。英国人的干预确有值得称道的人道主义目的,但这样做也强化了对英国“文明”和印度“野蛮”之间差异对比的认识,从而为英国人的殖民统治和吉卜林那声名远播或臭名昭著的说法,即白种人有教化被殖民民族的责任——找到了借口。因为在殖民史中,印度文化被视为非法,并因英国人的干涉而走向地下。斯皮瓦克担心当今的 224
知识分子在为被压迫者代言的时候会犯类似的错误,即居高临下地俯视那些被殖民者。在此,笔者要联系到中国一个类似的历史事件。缠足是前现代时期男性主宰的父权社会强加在中国女性身上的一种摧残性习俗。由于中国人和西方传教士的共同努力,这一习俗最终被废除。反对缠足的运动是中国人发起的,但是受到了西方思想的启示,西方传教士也在其中起到了重要的作用。西方传教士支持这一运动,是因为在他们看来裹脚不符合基督教信仰。虽然他们的立场带有明显的西方中心主义信仰的特点,但因为传教士们没有将这一行为视为显示西方文化的优越性和东方文化的拙劣性的事例,人们极少用看待英国人取缔“萨蒂”的方式看待他们的干预。英国人的人道主义干预引发了负面效应,恰恰是因为他们借人道主义手段强化对印度的政治统治。如果英国人取缔“萨蒂”的行为没有受到政治动机的玷污,那将是非常值得称颂的人道主义。

最近,一位朋友读了笔者发表在中国一些学刊上的有关汉学主义的文章,跟笔者进行了深入的探讨。他认为笔者对汉学主义的分析没有问题,但质疑笔者对学术和知识去政治化和去意识形态化的倡导。他提出了这样一个问题:如果一种学术研究的本质和功能都是意识形态性的,你如何能进行纯学术研究?他还举了中国的马克思主义研究

11　Gayatri C. Spivak,“Can the Subaltern Speak?”引自 *The Norton Anthology of Theory and Criticism*,New York:Norton,2010,p. 2114。

为例。笔者的回答是:马克思主义在中国的确是一种意识形态,且是一种主导性意识形态,但这并不意味着我们无法从非政治、非意识形态的角度来研究马克思主义。笔者承认,没有绝对不受意识形态影响的学术研究,但有相对纯粹的学术研究。萨义德在反驳对他东方主义的质疑时否认了伯纳德·刘易斯认为他"违背了纯粹学术研究这一概念本身"[12]的指责。虽然他们两人争论中所持的政治立场截然相反,但有一点他们事实上是认同的:纯粹学术研究是存在的。他们基本认同希腊文化研究就是纯粹学术的典范。[13] 笔者坚定地认为有纯学术研究,有相对中立、客观和无偏见的知识生产方式。

笔者的整个研究表明,汉学主义是一种以文化无意识为逻辑的无意识文化。因为文化无意识深深隐藏于中西研究之中,汉学主义不会是一种短期现象。认识汉学主义的逻辑和原理是跨越汉学主义的第一步,而要使其彻底消失则需创造一种真正人本主义的而非族群中心主义的心态,这一心态应根据我们的共同人性,建立在对不同文化的理解和对事实、真理、平等和知性完满的无偏见的崇敬之上。一旦摆脱了汉学主义的无意识逻辑,跨文化研究将不再依赖西方理论作为普世范式,但西方理论仍可被用为参考框架来研究非西方文化和社会的
225 历史情况,我们将会有真正科学、客观的方法来研究非西方材料,我们将会拥有无偏见的非西方文化知识。在中西研究领域,只要我们充分认识汉学主义的逻辑,并提防其在知识和学术中的出现,我们终将迎来一个"黄金时代",那个时候,中国和其他文化的研究将是为了知识本身而研究;将不再受到殖民主义、西方中心主义、族群中心主义和其他任何政治意识形态使命的影响。人们将真正理解欣赏其他文化和传统,这将促进世界和平与和谐以及全球化的健康发展。汉学主义的理论是如此构思并以此作为追求的最终目标,因而并不是一种意识形态批判理论,而是一种自觉反思的批评理论。

---

12 Edward Said,"Afterword" to *Orientalism*, London: Penguin Book, 1995, p. 342.

13 参见 Said,"Afterword"(1995), pp. 342-344。

参考文献

说明：本参考文献仅收录本书引用的著作，由于版面限制，没有包括著者做研究期间查询的若干著述。

Adams, Michael Vannoy, *The Multicultural Imagination: "Race", Color, and the Unconscious*, London and New York: Routledge, 1996.

Adams, Michael Vannoy, *The Mythological Unconscious*, New York and London: Karnac, 2001.

Ahmad, Aijaz, *In Theory: Classes, Nations, Literatures*, London: Verso Books, 1994.

al-'Azm, Sadik Jalal, "Orientalism and Orientalism in Reverse" in *Khamsin*, 8, 1981, pp. 5–26.

Althusser, Louis "From 'Ideology and Ideological State Apparatuses'" in Vincent B. Leitch, William E. Cain, Laurie A. Finke, Barbara E. Johnson, John P. McGowan, and Jeffrey L. Williams (eds.), *Norton Anthology of Theory and Criticism*, New York and London: W. W. Norton & Company, 2001, pp. 1483–1509.

Ang, Ien, *On Not Speaking Chinese: Living between Asia and the West*, London and New York: Routledge, 2001.

Aristotle, "Poetics, IV" in Hazard Adams and Leroy Searle (eds.), *Critical Theory since Plato*, Boston: Thomson/Wadsworth, 2005, pp. 48–66.

Armstrong, Jennifer F., "The Cultural Unconscious." Online. Available at: http://unsane-safe.blogspot.com/2005/12/cultural-unconscious.html, December 29, 2005 (accessed February 18, 2011).

Arnold, Matthew, *Culture and Anarchy: An Essay in Political and Social Criticism*, Cambridge: Cambridge University Press, 1969.

Arnold, Matthew, "The Function of Criticism at the Present Time" in Vincent B. Leitch, William E. Cain, Laurie A. Finke, Barbara E. Johnson, John P. McGowan, and Jeffrey L. Williams (eds.), *Norton Anthology of Theory and Criticism*, New York and London: W. W. Norton & Company, 2001, pp. 806–25.

Audi, Robert (ed.), *The Cambridge Dictionary of Philosophy*, Cambridge: Cambridge University Press, 1995.

Bagley, Robert, "Review of *Monumentality in Early Chinese Art and Architecture* by Wu Hung" in *Harvard Journal of Asiatic Studies*, 58:1, 1998, pp. 221–56.

Balachandran, Sanchita, "Object Lessons: The Politics of Preservation and Museum Building in Western China in the Early Twentieth Century" in *International Journal of Cultural Property*, 14:1, 2007, pp. 1–32.

Barboza, David, "Contrarian Investor Sees Economic Crash in China" in *New York Times*, January 7, 2010.

Barker, Francis *et al.* (eds.), *Literature, Politics and Theory: Papers from the Essex Conference 1976–84*, London and New York: Methuen, 1986.
Bendix, Reinhard, *Max Weber: An Intellectual Portrait*, New York: Doubleday, 1960.
Berger, Peter L., *The Capitalist Revolution: Fifty Propositions about Prosperity, Equality and Liberty*, New York: Basic Books, 1986.
Berger, Peter L. and Hsin-Huang Michael Hsiao (eds.), *In Search of an East Asian Development Model*, New Brunswick, NJ: Transaction Books, 1988.
Bhabha, Homi, *The Location of Culture*, London: Routledge, 1994.
Bhagwati, Jagdish, *In Defense of Globalization*, Oxford and New York: Oxford University Press, 2004.
Birch, Cyril, Foreword to Plaks Andrew (ed.), *Chinese Narrative: Critical and Theoretical Essays*, Princeton: Princeton University Press, 1977, pp. ix–xii.
Bishop, John, "Some Limitations of Chinese Fiction" in John Bishop (ed.), *Studies in Chinese Literature*, Cambridge: Harvard University Press, 1966, pp. 237–47.
Bloomfield, Leonard, *Language*, Chicago: University of Chicago Press, 1984.
Bonnett, Alastair, *The Idea of the West: Culture, Politics and History*, New York: Palgrave Macmillan, 2004.
Boodberg, Peter, "Some Proleptical Remarks on the Evolution of Archaic Chinese" in *Harvard Journal of Asiatic Studies*, 2, 1937, pp. 329–72.
Borges, Jorge Luis, "The Analytical Language of John Wilkins" in *Other Inquisitions, 1937–1952*, Austin: University of Texas Press, 1964, pp. 101–5.
Boys-Stones, George; Barbara Graziosi; Phiroze Vasunia (eds.), *The Oxford Handbook of Hellenic Studies*, Oxford: Oxford University Press, 2009.
Brown, Lester R., *Who Will Feed China: Wake-up Call for a Small Planet*, Washington DC: Worldwatch Institute, 1995.
Buck, David D., "'Editor's Introduction' to 'Forum on Universalism and Relativism in Asian Studies'" in *Journal of Asian Studies*, 50:1, 1991, pp. 29–34.
Buruma, Ian and Avishai Margalit, *Occidentalism: The West in the Eyes of Its Enemies*, New York: Penguin Press, 2004.
Butler, Rohan d'Olier, *The Roots of National Socialism, 1783–1933*, New York: AMS Press, 1985.
Cao, Shunqing (ed.), *Bijiao wenxue bao* (Newsprint of Comparative Literature), December 15, 2005.
Carstens, Sharon A., *Histories, Cultures, Identities: Studies in Malaysian Chinese Worlds*, Singapore: Singapore University Press, 2005.
Chan, Adrian, *Orientalism in Sinology*, Palo Alto, CA.: Academica Press, LLC, 2009.
Chang, Gordon G., *The Coming Collapse of China*, New York: Random House, 2001.
Chang, Gordon G., "China: The World's Next Great Economic Crash" in *The Christian Science Monitor*, January 21, 2010.
Chang, K. C., *The Archaeology of Ancient China*, New Haven, Conn.: Yale University Press, 1987.
Chaves, Jonathan, "Forum: From the 1990 AAS Roundtable" in *Chinese Literature: Essays, Articles, Reviews*, 13, 1991, pp. 77–82.
Chen, Liangyun, *Zhongguo shixue tixi lun* (The Chinese System of Poetics), Beijing: Zhongguo shehui kexue chubanshe, 1992.
Chen, Xiaomei, *Occidentalism: A Theory of Counter-Discourse in Post Mao China*, Lanham, MD: Rowman and Littlefield, 2002.
Chen, Yinke, "Tianshi Dao yu binghai diyu zhi guanxi (Heavenly Master's Dao and Its

Relation to the Coastal Areas" in *Jinmingguan conggao chubian* (Preliminary Collection of Papers of Jinming Studio), Beijing: Sanlian shudian, 2001, pp. 1–46.
Ching, Julia and Willard Oxtoby (eds.), *Discovering China: European Interpretations in the Enlightenment*, Rochester: University of Rochester Press, 1992.
Chow, Rey, *Women and Chinese Modernity: The Politics of Reading between West and East*, Minneapolis: University of Minnesota Press, 1991.
Chow, Rey, *Writing Diaspora: Tactics of Intervention in Contemporary Cultural Studies*, Bloomington: Indiana University Press, 1993.
Chow, Rey, "On Chinese as a Theoretical Problem" in Rey Chow (ed.), *Modern Chinese Literary and Cultural Studies in the Age of Theory: Reimagining a Field*, Durham and London: Duke University Press, 2001, pp. 1–25.
Chow, Rey (ed.), *Modern Chinese Literary and Cultural Studies in the Age of Theory: Reimagining a Field.* Durham and London: Duke University Press, 2001.
Chun, Allen, "Fuck Chineseness: On the Ambiguity of Ethnicity as Culture as Identity" in *Boundary*, 23:2, 1998, pp. 111–38.
Cohen, Paul A., *Discovering History in China: American Historical Writing on Recent Chinese Past*, New York: Columbia University Press, 1984.
Conrad, Peter, "Empire of the Senseless" in *Observer,* February 7, 1993.
Creel, Herrlee Glessner, *Confucius, the Man and the Myth*, New York: John Day Co., 1949.
Creel, Herrlee Glessner, *Chinese Thought from Confucius to Mao Tse-Tung*, Chicago: University of Chicago Press, 1953.
Creel, Herrlee Glessner, "On the Ideographic Element in Ancient Chinese" in *T'oung Pao*, 34, 1938, pp. 265–94.
Creel, Herrlee Glessner, "On the Nature of Chinese Ideograph" in *T'oung Pao*, 32, 1936, pp. 85–161.
Cronin, Vincent, *The Wise Man from the West: Matteo Ricci and His Mission to China*, New edition, London: Harvill Press, 1999.
Cudden, J. A., *A Dictionary of Literary Terms and Literary Theory*, Oxford: Blackwell, 1991.
Cuno, James, *Who Owns Antiquities? Museums and the Battle over Our Ancient Heritages*, Princeton: Princeton University Press, 2008.
Dai, Kaiyuan, "Did the Shang People Migrate to Mid-America? An Interview with Prof. Xu Hui" in *Shijie zhoukan* (The World Weekly), January 7, 2001.
Dawson, Raymond S., *The Chinese Chameleon: An Analysis of European Conceptions of Chinese Civilization*, London and New York: Oxford University Press, 1967.
De Bary, William Theodore and Richard Lufrano (eds.), *Sources of Chinese Tradition*, Volume 2, New York: Columbia University Press, 2000.
Derrida, Jacques, *Of Grammatology*, Baltimore, MD: Johns Hopkins University Press, 1976.
Diaz-Andreu, Margarita and Timothy Champion, "Nationalism and Archaeology in Europe: An Introduction" in Margarita Diaz-Andreu and Timothy Champion (eds.), *Nationalism and Archaeology in Europe: An Introduction*, London: UCL Press, 1996, pp. 1–23.
Dickinson, Galsworthy Lowes, *Letters from John Chinaman and Other Essays*. With an introduction by E. M. Forster. London: George Allen & Unwin, 1946.
Dirlik, Arif, "Chinese History and the Question of Orientalism" in *History and Theory* 35:4, 1996, pp. 96–118.
Du, Ping, "Zhongguo 'zhengzhi biaoshu' de shuofu li" (The Persuasive Power of China's

'Political Statement') in *Lianhe zaobao* (United Morning News), June 6, 2009. Online. Available at: www.zaobao.com/special/forum/pages7/forum_zp090606.shtml
Duncan, Carol, "Art Museums and the Ritual of Citizenship" in Ivan Karp Lavine and Steve D. Lavine (eds.), *Exhibiting Cultures: The Poetics and Politics of Museum Display*, Washington, DC: Smithsonian Institution Press, 1991, pp. 88–103.
Dunn, Stephen P., *The Fall and Rise of the Asiatic Mode of Production*, London: Routledge, 1982.
Eagleton, Terry, *Literary Theory: An Introduction*, Oxford: Blackwell, 1983.
Ecknolm, Erik, "In China, Ancient History Kindles Modern Doubts" in *New York Times*, November 10, 2000.
Ehrenberg, Victor, *Aspects of the Ancient World: Essays and Reviews*, New York: Blackwell, 1946.
Ekström, Martin Svensson, "Illusion, Lie, and Metaphor: The Paradox of Divergence in Early Chinese Poetics" in *Poetics Today*, 23:2, 2002, pp. 251–85.
Eliot, T. S., *Selected Essays*, New York: Harcourt, Brace and Co., 1950.
Fairbank, John King, *The United States and China*, New edition, Cambridge, MA: Harvard University Press, 1958.
Falkenhausen, Lothar von, "On the Historiographical Orientation of Chinese Archaeology" in *Antiquity*, 67, 1993, pp. 839–49.
Falkenhausen, Lothar von, "Review of Monumentality in Early Chinese Art and Architecture" in *Early China*, 21, 1996, pp. 183–99.
Fang, Zhouzi, *Criticism of Traditional Chinese Medicine*, Beijing: China Concord Medical University Press, 2007.
Fanon, Frantz, "The Wretched of the Earth" in Vincent B. Leitch, William E. Cain, Laurie A. Finke, Barbara E. Johnson, John P. McGowan, and Jeffrey L. Williams (eds.), *Norton Anthology of Theory and Criticism*, New York: W. W. Norton, 2001, pp. 1578–93.
Fenollosa, Ernest, in Ezra Pound (ed.), *The Chinese Written Character as a Medium for Poetry*, San Francisco: City Lights Books, 1968.
Feuerbach, Ludwig, *The Essence of Christianity* (1841), New York: Prometheus Books, 1989.
Fishman, Ted C., *China, Inc.: How the Rise of the Next Superpower Challenges America and the World*, New York: Scribner, 2005.
Five Thousand Years of Chinese Writing, Part VIII, Beijing: China Science and Culture, Audio-Video Press, 2009. CD-ROM.
Foucault, Michel, *The Order of Things: An Archaeology of the Human Sciences, a Translation of Les Mots Et Les Choses*, New York: Vintage Books, 1973.
Frank, Andre Gunder, *Reorient: Global Economy in the Asian Age*, Berkeley: University of California Press, 1998.
Freud, Sigmund, *Papers on Metapsychology*, Standard edition, 1915.
Freud, Sigmund, "Repression" in Peter Gay (ed.), *The Freud Reader*, New York: Norton, 1989, pp. 568–72.
Fung, Yu-lan and Derk Bodde (ed. and trans.), *A Short History of Chinese Philosophy*, London: Macmillan, 1948.
Gadamer, Hans-Georg, *Truth and Method*, 2nd edition, New York: Continuum, 1999.
Ge, Zhaoguang, *Zhongguo sixiangshi* (History of Chinese Thought), Volume 1, Shanghai: Fudan danxue chubanshe, 2001.
Gellner, Ernest, "The Mightier Pen" in *Times Literary Supplement*, February 19, 1993, pp. 3–4.

Gilbert, Allan H. (ed.), *Literary Criticism: Plato to Dryden*, Detroit: Wayne State University Press, 1962.

Gilley, Bruce, and Zheng Zhou, "China: Nationalism Digging into the Future" in *Far Eastern Economic Review*, July 20, 2000.

Girardot, Norman J., Foreword to Kristofer Schipper, *The Taoist Body* (trans. Karen C. Duval), Berkeley and London: University of California Press, 1982.

Girardot, Norman J., *The Victorian Translation of China: James Legge's Oriental Pilgrimage*, Berkeley and London: University of California Press, 2002.

Graham, Angus Charles, *Yin-Yang and the Nature of Correlative Thinking*, Singapore: Institute of East Asian Philosophies, 1986.

Graham, Angus Charles, *Disputers of the Tao: Philosophical Argument in Ancient China*, La Salle: Open Court, 1989.

Goody, Jack, *The East in the West*, Cambridge: Cambridge University Press, 1996.

Goody, Jack, *The Theft of History*, Cambridge: Cambridge University Press, 2006.

Gran, Peter, "Review of *Orientalism* by Edward Said" in *Journal of the American Oriental Society*, 100:3, 1980, pp. 328–31.

Granet, Marcel, *La Pensée chinoise*, North Stratford, NH: Ayer Co. Pub., 1977.

Gu, Jiegang, "'Preface' to Debates on Ancient History (1926)" in W. T. de Bary and Richard Lufrano (eds.), *Sources of Chinese Tradition*, New York: Columbia University Press, 2000, pp. 364–5.

Gu, Jiegang, "Gushibian zixu" ("Preface" to Debates on Ancient History) in Gu Jiegang (ed.), *Gu shi bian* (Debates on Ancient History), Shanghai: Shanghai guji chubanshe, 1982, pp. 42–3.

Gu, Mingdong, *Chinese Theories of Fiction: A Non-Western Narrative System*, Albany, NY: SUNY Press, 2006.

Gu, Mingdong, "Hanxue yu hanxuezhuyi: Zhongguo yanjiu zhi pipan" (Sinology and Sinologism: A Critique of China Studies) in *Journal of Nanjing University (Philosophy, Humanities, and Social Sciences)*, 1, 2010, pp. 79–97.

Gu, Mingdong, "Hanxuezhuyi: Zhongguo zhishi shengchan zhong de renshilun yishixingtai" (Sinologism: The Epistemological Ideology in China Knowledge Production) in *Wenxue pinglun* (Literary Review), 4, 2010, pp. 87–93.

Gu, Mingdong, "Hanxue, Hanxuezhuyi yu dongfangzhuyi" (Sinology, Sinologism and Orientalsim) in *Xueshu yuekan* (Academic Monthly), 42:1, 2010, pp. 5–13.

Gu, Mingdong, "Hanxuezhuyi: Zhongguo zhishi shengchan de fangfalun zhi pipan" (Sinologism: A Critique of Methodologies in China Knowledge Production) in *Journal of Qinghua University (Philosophy, Humanities, and Social Sciences*), 26:2, 2011, pp. 128–40.

Gu, Mingdong, "Shenme shi hanxuezhuyi? – Tansuo Zhongguo zhishi shengchan de xin fanshi" (What is 'Sinologism': Exploring New Paradigms in China Knowledge Production) in *Journal of Nanjing University (Philosophy, Humanities, and Social Sciences)*, 3, 2011, pp. 112–23.

Guo, Moruo, preface to *Zhongguo gudai shehui yanjiu* (Studies of Ancient Chinese Societies), Beijing: Renmin chubanshe, 1964.

Harbsmeier, Christoph, *Language and Logic in Traditional China* in Joseph Needham (ed.), *Science and Civilization in China*, Volume 7.1, Cambridge (England): Cambridge University Press, 1998.

Hägerdal, Hans, "China and Orientalism" in *IIAS Newsletter*, 10, 1996.

Hall, David L. and Roger T. Ames, *Anticipating China: Thinking through the Narratives of Chinese and Western Culture*, New York, Albany: SUNY Press, 1995.

Hall, Stuart, "New Ethnicities" in James Donald and Ali Rattansi (eds.), *Race, Culture and Difference*, London: Sage Publications, 1992, pp. 252–9.
Hegel, Georg W. F., *The Philosophy of History*, trans. by J. Sibee, New York: Wiley Book Co., 1944.
Hegel, Georg W. F., "The World of Self-Alienated Spirit" in *Phenomenology of Spirit* (trans. by A. V. Miller), Oxford: Oxford University Press, 1977, pp. 297–302.
Heidegger, Martin, "Being and Time: Introduction" in David Farrell Krell (ed.), *Basic Writings*, New York: Harper Collins, 1993, pp. 37–88.
Henderson, J. L., "The Cultural Unconscious" in J. L. Henderson (ed.), *Shadow and Self: Selected Papers in Analytical Psychology*, Wilmette, IL: Chiron Publications, 1990, pp. 103–13.
Herder, Johann Gottfried, *The Outline of a Philosophy of the History of Man*, trans. by T. Churchill, London: Luke Hanfard, 1803.
Hevia, James L., *English Lessons: The Pedagogy of Imperialism in Nineteenth-Century China*, Durham: Duke University Press, 2003.
Hodder, Rupert, *In China's Image: Chinese Self-Perception in Western Thought*, New York: Palgrave Macmillan, 2000.
Hodge, Bob and Kam Louie, *The Politics of Chinese Language and Culture: The Art of Reading Dragons*, London and New York: Routledge, 1998.
Hogan, Parrick C. and Lalita Pandit (eds.), *Literary India: Comparative Studies in Aesthetics, Colonialism, and Culture*, Albany, NY: State University of New York Press, 1995.
Hopkirk, Peter, *Foreign Devils on the Silk Road: The Search for the Lost Cities and Treasures of Chinese Central Asia*, Amherst: The University of Massachusetts Press, 1984.
Hourani, Albert, "The Road to Morocco" in *The New York Review of Books*, March 8, 1979.
Hsia, Adrian, *Chinesia: The European Construction of China in the Literature of the 17th and 18th Centuries*, Tübingen: Max Niemeyer Verlag, 1998.
Hsia, C. T., *A History of Modern Chinese Fiction*, New Haven: Yale University Press, 1961.
Hsia, C. T., "On the Scientific Study of Modern Chinese Literature: A Reply to Professor Průšek" in Leo Ou-fan Lee (ed.), *The Lyrical and the Epic*, 1980, pp. 231–66.
Hsia, C. T., *The Classic Chinese Novel: A Critical Introduction*, New York: Columbia University Press, 1968.
Hu, Shi, *Hu Shi wencun* (Hu Shi's Writings), Volume 3, Taipei: Shijie shuju, 1957.
Huang, Shouqi and Shanwen Zhang (eds.), *Zhouyi yizhu* (The Zhouyi Annotated and Translated), Shanghai: Guji chubanshe, 1989.
Huang, Xingtao, *Wenhua guaijie Gu Hongming* (Gu Hongming: A Cultural Eccentric), Beijing: Zhonghua Book Company, 1995.
Hugo, Victor, "The Sack of the Summer Palace" (A Letter to Captain Butler, November 25, 1861). Reprint from *UNESCO Courier*, November 1985.
Humboldt, Wilhelm von, *Linguistic Variability and Intellectual Development*, trans. by George C. Buck and Frithjof A. Raven, Coral Cables, FL: University of Miami Press, 1971.
Huntington, Samuel P., *Clash of Civilizations and the Remaking of World Order*, New York: Simon & Schuster, 1996.
Huters, Theodore, Introduction to Hui Wang, *The Politics of Imagining Asia*, Cambridge, MA: Harvard University Press, 2011, pp. 1–9.
Irwin, Richard G., *The Evolution of a Chinese Novel: Shui-Hu Chuan*, Cambridge, MA: Harvard University Press, 1953.
Jacoby, Russell, "Marginal Returns: The Trouble with Post-Colonial Theory" in *Lingua Franca*, September–October 1995, pp. 30–7.

Jakobson, Roman, "Closing Statement: Linguistics and Poetics" in T. A. Seboek (ed.), *Style in Language*, Cambridge: MIT Press, 1960.

Jameson, Fredric, *The Political Unconscious: Narrative as a Socially Symbolic Act*, Ithaca and New York: Cornell University Press, 1981.

Jensen, Lionel M., *Manufacturing Confucianism: Chinese Tradition and Universal Civilization*, Durham: Duke University Press, 1997.

Ji, Lei, "Makesi de shehui xingshi lun" (Marx on Societal Form) in *Dushu zazhi* (Journal of Reading), 3:3 and 3:4, 1933, pp. 1–71.

Ji, Jin, "Sinology Abroad: Another Voice – An Interview with David Wang" in *Wenyi lilun yanjiu* (Theoretical Studies of Literature and Art), 5, 2008, pp. 10–17.

Ji, Junxiang, *The Orphan of Chao*, Taiyuan: Shangxi guji chubanshe, 1998.

Jin, Zhong, "A Dark Horse in Literary Circles – Liu Xiaobo's Interview with a Hong Kong News Reporter" in *Jiefang yuebao* (Emancipation Monthly), 12, Hong Kong, 1988.

Jones, David Martin, *The Image of China in Western Social and Political Thought*, New York: Palgrave Macmillan 2001.

Kapp, Robert A. (ed.), "Review Symposium: Edward Said's *Orientalism*" in *Journal of Asian Studies*, 39:3, 1980, pp. 481–517.

Keightley, David N., "Early Civilization in China: Reflections on How It Became Chinese" in Paul S. Ropp (ed.), *Heritage of China*, Berkeley: University of California Press, 1990, pp. 15–54.

Kirland, Russell, *Taoism: The Enduring Tradition*, London: Routledge, 2002.

Krader, Lawrence, *The Asiatic Mode of Production: Sources, Development and Critique in the Writings of Karl Marx*, Assen: Van Gorcum, 1975.

Lacan, Jacques, *Écrits: A Selection*, trans. by Alan Sheridan, New York: Norton, 1977.

Laozi, *Daode Jing* (The Classic of Way and Virtue), annotated by Guo Xiang, Shanghai: Shanghai guji chubanshe, 1995.

Lawrence, D. H., *Psychoanalysis and the Unconscious*, Harmondsworth: Penguin Books, 1974.

Lee, Yun Kuen, "Building the Chronology of Early Chinese History" in *Asian Perspective*, 41.1, 2002, pp. 15–42.

Legros, Dominique, "Chance, Necessity and Mode of Production: A Marxist Critique of Cultural Evolutionism" in *American Anthropologist*, 79:1, 1977, pp. 26–41.

Leibniz, G. W., *Writings on China*, trans. by Daniel J. Cook and Henry Rosemont, Chicago: Open Court, 1994.

Levenson, Joseph R., *Confucian China and Its Modern Fate*, 3 Volumes, Berkeley: University of California Press, 1958.

Levenson, Joseph R., *Liang Ch'i-ch'ao and the Mind of Modern China*, Cambridge, MA: Harvard University Press, 1959.

Lewis, Bernard, "The Question of Orientalism" in *New York Review of Books*, June 24, 1982.

Lewis, Bernard, *Islam and the West*. New York: Oxford University Press, 1993.

Leys, Simon, *The Burning Forest: Essays on Chinese Culture and Politics*, New York: Holt, Rinehart, and Winston, 1985.

Li, Ji, "Duiyu Zhongguo shehui shi lunzhan de gongxian yu pipan" (Contributions to and Critique of the Debates on Chinese Social History) in *Dushu zazhi* (Journal of Reading) 2:2 and 2:3, 1932, pp. 1–150.

Li, Ling, "Xueshu Kesuowa – yichang weirao Wu Hung xinzuo de xueshu taolun" (Academic Kosova: A Scholarly Debate over Wu Hung's New Book) in *Zhongguo xueshu* (Chinese Scholarship), 2, 2000, pp. 202–16.

Li, Ling, “Chinese Studies: A Changing Field of Contention? A Debate on Wu Hung’s Monumentality in Early Chinese Art and Architecture” in Q. S. Tong, Shouren Wang, and Douglas Kerr (eds.), *Critical Zone 1: A Forum of Chinese and Western Knowledge*, Hong Kong: Hong Kong University Press, 2004, pp. 187–97.

Li, Ling, “Da Tian Xiaofei” (A Response to Tian Xiaofei) in *Hezhi keyi: daituxuan dushu ji* (Which Bránch Can I Lean On: Reading Notes Taken in the Rabbit-Waiting Studio), Beijing: Sanlian shudian, 2009, pp. 175–84.

Li, Xueqin, *Zouchu yigu shidai* (Out of the Age of Skepticism about Ancient Literature), Shenyang: Liaoning University Press, 1979.

Li, Xueqin, *Xia Shang Zhou niandaixue zhaji* (Miscellaneous Notes on the Xia Shang Zhou Chronology Study), Shengyang: Liaoning daxue chubanshe, 1999.

Li, Zehou, *Li Zehou zhexue meixue wenxuan* (Selected Writings on Philosophy and Aesthetics by Li Zehou), Changsha: Hunan renmin chubanshe, 1985.

Li, Zehou, “An Outline of the Speech on Practical Aesthetics” in Li Zehou, *Li Zehou jinnian dawen lu* (A Collection of Li Zehou’s Interviews in Recent Years), Tianjin: Tianjin shehui kexue chubanshe, 2006.

Li, Zehou and Jane Cauvel, *Four Essays on Aesthetics: Toward a Global View*, Lenham and New York: Lexington Books, 2006.

Liang, Qi-chao, *Zhongguo lishi yanjiu fa* (Methodologies of Chinese Historical Research), Shanghai: Huadong shida chubanshe, 1995.

Lin, Yusheng, *The Crisis of Chinese Consciousness: Radical Antitraditionalism in the May Fourth Era*, Madison: University of Wisconsin Press, 1979.

Liu, James J. Y., *Chinese Theories of Literature*, Chicago: University of Chicago Press, 1975.

Liu, James J. Y., *Language Paradox and Poetics: A Chinese Perspective*, Princeton: Princeton University Press, 1988.

Liu, Li and Hong Xu, “Rethinking Erlitou: Legend, History and Chinese Archaeology” in *Antiquity*, 81, 2007, pp. 886–901.

Liu, Petrus and Lisa Rofel (eds.), Introduction to *Positions: East Asia Cultures Critique* 18:2, 2010, pp. 281–9.

Liu, Xie, *The Literary Mind and Carving of Dragons*, trans. by Vincent Shih, Taipei: Zhonghua shuju, 1975.

Liu, Xie, *Wenxin diaolong* (Literary Mind and the Carving of Dragons), annotated by Lu Kanru and Mu Shijin, Jinan: Qi Lu shushe, 2009.

Loewe, Michael and Edward Shaughnessy (eds.), *The Cambridge History of Ancient China: From the Origins of Civilizations to 221 BC*, New York: Cambridge University Press, 1999.

Lu, Xun, *Lu Xun quanji* (Complete Works of Lu Xun), Beijing: Renmin wenxue chubanshe, 2005.

Lu, Yan, interview. “Why Does He Zuoxiu Criticize Chinese Medicine?” in *Celebrities Around the World* (Huanqiu renwu), 17, November 31, 2006.

Lyons, Claire L. and John K. Papadopoulos, “Archaeology and Colonialism” in Claire L. Lyons and John K. Papadopoulos (eds.), *The Archaeology of Colonialism*, Los Angeles: Getty Research Institute, 2002, pp. 1–26.

Mackenzie, John M., *Orientalism: History, Theory and the Arts*, Manchester and New York: Manchester University Press, 1995.

Mackerras, Colin, *Western Images of China*, New York: Oxford University Press, 1999.

Mair, Victor H., “The Narrative Revolution in Chinese Literature: Ontological Presuppositions” in *Chinese Literature: Essays, Articles,* Reviews, 5, 1983, pp. 1–27.

Mao, Dun, *Hua xiazi* (Chatterbox), Shanghai: Liangyu dushu gongsi, 1934.
Marrouchi, Mastapha, "Counternarratives, Recoveries, Refusals" in *Boundary*, 25:2, 1998), pp. 205–57.
Marx, Karl, Preface to *A Contribution to the Critique of Political Economy*, New York: International Publishers, 1970.
Marx, Karl, *On Colonialism*, New York: International Publisher, 1972.
Marx, Karl, "Comments on James Mill's Elements of Political Economy" in Jon Elster (ed.), *Karl Marx: A Reader*, New York: Cambridge University Press, 1986, pp. 31–5.
Marx, Karl and Frederick Engels. *German Ideology*, New York: International Publishers, 1970.
Miller, J. Hillis, "The Critic as Host" in *Critical Inquiry*, 3:3, Spring 1977, pp. 439–47.
Miller, J. Hillis, "Reading (about) Modern Chinese Literature in a Time of Globalization" in *Modern Language Quarterly*, 69:1, 2008, pp. 187–94.
Mizoguchi, Yuzo, *China Studies from the Japanese Perspective*, trans. by Li Suping, Beijing: Zhongguo remin daxue chubanshe, 1996.
Montesquieu, Baron de, "Geographica" in André Masson (ed.), *Montesquieu, Oeuvres Completes II*, Paris, 1955.
Montesquieu, Baron de, in Anne M. Cohler, Basia C. Miller, and Harold S.Stone (trans. and eds.), *The Spirit of the Laws*, Cambridge, MA: Cambridge University Press, 1989.
Moore-Gilbert, Bart, *Postcolonial Theory: Contexts, Practices, Politics*, London and New York: Verso, 1997.
Morton, Stephen, *G. C. Spivak*, London and New York: Routledge, 2002.
Mosher, Steven W., *China Misperceived: American Illusions and Chinese Reality*, New York: Basic Books, 1990.
Mote, Frederick W., *Intellectual Foundations of China, Volume 1989*, New York: McGraw-Hill, 1989.
Needham, Joseph, "Review of Karl A. Witffogel, Oriental Despotism" in *Science and Society*, 1958, pp. 61–5.
Needham, Joseph (ed.), *Science and Civilization in China*, Volumes 1–7, Cambridge (England): Cambridge University Press, pp. 1954–2004.
Nivison, D. S., "The Riddle of the Bamboo Annals. A Paper for October 1997 American Oriental Society – West Branch Meeting, Boulder Co." Online. Available at: www.stanford.edu/~dnivison/rdl-aos.html (accessed December 22, 2010).
Plaks, Andrew H., *The Four Masterworks of the Ming Novel*, Princeton: Princeton University Press, 1987.
Polo, Marco, *The Travels of Marco Polo*, trans. by Ronald Latham, London: Penguin Books, 1958.
Pound, Ezra, in T. S. Eliot (ed.), *Literary Essays of Ezra Pound*, London: Faber & Faber, 1969.
Pound, Ezra, "Translator's Note" to *The Great Digest*, New York: New Directions, 1969, p. 19.
Pound, Ezra, "Procedure: Translator's Note" to *The Analects Translated with Commentaries by Ezra Pound*, New York: New Directions, 1969, pp. 191–2.
Pound, Ezra, *The Cantos of Ezra Pound*, New York: New Directions, 1989.
Průšek, Jaroslav, "Basic Problems of the History of Modern Chinese Literature and C. T. Hsia, a History of Modern Chinese Fiction" in *T'oung Pao*, 49:4–5, 1962, pp. 357–404.
Puett, Michael, J., *The Ambivalence of Creation: Debates Concerning Innovation and Artifice in Early China*. Stanford: Stanford University Press, 2001.

Puett, Michael, J., *To Become a God: Cosmology, Sacrifice, and Self-Divinization in Early China*, Cambridge, MA: Harvard University Asia Center, 2002.

Qian, Zhongshu, *Tanyi lu* (Discourses on Art), Volume 5, Beijing: Zhonghua shuju, 1984.

Qing, Xitai, "A Review of the Hundred Year Studies of Religious Daoism with a Look Forward" in *Zhongguo minzu bao* (Gazette of China's Ethnic Groups), September 2, 2009.

Qu, Qiubai, *Qu Qiubai wenji* (Collected Works of Qu Qiubai), Volume 2, Beijing: Remin wenxue chubanshe, 1996.

Radtke, Kurt Werner and Tony Saich, *China's Modernisation: Westernisation and Acculturation*, Stuttgart: F. Steiner, 1993.

Random House Webster's College Dictionary, New York: Random House, 1991.

Ren, Yong, "Cosmogony, Fictionality, Poetic Creativity: Western and Traditional Chinese Cultural Perspectives" in *Comparative Literature*, 50:2, 1998, pp. 98–119.

Robinet, Isabbelle, *Taoism: Growth of a Religion*, trans. by Phyllis Brooks, Stanford: Stanford University Press, 1997.

Roetz, Heiner, *Confucian Ethics of the Axial Age: A Reconstruction under the Aspect of the Breakthrough toward Postconventional Thinking*, Albany, NY: SUNY Press, 1993.

Roy, David, "Chin P'ing Mei" in William Nienhauser (ed.), *The Indiana Companion to Traditional Chinese Literature*, Bloomington: Indiana University Press, 1986, pp. 287–91.

Rule, Paul K. T., *K'ung-Tzu or Confucius? The Jesuit Interpretation of Confucianism*, Sydney: Allen and Unwin, 1986.

Russell, Bernard, *The Problem of China*, New York: The Century Co., 1922.

Russell, Bernard, *Sceptical Essays*, New York: Norton, 1928.

Russell, Bernard, *The Basic Writings of Bertrand Russell*, New York: Simon & Schuster, 1967.

Said, Edward, *Orientalism*, New York: Vintage Books, 1978.

Said, Edward, "Orientalism Reconsidered" in Francis Barker, Peter Hulme, Margaret Iverson, and Diana Loxley (eds.), *Literature, Politics and Theory: Papers from the Essex Conference 1976–84*, London and New York: Methuen, 1986, pp. 209–29.

Said, Edward, "Figures, Configurations, Transfigurations" in *Race and Class*, 32:1, 1990, pp. 1–16.

Said, Edward, "Between Worlds" in *London Review of Books*, May 7, 1998.

Said, Edward, *Orientalism*, Reprinted with a new preface and afterword, London: Penguin Books, 1995 and 2003.

Sardar, Ziauddin, *Orientalism*, Buckingham and Philadelphia: Open University Press, 1999.

Saussure, Ferdinand de, *Course in General Linguistics,* Translated with an Introduction and Notes by Wade Baskin, New York: McGraw-Hill, 1966.

Saussy, Haun, *The Problem of a Chinese Aesthetic*, Stanford: Stanford University Press, 1993.

Schafer, Edward, "What and How Is Sinology?" Inaugural lecture for the Department of Oriental Languages and Literatures, University of Colorado, Boulder, October 14, 1982.

Schipper, Kristofer, *The Taoist Body*, trans. by Karen C. Duval, Berkeley and London: University of California Press, 1982.

Schrecker, John, *The Chinese Revolution in Historical Perspective*, New York: Praeger, 2004.

Schwartz, Benjamin, "The Age of Transcendence" in *Daedalus*, 1974, pp. 1–7.
Schwartz, Benjamin, "Transcendence in Ancient China" in *Daedalus*, Spring 1975, pp. 57–69.
Schwartz, Benjamin, *The World of Thought in Ancient China*, Cambridge, Mass.: The Belknap Press of Harvard University Press, 1985.
Serruys, P. L. M., *Survey of the Chinese Language Reform and the Anti-Illiteracy Movement in Communist China*, Berkeley, CA: Center for Chinese Studies, 1962.
Shi, Shu-mei. *Visuality and Identity: Sinophone Articulations across the Pacific*, Berkeley and Los Angeles: University of California Press, 2007.
Singer, Thomas and Samuel L. Kimbles (eds.), *The Cultural Complex: Contemporary Jungian Perspectives on Psyche and Society*, New York: Routledge, 2004.
Smith, Adam, *An Inquiry into the Nature and Causes of the Wealth of Nations*, Chicago: University Of Chicago Press, 1776 [1977].
Song, Jian, *Chaoyue yigu zouchu mimang: Huhuan Xia Shang Zhou duandai gongcheng* (Beyond Skepticism and Out of Perplexity: A Call for Xia Shang Zhou Chronology Project), Shanghai: Shanghai keji jiaoyu chubanshe, 1999.
Spence, Jonathan D., *The Memory Palace of Matteo Ricci*, New York: Penguin Books, 1985.
Spence, Jonathan D., *Chinese Roundabout: Essays in History and Culture*, New York and London: Norton & Company, 1992.
Spence, Jonathan D., *Chan's Great China: China in Western Minds*, New York: Norton, 1998.
Spengler, Oswald, preface to the Revised edition of *The Decline of the West*, New York: Knopf, 1932, pp. viii–xiv.
Spivak, Gayatri C., "Can the Subaltern Talk?" in Vincent B. Leitch, William E. Cain, Laurie A. Finke, Barbara E. Johnson, John P. McGowan, and Jeffrey L. Williams (eds.), *Norton Anthology of Theory and Criticism*, New York and London: W. W. Norton & Company, 2001, pp. 2197–2208.
Steinbeck, John, "Johnny Bear" in J. Steinbeck, *The Long Valley*, New York: Viking Press, 1956, pp. 145–68.
Tao, Dongfeng, "Jingti zhongguo wenxue yanjiu zhong de minzu zhuyi qingxiang (Guard against the Nationalistic Tendencies in Literary Studies in China) in *Tansuo yu zhengming*, 1, 2010, pp. 45–8.
Tian, Xiaofei, "Xueshu sanchakou: shengfeng, lichang he babilunta de chengfa (Academic Sanchakou: The Punishment of Identity, Position, and the Tower of Babel) in *Zhongguo xueshu* (Chinese Scholarship), 2, 2001, pp. 259–68.
Tong, Q. S., Wang Shouren, and Douglas Kerr (eds.), *Critical Zone 1: A Forum of Chinese and Western Knowledge*, Volume 1, Hong Kong: Hong Kong University Press, 2004.
Tsai, Angela, and Wu Hsiao-ting, "Splendors of a Bygone Age" in *Tzu Chi Quarterly* 9:1, Spring 2002. Online. Available at: http://taipei.tzuchi.org.tw/tzquart/2002sp/qp5.htm (accessed on February 27, 2012).
Tu, Weiming, *Confucian Thought: Selfhood as Creative Transformation*, Albany, NY: SUNY Press, 1985.
Tu, Weiming, "Cultural China: The Periphery as the Center" in *Daedalus*, 120:2, Spring 1991, pp. 1–32.
Tu, Weiming (ed.), "The Living Tree: The Changing Meaning of Being Chinese Today" in *Daedalus*, 120:2, Spring 1991.
Tu, Weiming (ed.), *Confucian Traditions in East Asian Modernity: Moral Education and*

Economic Culture in Japan and the Four Mini-Dragons, Cambridge, MA: Harvard University Press, 1996.

Vico, Giambattista, "New Science" in Vincent Leitch, William E. Cain, Laurie A. Finke, Barbara E. Johnson, John P. McGowan and Jeffrey L. Williams (eds.), *Norton Anthology of Theory and Criticism*, 2nd edition, New York and London: W. W. Norton & Company, 2010.

Vogel, Ezra F., "Contemporary China Studies in North America: Marginals in a Superpower" in Hsin-chi Kuan (ed.), *The Development of Contemporary China Studies*, Tokyo: The Center of East Asian Cultural Studies for UNESCO, 1994.

Voltaire, *An Essay on Universal History, the Manners and Spirit of Nations from the Reign of Charlemaign to the Age of Lewis XIV*. Volume 1 of 4 volumes, Dublin, 1759.

Wang, Bi, *Zhengyi* (The Correct Meaning of the Zhouyi), annotated by Kong Yingda, Beijing: Zhonghua shuju, 1980.

Wang, Dayou, *San huang wu di shidai* (The Age of Three August Kings and Five Emperors), Beijing: Zhongguo shehui chubanshe, 2000.

Wang, Dayou, *Shanggu zhonghua wenming* (Chinese Civilization of High Antiquity), Beijing: Zhongguo shehui chubanshe, 2000.

Wang, Dayou, Baozhong Song, and Yangming Ou, *Zhonghua zuxian tuohuang Meizhou* (Chinese Ancestors as Pioneers in America), Harbin: Heilongjiang renmin chubanshe, 1992.

Wang, Dayou, and Song Baozhong, *Tushuo Meizhou tudeng* (An Illustrated Study of American Totems), Beijing: Renmin meishu chubanshe, 1998.

Wang, Gungwu, *China and the Chinese Overseas*, Singapore: Times Academic Press, 1991.

Wang, Guowei, *Wang Guantang xiansehng quanji* (Complete Works of Wang Guowei), Volume 5, Taipei: Wenhua chuban gongsi, 1968.

Wang, Hui, *The Politics of Imagining Asia*, Cambridge, MA: Harvard University Press, 2011.

Wang, Ning, "Quanqiuhua shidai de houzhimin piping jiqi dui women de qishi" (Postcolonialism and Its Inspirations for Us in the Era of Globalization) in *Wenxue lilun qianyan* (Frontiers of Literary Theory), Volume 1, Beijing: Beijing daxue chubanshe, 2004, pp. 44–72.

Weber, Max, *Gesammelte Aufsätze Zur Religionssoziologie*, Volume 1, Tübingen: J. C. B. Mohr, 1920.

Weber, Max, *The Methodology of the Social Sciences*, trans. and edited by Edward A. Shils and Henry A. Finch, New York: Free Press, 1949.

Weber, Max, *The Sociology of Religion*, trans. by Ephraim Fishschoff, Boston: Beacon Press, 1963.

Weber, Max, *The Religion of China: Confucianism and Taoism*, New York: Free Press, 1951.

Weber, Max, *The Protestant Ethic and the Spirit of Capitalism*, New York: Penguin Books, 2002.

Weiss, Paul, *Modes of Being*, Carbondale, IL: Southern Illinois University Press, 1958.

Wen, I-to, "Wenxue de lishi dongxiang" (Historical Tendencies of Literature) in *Shenhua yu shi* (Myths and Poetry), *Wen Yiduo quanji* (Complete Works of Wen I-to), Volume 1, Shanghai: Kaiming shuju, 1948.

White, Hayden, "The Historical Text as Literary Artifact" in Vincent Leitch, William E. Cain, Laurie A. Finke, Barbara E. Johnson, John P. McGowan, and Jeffrey L. Williams (eds.), *Norton Anthology of Theory and Criticism*, New York and London: W. W. Norton & Company, 2001, pp. 1712–29.

Williams, Raymond, *Culture and Society*, Harmondsworth, England: Penguin, 1963.

Williams, Raymond, *Keywords: A Vocabulary of Culture and Society*, Oxford: Oxford University Press, 1983.

Wittfogel, Karl, *Oriental Despotism: A Comparative Study of Total Power*, New Haven and London: Yale University Press, 1957.

Wu, Hung, "A Response to Robert Bagley's Review of My Book *Monumentality in Early Chinese Art and Architecture*" in *Archives of Asian Art*, 51, 1998, pp. 92–102.

Xia-Shang-Zhou Chronology Project zhuanzu, *Xia-Shang-Zhou duandai gongcheng 1996–2000 nian jieduan chengguo baogao* (A Report on the Outcome of The Xia-Shang-Zhou Chronology Project 1996–2000), Beijing: Shijie tushu chuban gongsi, 2000.

Xin, Jianfei, *Shijie de zhongguoguan: Jin liangqiannian shijie dui zhongguo de renshi shigang* (The World's Perceptions of China: A History of the Knowledge about China over the Past Two Thousand Years), Hong Kong: Sanlian shudian, 1991.

Xu, Shen. *Shuowen jiezi.* (Characters and words explained) Vol 15. Beijing: Zhonghua shuju, 2004.

Yang, C. K., Introduction to Max Weber (ed.), *The Religion of China: Confucianism and Taoism*, New York: Free Press, 1951.

Ye, Jiaying, "On the Literary Achievements of the *Hongloumeng* and Jia Baoyu's Mental State from the Perspective of Gains and Losses in Wang Guowei's Commentary on the Novel" in *Dousou* (Energetic), 27, Hong Kong, 1978, pp. 27–43.

Young, Robert, *White Mythologies: Writing History and the West*, London: Routledge, 1990.

Zhang, Kuan, "Sayide de dongfang zhuyi yu xifang de hanxue yanjiu" (Said's Orientalism and Chinese Studies in the West) in *Liaowang* (Observation), 27, 1995, pp. 36–7.

Zhang, Gongyao, "Gaobie zhongyi zhongyao" (Farewell to Traditional Chinese Medicine) in *Yixue yu zhexue* (Medicine and Philosophy), 27:4, 2006, pp. 14–17.

Zhang, Longxi, *Mighty Opposite: From Dichotomies to Differences in the Comparative Study of China*, Stanford: Stanford University Press, 1988.

Zhang, Xiping, Preface to Xuetao Li, *Ri'erman xueshu puxi zhong de hanxue – Deguo hanxue zhi yanjiu* (Sinology in the German Linage: A Study of Germany Sinology), Beijing: Foreign Language Teaching and Research Press, 2008.

Zheng, Zhenduo, *Zheng Zhenduo wenji* (Collected Works of Zheng Zhenduo), Volume 5, Beijing: Renmin wenxue chubanshe, 1988.

Zheng, Zhenduo, *Zhongguo wenxue yanjiu* (Studies of Chinese Literature), Volume 1, Beijing: Zuojia chubanshe, 1957.

Zhou, Ning, "Hanxue or Hanxuezhuyi" (Sinology or Sinologism) in *Xiamen daxue xuebao* (Journal of Xiamen University), 1, 2004, pp. 5–13.

Zhou, Ning, *Xiangxiang Zhongguo* (Imagining China), Beijing: Zhonghua shuju, 2004.

Zhou, Ning, *Zhongguo xingxiang: Xifang de wxueshuo yu chuanshuo* (China's Images in Western Theory, Scholarship and Legends), Beijing: Xueyuan chubanshe, 2004.

Zhou, Ning, "Xifang de Zhongguo xingxiang shi: Wenti yu lingyue" (A History of China's Images in the West: Problems and Field) in *Dongnan xueshu* (Scholarship in Southeastern China), 1, 2005, pp. 100–8.

Zhou, Ning, "Wutuobang yu yishi xingtai zhijian: Qibainian lai xifang zhongguoguan de liangge jiduan" (Between Utopia and Ideology: Two Radical Positions in Western Views of China in the Past Seven Hundred Years) in *Xueshuo yuekan* (Academic Monthly), 8, 2005, pp. 11–18.

Zhou, Ning, *Shijie zhi Zhongguo – Yuwai Zhongguo xingxiang yanjiu* (China in the Eyes of the World: A Study of China's Images Abroad), Nanjing: Nanjing daxue chubanshe, 2009.

Zhu, Guangqian, *Beiju xinlixue* (Psychology of Tragedy), Nanjing: Jiangsu wenyi chubanshe, 2009.

Zhuangzi, *Zhuangzi* (Writings of Zhuangzi), Shanghai: Guji chubanshe, 1995.

Zurndorfer, Harriet Thelma, *China Bibliography: A Research Guide to Reference Works about China Past and Present*, Leiden: Brill Publishers, 1995.

索引

本索引所标页码为英文版页码,参见中文本边码

图书在版编目(CIP)数据

汉学主义：东方主义与后殖民主义的替代理论/(美)顾明栋著；张强等译. —北京：商务印书馆，2015
ISBN 978-7-100-11210-9

Ⅰ. ①汉… Ⅱ. ①顾… ②张… Ⅲ. ①汉学—研究 Ⅳ. ①K207.8

中国版本图书馆 CIP 数据核字(2015)第 072004 号

汉学主义
——东方主义与后殖民主义的替代理论
〔美〕顾明栋 著
张强 段国重 冯涛 等 译

商 务 印 书 馆 出 版
(北京王府井大街36号 邮政编码100710)
商 务 印 书 馆 发 行
北京市艺辉印刷有限公司印刷
ISBN 978-7-100-11210-9

2015年7月第1版 开本 787×960 1/16
2015年7月北京第1次印刷 印张 22
定价：46.00元